존경받는
리더의 비밀
티칭력

존경받는
리더의 비밀
티칭력

초판 1쇄 인쇄일 2015년 7월 1일
초판 1쇄 발행일 2015년 7월 5일

지은이 김혜영
펴낸이 양옥매
책임편집 육성수
디자인 이윤경
교 정 조준경

펴낸곳 도서출판 책과나무
출판등록 제2012-000376
주소 서울특별시 마포구 월드컵북로 44길 37 천지빌딩 3층
대표전화 02.372.1537 **팩스** 02.372.1538
이메일 booknamu2007@naver.com
홈페이지 www.booknamu.com
ISBN 979-11-5776-059-6(03320)

이 도서의 국립중앙도서관 출판시도서목록(CIP)은 서지정보유통지원 시스템 홈페이지(http://seoji.nl.go.kr)와 국가자료공동목록시스템(http://www.nl.go.kr/kolisnet)에서 이용하실 수 있습니다.
(CIP제어번호 : CIP2015017524)

THE SECRET OF LEADER TEACHING 力

존경받는 **리더의 비밀** 티칭력

김혜영 지음

· Prologue ·

"존경받는 리더들은 무엇이 다를까?"

현재는 혼자서 달성할 수 없는 일들 투성입니다. 아니, 협업이 아니고서는 해낼 수 있는 일이 없다고 해도 과언이 아닐 것입니다. 이러한 사회적 배경 속에서 진정 우리가 원하는 리더, 우리에게 필요한 리더는 어떤 모습일까요? 팀원을 휘어잡을 만큼 강력한 카리스마를 내뿜는 모습일까요? 아니면, 뛰어난 업무 능력으로 모든 일을 도맡아 부하직원에게 부담을 안겨 주지 않는 모습일까요?

저는 십수 년 동안 조직에서 인사와 교육업무를 수행하면서 그 답을 찾기 위해 끊임없이 고민해 왔습니다. 실제로 존경받는 리더는 업무의 능숙함이나 노련함 등의 업무 능력 측면에서는 다른 리더들과 크게 다르지 않았습니다. 그러나 그들에게서 다른 리더들이 갖추고 있지 않은, 그들과는 차별화되면서 탁월한 능력 하나가 도드라져 보였습니다.

바로 부하 직원을 '가르치는 능력', 즉 '티칭력(Teaching力)'입니다.

우리가 원하는 리더, 우리에게 필요한 리더, 그래서 존경받는 리더는 팀원이 서로를 신뢰하도록 만들고, 매일매일의 업무과정을 통해 성장하도록 만들며, 협업하는 긍정적인 문화를 형성하는 리더일 것입니다. 이런 리더는 단순히 업무 능력만 좋다고 해서 형성되지 않습니다. 그렇다고 해서, 인품만 좋다고 형성되는 것도 아닙니다. 이 두 가지를 기반으로 한 가지 더 요구되는 역량이 있습니다. 그것이 바로 티칭력입니다.

부하 직원의 존경을 받는 리더들은 자신의 업무역량 자체도 높지만, 그것보다 가르침을 통해 부하 직원의 업무 성과를 눈에 띄게 성장시킵니다.

조직에서 추구하는 올바른 비전을 정확하게 제시하여 가르치고, 조직문화가 반영된 업무 기술을 효율적으로 가르치며, 선배로서 혹은 동료로서 또 다른 누군가를 가르칠 능력을 가르칩니다. 이러한 리더가 있는 팀은 모두가 고무되어 있고, 협업이 뛰어나며, 일 자체를 즐기는 문화를 형성합니다.

이처럼 리더의 티칭력은 조직을 좀 더 유연하게 만들며, 높은 생산성까지 이끌어 냅니다. 가르침을 통한 부하 직원의 성장은 팀뿐만 아니라 회사 전체를 성장시키는 놀라운 힘을 가지고 있기 때문입니다.

하지만 많은 사람들은 '가르치는 방법'을 알지 못해 답답해합니다. 가르칠 때 필요한 '덕목'이 무엇인지 몰라 효율적인 자기개발을 하지 못합니다.

그래서 이 책에서는 이러한 목마름을 가지고 있는 리더들에게 티칭력을 갖춘 리더로 성장할 수 있는 길을 제시하고자 합니다. 가르쳐야 하는 당위성과 주제를 제시하며, 가르치기 위해 갖추어야 하는 덕목(TEACH), 그리고 구체적으로 가르치는 6가지 방법(PPOFE-F)을 제시합니다. 그리고 가르치는 리더십의 성공 스토리들로 책을 구성하였습니다. 특히 PPOFE-F는 실제 가르치는 방법이므로 이해를 돕기 위해 액자형식으로 '김대리와 신입사원 이풀입'의 이야기로 구성하였습니다.

가르치는 리더는 뛰어난 업무력을 기본으로 하고 있으며, 부하 직원을 돕고자 하는 선한 의도를 바탕으로 하고 있습니다. 그리고 존경받는 리더로서 가장 중요한 덕목인 '누군가에게 잘 전달하고 가르치는 능력', 즉 '탁월한 소통능력'을 겸비하고 있습니다.

이처럼 가르치는 리더는 부하 직원을 고무시키는 살아 있는 모티베이터(Motivator)입니다. 그러므로 존경받는 리더로 성장하는 것은 팀과 조직을 위해서도 도움이 되지만, 결과적으로는 스스로를 비약적으로 성장시키는 동력입니다.

조직 내 많은 리더들이 진정으로 성장하는 계기를 공유하여, 함께 성장하는 존경받는 리더가 되기를 희망합니다.

교육컨설팅그룹 '울림' 대표 김혜영

· Contents ·

무엇을 가르쳐야 하는가?

울림이 있는 티칭 리더들의 그것(TEACH)

PART 04

어떻게 가르쳐야 하는가?

PART 05

티칭 & 리딩

당신이 가르쳐야 하는 이유

언제부터 가르쳤을까?
괜찮은 인재는 다 어디로 증발해 버렸는가?
그들이 일하는 이유
리더는 득이 되는 존재인가, 독이 되는 존재인가?
가르칠 시간이 없다고요? 성공할 시간이 없군요
가르치는 것은 무조건 남는 장사
나 아니면 안 되는 조직은 없다
내부 고객이 더 중요하다

언제부터 가르쳤을까?

6살 아이와 블록 쌓기 놀이

필자에겐 두 명의 아들이 있다. 첫째 아이의 경우, 누구에게나 그렇겠지만 '처음'이라는 설렘과 신비로움에 필자뿐만 아니라 필자의 부모님께도 특별한 존재가 되었다. 하지만 둘째는 서럽다 했던가? 첫째 아이에 비해 놀아 주는 것도 다소 소홀해졌다.

그러던 둘째 아이가 4살이었던 어느 날, 노는 모습에서 재미있는 광경을 목격했다. 전혀 가르쳐 주지도 않았는데 형이

가지고 놀던 블록들을 쌓으며 놀고 있는 것이 아닌가? 신기하게 여긴 필자가 큰아이에게 어떻게 된 일이냐고 묻자, 큰아이는 이렇게 대답했다.

"내가 형이니까 동생한테 이렇게 쌓는 거라고 알려 줬어요."

그것도 마치 대단한 비법이라도 전수한 듯 자긍심 가득한 얼굴로 말하는 것이었다. 6살 난 아이가 동생에게 블록 쌓기 놀이를 가르친다는 사실은 어쩌면 당연하다고 생각할 수도 있다. 그렇지만 이 행위는 엄연한 가르침의 행위이다. 그리고 중요한 것은, 이러한 행위가 좀 더 우월한 존재가 누군가를 돕기 위해 행한 자긍심 강한 행위라는 점이다.

이처럼 우리가 인지하든 그렇지 않든, 우리는 가르침의 문화 속에서 살아가고 있다. 가르치는 것은 누군가에게 배워서 후천적으로 개발된 행동이 아니다. 우리가 삶을 지속해 나가고 사람들과의 관계를 유지해 나가기 위한 본능적인 사회적 행동이라고 볼 수 있다.

언제부터 가르치기 시작했을까?

가르침은 인간이 생활하기 시작한 때부터 동시에 시작되었다고 볼 수 있기 때문에 가르친다는 행위가 시작된 지점을 정확히 규명하는 것은 불가능하다. 가르침이란 교육이라고 볼 수 있는데, 〈서양교육사〉를 집필한 윌리엄 보이드는 인류의 역사에서 교육은 인류가 '교육'이라는 화두를 말하기 전부터 존재했고, 교육에 대한 학문적 접근이 이루어지기 이전부터 교육에 대한 사고가 이미 있었다고 했다.

하지만 그는 원시시대의 경우, 원시인들의 교육행위가 본능적 충동에서 크게 벗어나지 못했기 때문에 그들의 교육에는 목적의식이 거의 없었다고 추론하였다. 즉, 원시인들은 인문학적인 사고를 하지 못하고, 자연의 파괴력과 타인으로부터 자신과 자신의 공동체를 보호하고 보존할 수 있는 방법에 대한 사고만을 했다는 것이다.

이러한 관점에서 보았을 때, 원시시대 이전의 교육은 철저히 생존의 목적에서부터 출발했다고 볼 수 있다. 어떻게 해야 외부의 추위와 더위로부터 안전할지를 경험을 통해 학습했다. 다른 부족의 침입으로부터 자신을 지키기 위한 방법 역시 수많은 시행착오를 통해 알아냈을 것이다. 그리고 오로지 생존을 위해 학습한 바를 후손들에게 가르쳤다.

어디 그뿐이겠는가? 어느 지역에 먹거리가 풍부한지, 종족 번영을 위해서는 어떻게 행동해야 하는지, 어떻게 해야 사냥한 음식을 오래 보관할 수 있을지 등 여러 문제들을 오랜 시간에 걸쳐 하나의 문화로 정착해 나갔다. 본능적으로 후손들에게 이런 정보를 알려 주려 했으며, 이것이 인류 최초의 교육이었음에 분명하다.

그리고 후에 점차적으로 안정적인 삶을 위한 경작과 사육 등으로 그 영역을 넓혀 갔으며, 그 학습방법 또한 체계적으로 정립되어 갔다. 이렇듯 인간의 역사에서 보면 가르침은 "중요한 가치를 가르쳐야지!"라는 의도에 앞서, 인간 생존의 본능에 의해 자연스럽게 시작되었다.

지금도 살아 움직이는 가르침

얼마 전 혜민 스님의 강의를 들은 적이 있다. 그 강의에서 스님께서는 가장 많이 들으시는 질문 중 하나가 "어떻게 하면 우리 아이를 스님처럼 하버드 대에 보낼 수 있나요?"라는 질문이라고 하셨다. 그 질문에 대한 스님의 대답은 매우 의외였지만, 한편으로는 명대답이기도 해서 기가 막혔다.

"행복한 엄마의 거울을 활용하세요."

행복한 엄마는 아이의 말과 행동에 건강하게 반응하는 거울을 가지고 있다고 한다. 아이는 행복한 엄마를 보면서 그 속에 투영된 행복한 자신을 발견하므로 자존감 높은 아이로 성장한다. 아이는 엄마의 소통 속에서 스스로 가야 할 길과 방향을 찾는다는 이야기다. 다시 말해, 엄마가 굳이 무언가를 가르치지 않아도 아이는 엄마와의 건강한 소통을 통해 가르침을 스스로 깨닫게 된다.

서점에 가면 사회생활, 직장생활, 교우 관계 등 관계 속의 해법을 보여 주고자 하는 길잡이 책들이 즐비하다. 책이 아니더라도 우리는 주변에서 '어떻게 하면 윗사람과 잘 지낼 수 있나요?', '어떻게 하면 살을 잘 뺄 수 있나요?', '어떻게 하면 공부를 잘할 수 있나요?' 등등 해답을 필요로 하는 목소리들을 쉽게 접할 수 있다. 그런데 과연 이 질문들에 대한 정답이, 정해진 해법이 있을까?

어느 정도 영향을 미치긴 하겠지만, 사람마다 혹은 상황마다 다른 답이 요구될 것이다. 결국 답은 스스로가 찾아 나가야 한다. 이를 위해서는 단답형의 답을 주는 대신, 답이 숨겨진 지도를 읽는 방법을 알려 줘야 하는 것이 타당하다. 필요에 따라서는 지식을, 그리고 필요에 따라서는 감성을 자극해야 한다. 하지만 이런 관계 속의 질문과 해법이 다양하다는 것은 우리 삶의 모든 부분이 개선될 여지가 있다고 다시 해석할 수 있다. 그리고 다양한 삶에 적절히 적용할 수 있는 잠재적 요소들이 많다는 말과도 뜻을 같이한다.

우리는 가르치는 일을 본업으로 하지 않더라도 의도치 않게 가르쳐야 하는 상황에 맞닥뜨리게 된다. 가령 사랑하는 사람을 만나 결혼을 하고 부모가 되었다고 가정해 보자. 하얀 백지 같은 아이는 부모가 그려 주는 대로 머릿속에 그림을 그리고 공간을 색칠해 가며 삶을 시작한다. 위험한 것과 이로운 것을 구별하는 것에서부터 먹고 자는 등 삶의 대부분을 부모로부터 배우는 것이다. 아무리 사회적으로 지탄받을 부모라도 자식에게만은 올바르게 가르치고 싶은 의지는 여느 부모와 다를 바 없을 것이다. 이렇듯 대부분의 부모가 같은 마음과 의지를 가지고 자식을 가르치는데, 왜 모든 아이들이 같은 행동과 사고를 하지 않는 것일까?

그 이유는 간단하다. 살아오는 동안 각기 다른 주변환경과 주변인들과의 상호 작용을 통해 각기 다른 행동과 사고의 방법을 배워 왔기 때문이다. 이는 부모가 자신의 마음을 아이들에게 전하는 방법이 다르기 때문이라고 바꾸어 말할 수도 있다. 물론 부모의 태도가 다를 수 있다. 하지만 가정에서의 모든 생활문화와 가치관을 아이에게 모두 가르쳐야 한다는 대전제는 동일하다. 가정교육이라는 말은 괜히 있는 게 아니다. 가정에서 부모로부터 배우는 것이 아이의 인격과 사회성을 형성하는 데 지대한 영향을 미친다는 사실에 부정하는 사람은 아마 없을 것이다.

그렇다면 가르치고 배우는 행위는 가정에서만 나타나는 현상일까? 당연히 그렇지 않다. 학교와 회사에서 일어나는 현상들은 가정에서 일어나는 일련의 활동들과 크게 다르지 않다. 가정, 학교, 회사는 그 집단의 1차 주목적만을 추구한다고 생각하기 쉽지만, 그것은 빙산의 일각만을 아는 것이다.

가정은 배고픔과 추위를 피하기 위해 존재하는 물리적인 공간만을 의미하지 않는다. 사람은 가족과 함께하면서 가족애를 느끼고 정서적인 안정을 찾는다. 가족과의 소통 속에서 부모로부터 가르침을 받고, 형제자매 간에도 영향을 주고 받는 작은 문화적 사회이다. 가정이 형성된 1차적 목적은 육체적인 안전을 보장하는 기능일 것이다. 그러나 감정을 갖춘 존재로서 정서적인 안락함과 안정감이 가정의 더욱 중요한 기능으로 작용한다. 영어로 표현하자면 가정은 'House(물리적인 공간)'이자 'Home(정서적인 공간)'의 개념을 모두 갖추고 있어야 완전하게 성립될 수 있다. 그래야만 가정은 서로에게 안식처가 될 수 있다. '고향은 지역이 아니라 사람'이라는 말이 있다. 그 말은 고향과 가정은 물리적인 공간이라기보다는 그 속에서 형성된 관계이고, 이야기를 나눈 사람임을 의미한다.

이 맥락을 좀 더 확장하여 학교에 대입해 보자. 학교의 1차적인 목적은 학문을 가르치고 학습하는 것이다. 하지만 우리 모두가 아는 바와 같이 학교는 단순히 가르치고 배우는 단순한 공간만을 의미하지 않는다. 선생과 학생은 학문 전달을 위한 종속적인 관계가 아니다. 선생이 학문을 가르치는 근본적인 목적은 학생들이 건강한 인격체로 성장하는 것이다. 건강하게 성장하기 위한 기본적인 지식이 학문으로 체계화되었기에 학문을 가르치는 것이다.

이처럼 학생들이 삶을 자주적으로 살아가는 데 필요한 것을 전달하는 것이 목적이므로 단순히 학생에게 학문을 잘 가르치는 것에 선생의 역할이 국한되어서는 안 된다. 필요한 지식은 학원과 책을 통해서도 충분히 얻을 수 있다. 학원 강사와 학교의 선생에게 사회적으로 요구되는 자질은 다르다. 그 이유는 학교 선생과 학원 강사가 강의하는 목적이 다르기 때문이다. 학교 선생은 학원 강사와는 달리 그 목적이 단순히 학생들의 점수를 높이기 위한 것이 아니라 학생들을 온전한 인격체로 성장시키기 위해 필요한 학문과 지식을 전달하는 것이기 때문이다. 그러므로 학교는 무미건조한 정보와 지식의 전달처가 되어서는 안 된다. 선생과 학생이 감성과 이성을 적절히 소통해야 하는 이유가 바로 여기에 있다.

그렇다면 이윤 추구를 목적으로 하는 조직의 경우는 어떨까? 그곳에서도 업무 외에 다른 목적이 존재할까? 사실 이 질문이 필자가 말하고자 하는 가장 큰 주제라고 할 수 있다. 회사에 입사한 사람들은 일정 노동의 대가로 급여를 받는다. 하지만 그들은 일을 하면서 급여만을 바라지는 않는다. 좀 더 정확하게 말하자면, 급여 외에 더 많은 것을 기대한다. 그들은 일을 하면서 배우고자 하고, 성장하고자 한다. 하지만 재미있는 사실은 그들이 원하든 그렇지 않든 조직 내에서는 가르치고 배우는 현상이 쉼 없이 일어난다는 것이다. 어쩌면 가르침이 없다면 업무가 제 구실을 할 수 없을 만큼 큰 비중을 차지한다.

하지만 여기에 한 가지 문제점이 따른다. 많은 사람들이 조직 내에서 가르치는 것이 중요하지 않다고 생각하는 것이다. 가르치는 업무를 자신의 중요한 필수 업무라고 생각하지 않다는 데 문제의 심각성이 있다. 실제로 조직을 이탈하는 많은 인재들의 퇴사 사유를 들어 보면, 조직의 성장 가능성과 본인의 비전이 보이지 않는 이유가 가장 많다. 비전은 조직의 성장 가능성을 의미하지만, 개인적인 성장 가능성 역시 포함하고 있음을 기억해야 한다.

예를 들어, 회사의 동력 아이템이 획기적이고, 시대적인 니즈와 잘 부합한다고 가정할 경우 이 회사의 비전은 상당히 밝다. 그러나 회사 인사정책이 편협하고 외부에서 모든 인재를 영입해 온다고 가정해 본다면, 그 회사에서 일하는 직원들은 스스로의 비전을 찾기 어렵다. 회사는 현 직원들에게 현재의 업무만 쳇바퀴 돌 듯 강요할 뿐, 그들을 성장시키고자 하는 의지는 없을 것이다. 그렇게 되면 당연히 교육의 기회나 자기개발의 여지를 제공하지 않을 것이다. 이 경우, 이 회사에서 근무하는 직원들은 자신의 커리어가 성장하고 있다고 생각할까?

이것이 바로 '개인의 비전'이다. 표면적으로는 조직에서 일방적으로 직원들을 선택하고 유지하는 것처럼 보인다. 하지만 조직의 성공을 확신시켜 주는 주체는 다름아닌 직원들이다. 조직을 떠나는 주체 역시 직원들이다. 간혹 해고를 당하는 경우도 있지만, 대부분 해고를 받기 전 이미 직원들이 열정을 잃고 다른 마음을 먹었기에 해고의 대상으로 떠오른 것이다. 그들이 잠재적인 능력을 발휘할 수 있게 하기 위해서는 급여 외에 또 다른 욕구를 충족시켜 줘야 한다.

"카르페디엠(Carpe diem)"이라는 단어를 우리의 뇌리에 새겨 준 영화 〈죽은 시인의 사회〉의 키팅 선생은 학문만을 가르친 선생이 아니다. 학생들이 그들 스스로의 삶을 대하는 방법, 자신과 소통하는 방법을 알려 준 선생이다. 나약한 나를 인정하는 것이 두려워 외면하던 학생들을 용기 있게 만들었다. 그 용기를 학생들에게 불어넣어 주기 위해 키팅 선생은 "스스로와 소통하는 것을 두려워하지 말라!"고 외쳤다. 그렇지 않으면 앞으로 나아갈 수 없음을 잘 알고 있었기 때문이다.

사실 이런 이야기는 교과서에 나와 있지 않다. 그러나 주체적인 삶을 살기 위해서는 반드시 필요하다. 키팅 선생은 학생들이 낯설고 어려움에도 불구하고 자신과 대면할 용기를 자극하는 것은 물론, 그런 기회를 시시각각 만들어 낸다. 만약 키팅 선생이 학문만을 기가 막히게 잘 가르친 사람이라면 영화화 될 리 만무하다. 학생들이 모두 책상 위에 올라가던 장면은 지금 다시 생각해도 가슴이 뭉클하다. '선생님'이 아닌 '캡틴'이라고 부르던 학생들은 키팅 선생을 인생의 멘토로 여겼기 때문이다.

혹시 당신의 직장생활에서 당신을 책상 위로 올라가게 만든 누군가가 있었는가? 그렇다면 그는 당신에게 어떤 행동을 했었는가? 아마도 당신이 모르던 것을 가르친 사람일 확률이 높다. 당신에게 밥이나 술을 많이 사 준 사람보다 당신에게 가혹한 말을 했을지언정 당신이 성장하는 데 견인차 역할을 한 존재였을 가능성이 높다. 이렇듯 우리는 우리가 준비가 되었든, 그렇지 않든 이미 누군가를 가르치고 있으며, 또 누군가를 가르칠 운명에 놓여 있다. 이제 당신이 누군가를 책상 위에 올라가게 만들 차례이다.

괜찮은 인재는 다 어디로 증발해 버렸는가?

인재육성은 교육 팀의 고유영역?

필자는 직장생활 15년 중 교육 팀에서 근무한 시간이 10년 정도 된다. 그 시간 동안 교육업무를 하면서 가장 힘든 시점은 바로 단 한 번의 교육으로 사람을 바꾸어 달라는 요구사항을 받을 때이다.

하지만 이는 생각만큼 쉽지 않다. 아니, 더 정확히 말하자면 단 한 번의 교육으로 그를 180도 다른 사람으로 만들어 놓는 것은 불가능하다. 물론 일정 수준의 업무 습득과 조직문화의 이해를 도울 수는 있다. 그렇지만 그 직원의 근본적인 문제는 한 번의 교육으로 해결되지 않는다. 대부분 성과상의 문제로 교육 팀에 재교육을 의뢰하는 직원들은 심도 깊은 분석이 필요하다. 개인차가 있겠지만 업무 지식의 부족, 업무 의지 혹은 열정의 부족, 팀 · 회사 혹은 리더에 대한 불신, 부정적 태도 등이 주된 요인이다. 상기의 사유들은 단어만 들어도 하루 이틀 만에 해결할 수 있는 사안이 아님을 짐작할 수 있을 것이다. 설사 며칠간의 워크샵으로 개선의 의지가 보인다 하더라도, 현업에 돌아가서는 잊어버리는 경우가 허다하다. 혹은 현업에 어떻게 적용하는지 모른다면, 이는 교육을 받지 않은 것과 다를 바 없다.

이런 이유로 교육은 현업에서 꾸준하게 지속되어야 효과가 발휘된다. 우리가 흔히 말하는 'OJT(On The Job Training)'이 가장 대표적인 현업교육이다. 당신이 팀의 리더라면 반드시 기억해야 한다. 한두 번의 교육(소위 말하는 정신교육을 포함해서)은 현장에서 적용되지 않으면 아무런 가치가 없다는 점을 말이다. 교육받은 바가 현업에 반영되도록 수시로 확인하고 적시적소에서 추가적으로 가르쳐야 문제점을 개선할 수 있다.

그러므로 인재육성은 교육 팀만의 고유영역이 아니다. 엄밀히 말하면, 교육 팀은 조직원에게 교육의 방향과 일정 기간의 단기교육을 전수할 뿐이다. 그들이 현업에서 잘 활용하는지의 여부는 온전히 리더의 몫이다. 리더로서 중요한 역할 중 하나가 가르치는 업무라는 이유가 바로 여기에 있다.

찾을 수 없다면 만들어 내라

예전에 TV에서 방영된 서바이벌 프로그램 중 〈위대한 탄생〉이라는 오디션 프로그램이 있었다. 당시 이 프로그램이 다른 서바이벌 프로그램과 차별성을 둔 것은 '멘토제'였다. 오디션을 통해 가능성을 인정받은 후보생들에게 일정 기간 동안 해당 멘토에게 교육을 받는다. 그리고 성장된 역량으로 최종 우승자를 선발하는 프로세스이다. 오디션이 진행되는 동안 각 멘토들의 가르침을 통해 하루하루 성장하는 후보자들의 모습을 지켜보는 것도 이 프로그램의 재미 중 하나였다.

이 중 이목을 끌었던 멘티가 있었는데, 그는 그룹 부활의 리더인 김태원의 멘토링을 받은 일명 '미라클 맨' 손진영이다. 지금은 여러 예능 프로에서 그 끼를 유감없이 발휘하고 있지만, 과거의 그는 연극배우, 엑스트라, 노래방 아르바이트 등 여러 가지 직업을 전전하였다. 그리고 마지막 희망의 통로로 〈위대한 탄생〉의 오디션에 참가하게 된다. 물론, 그의 노래 실력은 다른 참가자에 비하여 뛰어나다고 말하기 힘들었다. 그런 그가 전국각지의 쟁쟁한 실력자들을 제치고 4강까지 오르는 것은 어쩌면 불가능해 보였다. 하지만 재미있는 것은 이제부터다. 그의 스토리에 감동받은 멘토 김태원은 그를 멘티로 선택한다. 그리고 음악과 노래 부르는 방법을 가르치며, 그런 그를 결국 4강까지 올려놓는다. 이때 생긴 별명이 바로 '미라클맨'이다.

그가 4강까지 오른 이유는 뛰어난 가창력도, 출중한 외모도 아닌 하루하루 눈에 띄게 성장해 가는 모습 자체이고, 진지하게 임하는 그의 자세였다. 처절하고 절실한 그의 몸부림이 멘토의 마음을 움직였고, 관객들의 마음을 사로잡았다. 이 멘티의 스토리는 우리에게 시사하는 바가 크다. 바로 '탁월성을 보이지 않던 평범한 사람도 가르치는 사람에 의해 비범한 인재가 될 수 있다는 사실'이다. 조직 내에서의 상황도 이와 크게 다르지 않다. 인재의 육성은 어떠한 특정 팀의 고유 영역이 아니다. 팀 리더로서 당연히 맡게 된 또 하나의 역할이자, 임무이다.

그렇지 않아도 팀을 이끌고 성과까지 내야 하는 리더들에게 모든 팀원의 육성까지 맡긴다는 이야기가 너무 잔인하게 들리는가? 그러나 리더의 성과는 본인 개인의 성과만을 의미하지 않는다. 그가 이끄는 팀원들의 성과들이 합쳐져 리더의 성과가 결정되므로 팀원 개개인의 성과는 리더의 자질을 좌우하는 매우 중요한 요소이다. 이는 팀원들이 개개인의 성과를 달성할 수 있도록 고무시키는 것만으로도 본인의 성과를 달성할 수 있음을 의미한다. 그러므로 리더라면 팀원들의 능력 관리와 육성에 무심할 수가 없다.

인재에 대한 패러다임은 이미 변화하고 있다. 주목해야 할 부분은 리더가 팀원을 어떻게 육성하느냐에 따라 인재가 될 수도, 범재가 될 수도, 혹은 문제아가 될 수도 있다는 사실이다. 어떤가? 당신에 의해 인재의 위대한 탄생이 가능하다는 사실이 매력적으로 와 닿지 않은가?

인재상이 변화하고 있다

과거 1960~1980년대를 '산업화 시대'라고 부른다. 산업화 시대에는 성공의 키워드가 바로 '근면'과 '성실'이었다. 일명 '개미형' 인재가 핵심 인재로 인식되던 시대였다. 일찍 출근하여 성실하게 일하며 한눈 팔지 않고 한 우물을 우직이 파면 전문가로 인정받을 수 있는 시대였다. 동화 〈개미와 베짱이〉의 베짱이처럼 땀 흘리지 않고 좋아하는 노래만 즐기는 것은 성공에서 터부(taboo)시 되는 행위이었다. 노력하면 그만큼의 대가가 돌아왔고, 땀 흘린 만큼의 보상을 기대할 수 있었다. 하지만 어느 순간엔가 나보다 늦게 출근하고 빨리 퇴근하는 사람이 나를 앞지르고 있는 것을 목격하게 된다. '열심히'가 '성공'이라는 공식이 무너지기 시작한 것이다. 나는 누구보다 열심히 일하는데, 그렇게 보이지 않는 사람들이 나보다 인정받는 억울한 경험을 하게 됐다. 그 이유는 간단하다. 시대가 변했기 때문이다.

1990년대에 들어오면서 우리 사회는 산업화 사회에서 지식정보화 사회로 한 단계 진보하였다. 노동집약적인 산업가치에서 무형의 지식정보의 가치에 무게추가 기울기 시작한 것이다. 그렇다고 노동력이 필요 없어진 것은 아니다. 다만 기계와 컴퓨터가 사람의 역할을 상당 부분 대신하기 시작하였다. 이제 사람의 노동력이 필요한 곳은 컴퓨터와 기계가 대신할 수 없는 곳으로 옮겨질 수밖에 없는 환경이 되었다. 컴퓨터가 대신할 수 없는 분야, 사람이 아니면 안 되는 분야는 어디일까? 감성을 기반으로 한 지식과 정보의 융합 분야가 바로 그곳이다. 이런 배경 탓에 인재상은 양질의 정보를 선취하는 사람으로 이동하기 시작했다. 더 이상 자신의 근무지만을 오랫동안 지킨다고 양질의 정보를 장담하기 어려워졌다. 물론 성실의 덕목은 인재로 인정받는 데 항상 필요한 사항이다. 그러나 성실성 이외에 또 다른 덕목이 더욱 중요해졌다. 가치 있는 정보의 선취능력이 바로 그것이다.

업무 외 시간을 활용해 더 많은 사람들과의 교류를 통해 중요하고 가치 있는 정보를 교환할 필요성이 대두되었다. 내가 몸담고 있는 한 분야만을 고집해서는 안 되는 시대를 맞이하면서, 성공을 원하는 사람들은 다른 분야의 사람들과의 관계를 형성하기 시작했다. 예전의 개미형 인재에서 여러 방면에 다리를 걸치고 있는 거미형 인재로, 인재에 대한 패러다임이 변화한 것이다. "중요한 정보는 대낮에 사무실에서 오고 가지 않는다."는 말이 있다. 소주 한 잔을 기울이며 오고 가고, 좀 더 신뢰할 만한 사람들과의 만남 속에서 오고 간다. 이런 상황에서 일찍 출근하고 늦은 시간까지 자리를 지킨다고 가치 있는 정보를 접할 수 있을까? 시대에 따라 인재들의 라이프스타일이 변할 수밖에 없다.

그렇다면 지금은 어떠한 시대인가? 혹자는 '정답이 없는 시대'에 살고 있다고 표현하지만, 필자는 '창조화 시대'에 살고 있다고 표현하겠다. 과거 산업화 시대에서 요구되는 근면과 성실은 이제 모든 인재가 기본적으로 갖추어야 하는 소양덕목이 되었다. 가치 있는 양질의 정보를 선취하므로 적시적소에 대입하는 능력 또한 지식정보의 홍수시대에 걸맞게 반드시 갖추어야 하는 능력이다. 그렇지만 이것만으로는 부족하다. 이제는 과거에는 존재하지 않았던 문제들과 직면해야 하는 시대에 돌입했다. 설상가상으로 변화의 속도는 엄청나다. 잠시만 딴짓을 해도 이미 시대는 내 행동반경을 벗어날 만큼 변화의 속도는 엄청나다. 그러므로 기존의 가치관이 지금의 문제를 해결하기 위한 대안이 되기에는 역부족이다.

단적으로, 지금 우리 시대의 직업 중 80%는 10년 전에는 존재하지 않았던 직업들이다. 이러한 현상은 미래에도 여전히 계속될 것이다. 과거에는 없었던 직업군, 기존에는 없었던 시대적 요구들, 경험해 보지 못한 문제점들이 바로 우리가 직면한 현재이다. 그래서 지금은 과거의 관습에서 벗어나 새로운 것을 상상하고 창조할 수 있는 능력이 인재에게 필요한 덕목으로 요구된다. 독창성과 기발함을 뛰어넘어 시대적 변화의 흐름을 읽어 내는 시각과 그에 따른 대안을 창조해 내는 능력이 필요하다.

조직 내에서의 관계 변화도 눈여겨볼 만하다. 과거 조직은 상명하달(上命下達)의 종속적인 관계 속에서 지시 · 명령에 의한 커뮤니케이션의 형태로 형성되었다. 그러므로 인재는 지시 · 명령에 순응하며 열심히 업무를 처리하는 사람이었다. 따라서 "WHY"보다는 "DO"의 행동적 가치가 요구되었다. 하지만 현재는 통섭과 융합의 시대이다. 그리고 앞서 이야기한 것처럼 창조의 시대이기도 하다. 조직 내 관계는 더 이상 종속적인 관계가 아니다. 직급은 달라도 조직을 구성하는 모든 구성원은 각각의 전문가로 구성되어 있다. 성공적인 성과를 위해서는 지시 · 명령에 의한 커뮤니케이션으로는 창의적인 인재를 보유하기 힘든 상황이 되어, 업무적 협력과 소통이 반드시 요구되는 수평적 관계로 진화하고 있다.

상사의 업무 성과는 전문가로 구성된 조직원들의 업무 성과의 합에 의해 결정된다. 전문 분야가 모두 다른 그들에게 획일적이고 수직적인 소통법으로, 과연 성과를 기대할 수 있을까? 단순 반복 업무만으로 그들의 몰입을 기대할 수 있을까? 현재의 리더로 살아가는 당신이 곰곰이 생각해 봐야 할 문제일 것이다.

그들이 일하는 이유

입사할 때와 퇴사할 때

2013년 큰 인기를 모았던 드라마 〈직장의 신〉에서 보면, 능력 있는 비정규직 '미스 김'(극중 김혜수 분)과 정규직을 오매불망 고대하는 '정주리'(정유미 분)의 상반된 캐릭터가 눈길을 끈다. 그들이 일을 하는 이유는 각기 다르다. 미스 김에게 직장은 돈을 버는 곳, 그 이상도 그 이하도 아니다. 칼 출근, 칼 퇴근, 칼 점심시간, 비싼 시간 외 수당 등은 그녀가 누릴 수 있는 가장 큰 복지(?)이다. 비정규직인 그녀는 사회적 통념상 분명한을(乙)의 입장이다. 그러나 그녀는 오히려 '슈퍼 갑(甲)'이라 불리며 근무한다. 이와 반대로 정규직을 희망하는 정주리는 사정이 다르다. 박봉이어도, 연장 근무에도, 다소 불이익을 당하는 구조 속에서도 정규직의 꿈을 위해 헌신적으로 임한다. 미스 김과는 다르게 뼛속까지 을(乙)의 입장이다. 어쩌면 드라마 속 정주리의 모습은 지금 우리 사회 대부분의 직장인의 모습과 흡사하다.

현재 대한민국의 직장인이 회사에 입사할 때 가장 중요하게 생각하는 것은 무엇일까? 2012년 취업포털 커리어에서 조사한 설문(복수응답)에 따르면, 좋은 직장이라고 생각하는 판단기준은 급여수준(68.2%), 복지제도(57.4%), 고용 안정성, 교육시스템, 조직문화 순이었다. 그렇다면 퇴사할 때도 입사할 때 고려하는 사항들이 그대로 반영될까? 입사 이유와는 다르게 퇴사 이유는 1위가 '회사에 비전이 없어 보여서'(53.3%)이고 '급여 불만족'(37.2%)이 그 뒤를 이었다. 다음으로 '조직 내 인간관계 문제(28.6%)', '업무적성 불일치(27.3%)', '업무 과다(21.6%)' 등이었다. 위의 조사결과를 통해, 처음 회사를 선택할 때는 급여나 복지 등 가시적이고 금전적인 욕구가 선택의 중심에 있나 회사를 떠나야겠다고 판단하게 되는 이유는 회사에 대한 비전, 인간관계와 같은 무형의 가치가 민감하게 작용한다는 사실을 알 수 있다.

왜 퇴사할 때, 입사할 때와는 다르게 요구사항이 바뀌는 것일까? 이에 대한 답은 Maslow의 욕구 5단계 이론에서 힌트를 얻을 수 있다. 인간은 불완전한 존재로 태어나므로 본능적으로 더 나은 환경에 대한 욕구를 위해 진화해 나간다. 원시시대의 인간은 하루하루 먹고 사는 것이 중요한 욕구였다. 첫 번째 단계인 "생리적 욕구(Physiological needs)"를 최고의 가치로 여겼다.

수많은 시행착오로 경작과 사육을 학습하게 됨에 따라 생존에 대한 욕구가 일정 부분 해결되자, 인간은 안전하고 안정적으로 살아가길 희망하게 되었다. 바로 두 번째 욕구인 "안전의 욕구(Safety needs)"를 추구하게 된 것이다. 보호받고 방어하기 위해 혼자보다는 여럿이 좋다는 사실을 배우면서, 무리를 지어 살아간다. 부족의 개념이 생기면서 점차 관계중심적인 존재로 진화한다.

이에 따라 외부 침입에 대한 두려움이 줄어들고 계절의 구애를 받지 않고 안정적으로 끼니가 해결되면서 인간의 욕구는 신체에서 정신으로 옮겨 갔다. 관계가 형성되면서 세 번째 욕구인 "사회적 욕구(Social needs)"가 사람들의 관심사가 되었다. 필요에 의해 집단생활을 하게 되었지만, 그 집단에 잘 속해 있을 수 있는가는 다른 문제였다. 이 때문에 자신이 속한 집단에서 필요한 사람으로 인정받기 위해 공헌할 수 있는 것을 찾고 자신의 존재 이유를 만들어 가게 되었다.

공동체 속에서 너불어 사는 즐거움을 배워 가면서 집단 내에 단순히 존재하는 것에 머무르지 않고 인정받고 싶어졌다. 네 번째 욕구인 "존경의 욕구(Esteem needs)"가 나타나게 된 것이다. 영향력을 행사하고 싶은 욕구가 생기면서, 그런 존재로 성장하기 위해 노력하게 되었다.

지금까지 살펴본 Maslow의 욕구 5단계 이론을 종합해 보면, 점진적으로 생존을 위한 욕구에서 자신의 가치추구 형태로 진화함을 알 수 있다. 즉, 바라보는 시각이 외부에서 자신의 내부로 옮겨지고 있음이다. 행복한 삶을 위해선 지금 현재의 삶에 안주하지 않고 변화하고 성장하길 바라는 것이라고 함축할 수 있다.

그러므로 최종의 욕구는 "자아실현의 욕구(Self actualization)"로 귀결된다. 생존의 이유가 '행복'이라는 추상적 가치로 옮겨진 것이다. 당장 다음 달 카드값 때문에 회사에 입사했지만, 일을 하면서 가치가 점차 변화하는 이유가 바로 인간의 이런 본능 때문이다. 회사의 비전이 어둡고, 자신의 성장 가능성이 보이지 않으며 심지어 소모품 같은 대접을 받았다면 더 이상 그 회사를 다니지 못한다. 자아실현의 궁극적 욕구를 가진 인간이기 때문에 어쩌면 당연한 결과라고 할 수 있다. 〈직장의 신〉에서의 미스 김처럼 유능하지만 회사에 대한 열정은 기대하지 못하는 조직원들이 많아질지도 모르는 일이다.

돈 이상의 그 무엇

자신의 업에 익숙해지고 전문적이 될수록 사람들은 돈이 아닌 그 이상의 무엇을 추구하게 된다. 회사에서 꼭 필요한 사람으로 자리매김하고 싶어하고, 매년 증가하는 연봉으로 확신받고 싶어한다. 회사가 자신에게 투자하는 경험을 통해 조직원으로서의 존재 가치를 느끼며 성취감을 얻는다.

실제로 회사가 자신을 어떤 존재로 여기는지를 체감하는 데에는 그리 많은 시간이 걸리지 않는다. '신입사원의 퇴사기간은 평균 3개월(25%) 내'라는 설문조사 결과가 이를 뒷받침한다. 사람인과 KBS에서 2013년 공동으로 조사한 바에 따르면 1개월(18.4%), 6개월(18.4%) 순이었으며, 3개월 이내 조기 퇴사율은 무려 43%를 넘는다고 밝혔다. 이렇게 조기퇴사가 많은 직무로는 '제조, 생산(24.4%)'과 '영업, 영업관리(21.8%)'가 가장 높은 비중을 차지했다.

물론 어떤 일이든지 인력이 유지되지 않으면 생산성은 낮아질 수밖에 없다. 이직률이 높을수록 생산율을 향상시키기 힘들다는 애기다. 특히 제조 · 영업분야는 타 분야에 비해 인력 의존율이 상당히 높은 분야임을 감안할 때, 사람들의 감정적 만족감이 얼마나 중요한지 짐작할 수 있다. 이를 반대로 얘기하자면, 사람의 니즈(Needs)를 만족시킨다면 생산성을 향상시킬 수 있다.

시대의 요구가 급변하면서 인재들의 요구사항과 표현방법도 변화하고 있다. 과거 빠른 승진과 높은 보수를 기대하던 그들이 지금은 승진과 보수뿐 아니라 복리후생에 대한 요구도 함께 높아지고 있는 현실이 그러한 배경을 뒷받침해 준다. 복리후생에는 연차나 월차 등의 휴가가 분명 포함되어 있다. 그러나 이뿐만이 아니다. 회사 지원의 교육과 견문증대의 기회도 포함되며, 자기개발을 위한 회사차원의 기회보장도 중요한 복리후생에 포함된다. 인재들은 자신의 자산가치를 높이기 위해 끊임없이 노력하는 존재이다. 그러므로 그들에게 회사는 단순히 월급을 주는 일터 이상을 의미한다. 근무를 하며 본인의 성장도 함께 꾀할 수 있기를 기대한다. 끊임없는 자기개발도 가능하도록 제반 여건을 요구하는 존재들이다. 이것이 인재들이 말하는 돈 이상의 그 무엇이다. 그리고 이것이야말로 회사가 자신을 소모품이 아닌 인격체로 대우하고 있음을 보증하는 증거라고 생각한다.

리더는 득이 되는 존재인가, 독이 되는 존재인가?

리더는 리더라는 이유만으로 거부감을 주는 존재이다

"리더는 리더라는 이유만으로 거부감을 주는 존재이다"라는 말이 있다. 다음의 이야기를 들여다보자.

마케팅 1팀의 이 팀장은 사람 좋기로 유명하다. 다른 팀의 사람들은 이 팀장을 좋아한다. 모두 맡기 꺼려 하는 일도 이 팀장은 하겠노라 자처하기 때문이다. 거절도 잘 하지 못하는 성격이라 급한 일을 부탁하면 기꺼이 허락한다. 동료들은 그를 일컬어 '법 없어도 살 사람'이라며 입을 모아 칭찬한다. 하지만 이 팀장은 성격이 좋은 것에 비해 어딘가 표정이 어둡다. 다른 팀 사람들에게는 칭찬을 받지만, 정작 마케팅 1팀의 팀원들은 그를 좋아하는 기색이 아니다. 팀 미팅이라도 하고 나온 날이면 이 팀장의 안색은 더욱 어둡기만 하다.

그러던 어느 날 이 팀장은 휴게실을 지나가다 마케팅 1팀의 팀원들의 대화를 기어이 듣고야 말았다. 윤 대리가 먼저 말을 꺼낸다.

"우리 팀장님은 사람이 너무 우유부단해. 다른 팀에서도 못한다는 일을 계속 가지고 오면 어떻게 해?"

그러자 박 대리도 거든다.

"할 자신이 없으면 거절을 해야지. 싫다 소리를 못해서 다 하겠다고 하면 어떻게 해? 다른 팀 뒤치다꺼리 하느라 정작 우리 일은 손도 못 대고 있잖아."

그러자 윤 대리가 한숨을 쉬면서 말한다.

"일을 가져왔으면 본인이 책임지고 마치든가, 결국은 우리가 다 하잖아. 이러니 맨날 야근이지. 성과도 없이 이게 무슨 짓이야?"

박 대리는 체념한 듯 말한다.

"난 우리 딸내미 얼굴을 언제 봤는지 기억도 안 나."

조직에는 이 팀장과 같이 착한 사람들이 분명 있다. 그런데 착한 것이 과연 좋기만 한 것일까? 때에 따라서는 본의 아니게 '착해서' 다른 사람들에게 피해를 끼치는 경우가 있다. 특히 리더인 경우에는 그 파급효과가 더 크다. 누구나 친구 사이에 거절을 못해 하기 싫은 일을 했던 경험이 한두 번쯤은 있을 것이다. 그럴 때 그 일이 정말 즐겁고 재미있었던가? 아마도 울며 겨자 먹기로 자기 자신을 탓하며 억지로 했을 것이다. 본인의 결정임에도 한심한 자신을 탓했을 텐데, 팀장의 요청이라는 이유로 본인과는 상관없는 일을 할 때의 기분은 과연 어떨까? 그러니 일을 처리하는 데 효율적일 리 없다. 따라서 리더라면 무언가를 결정할 때 팀원들을 고려하여 신중할 필요가 있다.

리더십은 "집단의 목표나 내부 구조의 유지를 위하여 성원(成員)이 자발적으로 집단 활동에 참여하여 이를 달성하도록 유도하는 능력"이라 정의하고 있다(출처: 두산백과). 여기서 중요한 키워드를 꼽으라면 "자발적"이라는 단어라고 힘주어 말하고 싶다. 흔히들 리더십에 대해 이야기할 때, 연탄을 비유하곤 한다. 연탄이 팀원 개개인이라면, 스스로 활활 타오를 수 있도록 연탄에 불을 지피는 사람은 리더(Leader)이다. 연탄은 한번 점화되면 서서히 타오르다가 일정 시점이 지나면 외부의 자극 없이도 활활 타오르게 된다. 그리고 자체 연소물질에 의해 완전 연소된 후에야 소화된다. 마찬가지로 리더는 팀원을 자극하여 동기를 부여시킨다. 그리고 일정 시점이 지나면, 더 이상 리더의 자극이 없어도 팀원 스스로의 열정에 의해 몰입하게 된다. 리더는 그들 안에 내재되어 있는 열정을 발현하게 만드는 발화자일 뿐이다.

하지만 〈회사가 선택한 1%의 팀장들〉에서는 불행하게도 우리의 팀원은 당신의 발화력을 경험하기도 전에 이미 리더라는 이유만으로 당신을 그다지 신뢰하지 않는다고 말한다. 리더인 당신이 팀원들에게 점화할 기회조차도 주지 않고 당신을 밀어내기 바쁘다. "제가 스스로 해 보겠습니다."라는 변명을 하면서 말이다. 그렇다고 당신이 그들을 포기하면, 당신은 직무유기의 유무를 떠나 업무 성과를 장담할 수 없게 된다. 그야말로 진퇴양난이 아닐 수 없다. 그렇지만 모든 팀원이 다 그런 것은 아니다. 당신을 근본적으로 좋아하고 따를 준비가 되어 있는 경우도 분명 있다. 하지만 이 또한 당신이 우물쭈물 하다가는 서서히 마음의 문을 닫으며 당신의 라이터를 빼앗아 버릴지도 모른다. 적절한 때에 그들의 마음에 점화해야 한다는 점을 잊지 말자.

기업의 존재목적은 이윤추구이다. 하지만 점점 기업들의 사회적 책임에 대한 목소리가 높아지고 있다. 경제·문화적으로 영향력이 높은 사회 구성원을 통해 조화로운 환경을 만들어 가자는 의도에서이다. 관리자이자 리더인 당신의 존재 목적은 무엇인가? 당신은 기업의 1차적 목적인 이윤 추구와 당신 개인의 성공이라는 두 가지 측면을 고려해야 한다. 조직에 입사한 이상, 당신은 조직의 목표(Performance) 달성에 무감각할 수 없다. 조직의 성공과 성장을 위해 급여를 받는다는 기본적인 구조를 잊어서는 안 된다. 그리고 조직의 이윤 달성만큼 중요한 당신 개인의 성공을 함께 추구할 수밖에 없다. 일반적으로 개인의 성공은 승진과 연봉 인상 등으로 증명된다.

그렇다면 인재들의 존재 목적은 무엇일까? 앞서 밝힌 바와 같이 연봉과 경력개발이다. 갤럽조사에 따르면, 업무에서 자신들의 잠재력을 최대한 발휘하는 건 아니라고 응답한 사람이 대략 전체의 70%에 달한다. 이는 대부분의 직장인들이 그들이 가진 능력의 일부분만 업무에 쏟고 있음을 의미한다. 바꾸어 말하면, 그들이 발휘할 수 있는 능력이 잠재되어 있다고 할 수 있다. 주목할 부분은 발휘되지 않은 능력은 그들이 인지하지 못하는 능력이 아니라 의도적으로 활용하지 않는 '잠재적 능력'이라는 점이다. 그들이 능력을 백분 활용하고 싶도록 마음을 잘 움직이기만 한다면, 조직은 지금보다 월등한 성과를 달성할 수 있다.

그런 면에서 인재들의 마음을 움직일 변수가 바로 '경력개발'과 '성과에 합당한 연봉'이다. 그들이 잠재력을 온전히 발휘하도록 만들기 위해선 이 두 가지 변수를 모두 자극해야 한다. 하지만 이 두 가지는 결국 그들이 조직 성공에 기여하게 만드는 밑거름이자, 부단한 노력에 대한 보상이다. 다시 말해, 인재는 자신의 가치가 높아질 수 있는 자극과 외부의 인정을 통해 동기부여 된다고 표현할 수 있다.

인재를 만족시키는 것이 왜 중요한지는 고객만족에 대한 개념을 통해 들여다볼 수 있다. 어느 기업이 있다. 이 기업을 경험한 고객 중 서비스와 재화에 만족한 고객이 있다. 만족한 고객은 구매 후 어떤 특징을 보일까? 지인들에게 긍정적으로 구전한다. 그리고 스스로도 다른 기업을 이용하지 않고 재구매하는 충성심을 보인다. 만족한 고객의 이런 소비행태는 기업의 매출 증대와 이윤 증대에 큰 기여를 한다. 또한 기업에는 긍정적인 사회적 이미지가 형성됨에 따라 많은 잠재고객을 확보할 기회를 얻게 된다. 긍정적인 이미지를 갖춘 기업은 확보된 고객을 만족시키고자 다른 기업보다 앞선 노력을 경주한다. 이와 같은 기업의 선 순환은 인재들의 만족과정과 상당히 흡사하다.

자기 개발의 기회가 보장되고, 자신의 노력에 대한 정당한 보상이 주어지는 조직은 인재들을 만족시킨다. 만족한 인재들은 업무에 열정적으로 임하게 되며, 기대하지 못한 잠재력을 발휘할 수 있다. 당연히 좋은 성과로 팀과 조직의 성장은 물론, 스스로의 성장도 도모한다. 탁월한 성과는 팀과 조직을 고무시키므로 이윤의 극대화를 달성할 수 있게 된다. 성공하는 조직은 서비스와 재화에서 타 경쟁업체를 앞지를 것이며, 고객을 만족시키는 결과를 가져온다. 만족한 고객은 다시 기업의 성공에 기여하며, 기업은 이를 또다시 고객과 인재에 환원하게 된다. 고객을 만족시키기 위한 탁월한 서비스를 개발하며, 인재를 만족시키기 위해 자기 개발의 기회와 복지정책을 확대하므로 만족도를 더욱 높여간다.

이러한 선순환을 진정한 'WIN-WIN'이라 볼 수 있다. 서로에게 도움이 되는 의도와 결과로 자발적인 몰입을 이끌어내는 순환구조가 WIN-WIN의 목적과 부합한다. 우리의 조직이 직원의 능력을 개발하고 인재로 육성해야 하는 이유는, 인재를 위함이기도 하지만 조직을 위함이기도 하다. 그래서 리더가 직원의 능력 개발과 육성을 최우선 순위에 두지 않으면, 조직은 절대 성공할 수 없다. 그리고 유능한 인재들은 더 이상 당신 곁에 머물지 않을 것임을 기억해야 한다.

가르칠 시간이 없다고요? 성공할 시간이 없군요

아는 것을 잘 가르칠 방법을 모르겠어요

지인 중에 영어를 원어민처럼 잘하는 분이 있다. 당연히 그 분의 아이들은 학원에 다닐 필요 없이 집에서 영어를 일상 회화처럼 배울 것이라고 생각했다. 그런데 내 예상과는 달리 아이들을 영어학원에 보내고 있다고 하셨다. 그 이유가 정말 궁금했다. 나의 이러한 궁금증에, 그분은 이렇게 답했다.

"아는 거랑 가르치는 거랑은 차이가 있더라고요. 어떻게 가르쳐야 할지, 무엇을 가르쳐야 할지 도무지 모르겠어요."

충분히 수긍이 가는 부분이다. 조직에서도 보면, 사원 · 주임일 때는 일을 잘하던 사람이 대리 · 과장으로 승진하면서 마치 다른 사람이 된 듯 일을 못하는 경우가 있다. 과연 그 이유가 무엇일까? 이유는 승진을 하고 중간 관리자가 되면서 업무의 영역이 변했기 때문이다. 사원이나 주임처럼 업무의 실무자일 때에는 자신에게 주어진 일만 열심히 하면 된다. 소위 '빵꾸 내지 않고' 열심히 배우면서 업무를 하다 보면, 그 분야의 전문가로 인정받을 수 있다. 그러나 중간 관리자로 성장하면 이야기가 달라진다.

중간 관리자의 업무는 목표 달성뿐 아니라 부하 직원의 관리로 영역이 확장되며 일대 변화를 겪는다. 이는 자신에게 주어진 본 업무도 잘 해내야 하지만, 동시에 함께 협업하는 사람들의 성과도 관리해야 함을 의미한다. 부하 직원이 생기면서 그들의 업무 성과에 따라 본인의 성과달성 정도가 달라진다. 더 이상 '나 혼자서만' 잘 해서는 조직 내에서 능력을 인정받기 힘들다는 말이다.

조직은 나와는 전혀 다른 사람들로 구성되어 있다. 그 안에서 급한 성격의 사람, 느긋한 성격의 사람, 직설적인 사람, 감성적인 사람, 이성적인 사람 등 각양각색의 사람들이 하나의 목표를 성취하기 위해 모인다. 그러므로 잡음 없이 협업하기란 말처럼 쉽지 않다. 심지어 신입사원처럼 업무의 전문성이 부족한 직원들에게는 즉각적으로 원하는 성과를 얻지 못하기 때문에 중간 관리자에게는 신입사원의 업무능력을 일정 수준까지 끌어올려야 한다는 부담감마저 있다. 바로 이 부분이 상사들을 힘들게 한다.

대부분의 상사는 "자기들이 알아서 배워야지~", "나 때는 아무도 가르쳐 주는 사람이 없었어. 눈치껏 배웠지~"라는 말들을 쉽게 한다. 시집살이도 살아 본 사람이 시킨다고, 어렵고 힘들게 배운 사람들은 그 정보와 기술을 쉽게 전수하는 것이 부하 직원에게 좋지 않다고 판단한다. 쉽게 배운 것은 쉽게 잊힐 것이라는 생각에, 일부러 쉽게 알려 주지 않으려 한다. 하지만 여기서 중요한 것은 가르치는 이의 '의도'다. 업무나 기술을 쉽게 가르쳐 주지 않으려는 의도가 부하 직원의 내성을 단단히 하고 어려운 상황을 극복할 힘을 키워 주기 위함이라면 제법 타당하다.

그렇지만 그런 의도가 아니라 '나도 너만 했을 때 어렵게 배웠으니 너도 당해 봐라!'는 식의 밑도 끝도 없는 보복(?)이라면 타당하지 못하다. 자신의 모호한 피해의식에 의한 구시대적인 발상이라고 단언할 수 있다. 물론 힘들고 어렵게 배운 까닭에 그 노력과 땀이 얼마나 고되었을지 충분히 이해된다. 하지만 그들을 가르쳐서 전문성을 빨리 높여야 하는 이유가 다름아닌 '나'를 위함이라는 명제를 이해한다면, 이보다 안타까운 생각도 없다. 나 혼자서만 할 수 있는 일은 지위가 올라가면 올라갈수록 점점 제한된다. 업무의 성격도 내가 직접 현장에서 발품을 팔아 가며 하는 실무에서, 팀 전체의 방향 설정과 합리적인 의사결정으로 변화한다.

그렇기에 본인만 잘 알고 있다는 것은 조직의 성장과 스스로의 성과에 전혀 도움이 되지 않는다. 되도록이면 실무를 그들에게 빨리, 많이, 잘 알려 주어야 상사인 당신에게 득이 된다. 당신이 부하 직원을 당신만큼의 실력과 사고력으로 키워 줄수록 당신이 그 일에 얽매여 있는 시간은 줄어든다. 이는 당신이 짊어져야 하는 또 다른 업무, 즉 팀의 성과 관리와 비전 설정, 그리고 의사 결정 등에 더 많은 시간과 노력을 경주할 수 있음을 의미한다.

그러나 앞서의 이야기에서 보다시피 많은 사람들이 본인이 아는 것을 가르칠 마음의 준비가 되어 있다 하더라도 실질적으로 잘 가르친다는 것은 별개의 이야기이다. 이는 가르치는 기술에 대한 부분이 개입되어 있기 때문이다. 가르치는 방법에 대해서는 뒤에서 자세히 설명하도록 하겠다.

배우려는 자세가 안 되어 있어요

"요즘 애들은 배우려는 자세가 안 되어 있어요. 배우려면 누구보다 일찍 와서 노트라도 준비해 와서 하나하나 다 받아 적을 준비를 해야 하는 거 아닌가요? 이건 아무것도 준비하지도 않고 몸만 와서 배우려고 그래요."

후배나 부하 직원을 가르치면서 이런 하소연을 하는 상사들을 많이 본다. 물론 상사는 본인의 업무가 아님에도 불구하고 자신의 시간을 할애해서 부하 직원을 위해 투자한다고 생각한다. 가르치는 대가로 뭐 하나 받지 않아도 좋으니, 부하 직원의 배우려는 자세만이라도 상사가 원하는 자세를 취했으면 하는 바람을 갖는다. 어떻게 보면 이런 기대는 당연한 것이다. 그러나 상사들은 자신이 부하 직원을 가르치고 육성하는 이유를 제대로 인지하고 있어야 한다. 상사가 부하 직원을 가르치는 이유는 부하 직원의 업무 능력이 향상되어 스스로 업무를 해결할 수 있는 자발적인 인재로 만들어 내기 위함이다.

하지만 좀 더 솔직히 생각해 보자. 부하 직원을 가르치는 궁극의 목적은 무엇인가? 다시 질문을 하자면, 부하 직원이 성장하는 것은 누구를 위함인가? '부하 직원'이라고 생각한다면 50%만 옳은 답변이다. 결과적으로 말하자면, 상사인 당신 스스로를 위함이다. 부하 직원은 스스로의 능력이 향상되고 성장하는 것에 가장 큰 수혜를 입으며, 이는 곧 상사의 성과달성임을 기억하자. 그들이 제대로 육성되어야만 당신의 성과가 제대로 달성될 수 있으며, 그들의 업무 생산성이 높아지면 당연히 당신의 업무 생산성이 높아진다. 다시 말하자면, 그들을 가르치고 육성하는 이유는 "당신의 업무 성과를 위해서"이다.

그럼 다시 질문해 보겠다. 당신은 능력이 부족한 사람에게 당신의 일을 맡기겠는가, 아니면 당신만큼 훈련된 것뿐 아니라 개인의 독창적 창의성까지 갖춘 자발적인 인재에게 맡기겠는가? 당연히 후자일 것이다. 그러므로 상대방이 배우려는 자세가 안 되어 있는 것인지, 아니면 가르치려는 당신의 자세가 안 되어 있는 것인지를 먼저 냉철히 다시 생각해 보자. 그럼에도 불구하고, 정말 자세와 태도, 비전이 좋지 않아 가르치고 싶은 마음이 들지 않는 이들이 있을 수 있다. 그렇다면 그들은 어떻게 하는 것이 좋을까?

필자도 이 부분을 상당히 오랜 시간 고민했다. 사실 이 부분이 이 책에서 강조하고 싶은 부분이다. 그들을 '질이 나쁜' 사람으로 치부해 버리기 전에 질문을 먼저 던져 보길 바란다. "왜 그들은 잘 배우려 하지 않을까?", "그들이 업무를 잘 이해할 수 있도록 하려면 어떻게 해야 할까?", "어떻게 하면 그들을 자발적인 인재로 성장시킬 수 있을까?", "그들의 무엇을 자극해야 할까?", "어떻게 접근하고, 어떻게 가르쳐야 할까?"

이 해답들만 찾는다면, 우리는 누군가의 태도나 자세 때문에 속 끓일 대부분의 일이 줄어들 것이다. 이 책을 통해 이 질문들을 하나씩 차근차근 풀어 나가 보도록 하자.

가르치느니 차라리 내가 하는 게 더 빨라요

○○커피숍은 오픈 한 지 6개월 정도가 지나고 있다. 모든 팀원이 열심히 한 결과로 그 지역에서 꽤 괜찮은 커피숍으로 이름이 나 있다. 그래서인지 매장은 항상 손님들로 북적인다. 바쁘긴 하지만, 숙련되어 있는 정예의 멤버로 수월하게 영업을 할 수 있다. 하지만 시간이 지나면서 함께했던 팀원 중 한 명이 퇴사 의사를 밝혔고, 직원의 퇴사를 대비하여 추가로 한 명을 모집하기로 결정한다. 다행히 지역 내에서 이미지가 좋은 탓에 구인은 어렵지 않았다. 매니저는 신입 팀원을 첫 출근 시키면서 어떻게 교육을 시킬 것인지를 계획한다.

새로운 팀원은 열정과 긍정적인 서비스 마인드가 좋은 사람이다. 마음에 들어 이것저것 기분 좋게 가르친다. 하지만 피크타임이 다가오자, 매니저는 이 팀원을 더 이상 가르칠 수가 없다. 교육계획 당시 신입 팀원을 교육시키는 사람에 대한 인원배분이 되어 있지 않아, 영업을 하면서 함께 교육을 할 수는 없었기 때문이다. 물론 커피 만드는 법을 가르쳤지만, 숙련이 되지 않았기에 다른 숙련된 팀원이 만드는 시간보다 두 배 이상이 걸려 오히려 영업에 방해가 되었다. 그럼에도 불구하고 주문받는 것과 커피 만드는 것을 틈틈이 시켰지만, 잘못 만들어서 고객의 불만만 야기했다.

결국 그 신입팀원은 그 바쁜 시간 동안 업무를 돕기는커녕 방해만 되어, 주방 끝에 덩그러니 서 있게 되었다. 좀 알아서 잔일이라고 해 줬으면 싶은데, 그냥 멀뚱히 쳐다보고 있기만 한다. 그래서인지 처음 긍정적으로 보였던 열정과 긍정적인 서비스 마인드는 찾아보기 힘들었고, 심지어 배시시 웃어 보이는 모습에 답답함과 화가 치밀기까지 했다. 좋은 팀원이라고 생각했는데, 사람을 잘못 본 게 아닌가 싶다. 매니저는 이 팀원과 계속 같이 일해도 좋은지 고민이다.

앞의 사례에서 본 바와 같이 신입사원을 가르치다 보면, 내 업무가 자꾸 늦어지는 느낌을 받는다. 그것은 사실 당연하다. 내 본연의 업무 외 '가르침'이라는 또 다른 업무가 추가 되었기 때문이다. 그래서 앞서 예를 든 영업현장에 신입사원이 있는 경우, 영업에 필요한 적정 인원과 별개로 신입사원을 교육하는 사람이 추가적으로 필요하다. 숙련도가 낮은 신입사원의 생산성은 기존 사원들보다 월등히 낮기 때문이다. 또한 실수도 잦기 때문에 그것을 즉각적으로 수정하고 코칭해 주는 사람이 필요하다. 그런 역할은 현장에서 가르치는 사람의 몫이다. 어쩌면 실제로 업무를 수행하는 사람보다 더 많은 수고와 노력, 관찰이 필요한 사람이다. 이와 같은 이유로 신입사원이 입사하게 되면 업무와는 별개로 신입사원을 교육하는 사람, 그리고 교육받는 신입사원의 추가 인건비가 발생한다. 이것이 회사측면에서 퇴사율이 낮아야 하는 이유이다.

퇴사 인원이 많은 회사는 일차적으로 교육에 투자되는 두 배의 인건비를 감수해야 하고, 두 번째로는 숙련도가 높아지기 전까지 낮은 생산성과 효율성을 감수해야 한다. 신입사원이 일정 수준의 숙련도를 갖추기까지는 업무의 성격에 따라 상이하겠지만, 일반적으로 1년에서 3년 정도가 소요된다. 이처럼 누군가를 가르치는 데에는 가르치는 힘과 열정만 가중되는 것이 아니라 추가적인 인건비용과 교육관련 자재비까지 발생한다. 어디 그뿐인가? 소정의 교육을 마친 신입사원은 생산성이 기존 직원에 비하여 현저히 떨어지므로, 예측하지 못한 돌발상황에 대처하는 능력이 부족하다. 이는 예기치 못한 고객불만이나 업무의 혼선을 가져오게 되므로 상사는 잠시도 맘을 놓을 수 없다. 부하 직원을 믿을 수 없기 때문이다.

그래서 이러한 일련의 모든 정신적 · 육체적 · 물질적 부담을 떠안기보다는 "시키느니 차라리 내가 하고 말지."라는 생각을 하게 된다. 하지만 이런 생각으로 상사가 그 일을 할 경우, 계속해서 상사가 그 일을 처리해야만 하는 상황이 이어지는 문제점이 초래된다. 즉, 위임이 불가능해지고, 부하 직원은 꿔다 놓은 보릿자루마냥 할 일이 없는 난처한 상황이 생길 것이다. 앞서 예시에서 모두가 바쁜 시간에 자신만 아무것도 할 것이 없어 멀뚱히 서 있는 신입사원은 맘이 편하겠는가? 몸이 편하기는커녕 가시방석에 앉아 있는 심정일 것이다. 이는 신입사원일수록 정신적인 압박감이 더 심할 것이고, 양심적이고 자신에 대한 자존감이 높을수록 느끼는 정도는 더욱 클 것이다.

회사에서도 상황은 마찬가지다. 신입사원 본인의 능력이 부족하여, 상사가 직접 업무를 뛰고 정작 신입사원 자신은 할 일이 없어 빈둥댄다면 그 마음은 어떻겠는가? 답답해하는 상사의 마음의 크기보다 월등히 큰 크기의 상처와 자괴감에 휩싸일 것이다. 상사가 부하 직원을 충분히 가르치지 않고 위임을 하지 않으면, 상사는 성과도 없는 일들로 항상 분주할 뿐 아니라 정작 본인이 심혈을 기울여야 할 일에는 집중하지 못해 업무의 효율성이 떨어질 것이다. 그뿐만이 아니다. 반대급부적으로 부하 직원은 자신의 능력을 성장시킬 수 있는 기회를 상실하므로 단순업무만 하게 되며, 배우게 되더라도 더디게 배우므로 성공과 배움에 대한 갈증은 해소할 수 없게 된다.

흔히 리더십을 표현할 때 부하 직원을 잘 다룬다고 바꾸어 말하기도 한다. 필자는 부하 직원을 잘 다룬다는 것은 그들 본연의 업무를 완벽하게 처리할 수 있도록 상사가 지원한다는 것의 다른 말이라고 생각한다. 누군가를 가르치고 육성한다는 것은 이처럼 너무나 고통스럽고 수고스러운 과정을 수반한다. 하지만 이런 과정은 상사인 당신이 리더로서 새롭게 부여받은 또 다른 일에 매진할 수 있는 기반이 된다는 것을 잊어서는 안 된다. 상사가 "부하 대신 내가 하고 말지."에서 부하 직원이 "상사 대신 내가 해야지."라고 행동 양상이 변하게끔 만드는 것이 진정한 리더십의 결과라고 할 수 있다.

가르칠 시간이 없다고요? 성공할 시간이 없군요

현대는 융합과 통섭의 시대이다. 두 마리 토끼를 쫓다가는 둘 다 놓친다는 말은 이미 옛말이 된 지 오래다. 우리는 평생 단 하나의 특기만을 가지고는 성공하기 어려운 시대를 살아가고 있다. '하이브리드(Hybrid)'라는 단어를 어느 분야에서든 어렵지 않게 만나 볼 수 있다. 그런 이유로 사람들은 시간이 부족해지기 마련이다. 피터 드러커가 "성공은 시간관리를 어떻게 하느냐에 달렸다."라고 말한 것처럼 '정해진 시간'이라는 자원 안에서 성공하고자 한다면 지금의 특기에서 또 하나를 추가로 발굴해야 한다. 이렇듯 나 자신의 특기 하나도 개발하기 어려운 상황 속에서 다른 누군가를 또 육성해야 한다는 것이 얼마나 어려운 이야기인가? 그러나 아이러니하게 들리겠지만, 자신의 개발을 위해서 우리는 다른 누군가를 가르쳐야만 한다.

무언가를 확실하게 배우는 방법은 무엇이라고 생각하는가? 예를 들어 춤추는 법이라든가, 그림 그리는 법, 아니면 수학 공식을 공부하는 것 등 그 주제가 무엇이 되었든 가장 확실하게 머릿속에 넣는 방법은 다름아닌 "그 주제를 누군가에게 가르치는 것"이다. 이 책을 읽고 있는 당신도 아마 동생이나 자녀 혹은 후배를 가르치면서 그전까지는 애매하던 개념이 머릿속에서 일목요연하게 정리되는 것을 경험한 적이 있을 것이다. 이처럼 가르치기 위해 준비하는 기간 동안, 가르치면서 애매하던 개념이 정리되는 경험을 하면서, 스스로가 더욱 견고히 알게 되는 계기가 마련된다.

필자는 오랜 시간 강의를 하면서 다른 직업을 가진 사람들에 비해 이와 같은 경험을 상대적으로 많이 겪었다. 평소 깊게 고민해 보지 못한 분야에 대해 강의를 의뢰받으면, 그 시간부터 그 주제와 관련된 정보를 수집한다. 인터넷은 물론 서적, 그리고 관련업계 사람들과의 인터뷰 등을 통해 정보를 수집하고 일차적으로 강사인 필자가 먼저 습득한다. 그러면서 궁극적으로 전달하고 싶은 메시지를 이야기 속에 관통시킨다. 이처럼 우리가 누군가를 가르치려면 그 분야에 정통해야 한다. 이런 이유로 가르치는 자가 성장하는 것은 필수 불가결한 단계이다. 이 단계가 물론 쉽지만은 않다. 하지만 그 어떤 자기개발보다 효과적이고 즉각적이며 실용적인 것은 두말할 필요도 없다.

부가적으로 당신이 부하 직원을 가르치고 나면, 부하 직원은 당신이 기대하는 수준으로 당신이 시킨 업무를 완성할 것이다. 아니, 어쩌면 그 이상으로 완성시킬 수도 있다. 이는 당신이 또 다른 부하 직원의 성장을 계획하고 실천하는 시간적 · 정서적 여유를 가능하게 하며, 당신 스스로의 성장을 계획하고 실천하는 시간적 · 정서적 여유 또한 가능하게 한다.

가르칠 시간은 지금도 없고, 앞으로도 없을 것이다. 하지만 당신이 성공하고 성장하기 위해서는 반드시 필요한 시간들이다. 당신의 업무 리스트에 '가르치는 시간'을 별도로 할애하라. 시간이 남으면 가르치겠다고 하는 것은 영원히 가르치지 않겠다는 의지와도 같다. 성공하고 싶다면, 지금 당신 앞에 놓인 제한된 시간을 가르치는 데에 반드시 할애하고 그 시간을 충분히 활용하길 당부한다. 여유가 되면 저금하겠다는 다짐을 지키지 못하는 것과 비슷한 이치이다. 목돈을 모으기 위해선 빚을 지더라도 저금을 먼저 해야 하는 것처럼, 성공을 하기 위해서는 시간이 부족하더라도 가르치는 데 먼저 시간을 투자하길 당부한다.

가르치는 것은 무조건 남는 장사

한 가지를 가르치기 위해서는 10가지를 알아야 한다

필자는 강의 준비를 할 경우, 그 분야의 책을 10권 정도 찾아서 읽는다. 그리고 읽는 것으로는 부족해서 수험생처럼 노트하며 공부한다. 물론 요즘 강의는 대부분 PT가 준비되어 있어, 그 내용을 간혹 잊더라도 안내받을 수 있다. 그럼에도 불구하고 그 분야를 공부하는 이유는 무엇이라고 생각하는가?

강사로 입문한 지 얼마 되지 않은 무렵, 떨리는 마음으로 강의를 한 적이 있다. 세 시간이라는 짧지 않은 강의시간은 강의 내용을 숙지하고 틀리지 않고 떨지 않는 강의를 하는 것만으로도 벅차던 시기였다. 그런데 문제는 아무리 강의 내용을 외우려 해도 내용이 영 외워지질 않는다는 점이었다. 부족한 준비시간과 불안한 마음으로 강의에 임하였고 나는 '누군가 궁금한 것을 물어보기라도 하면 어쩌나, 이해가 가지 않는다고 말하면 어쩌나?' 얼마나 마음을 졸이며 강의를 했는지 모른다.

그렇게 강의를 쫓기듯 마치고 난 후, 나의 자존감은 그야말로 바닥이었다. 앵무새나 축음기가 된 듯한 느낌을 지울 수 없었다. 왜 그리 창피했을까? 그 이유는 나 자신이 그 강의 내용을 충분이 이해하지 못하고 강의하였기 때문이다. 그날 필자의 강의를 들으신 분들께서는 강의 내용을 이해하는 데 상당한 어려움을 겪으셨을 것이다. 강사의 본분은 메시지를 이해하기 쉽게 전달하여 행동의 변화를 유발하는 데 있다. 하지만 그날 필자의 강의는 스스로가 내용을 충분히 이해하지 못하였기에 건조하게 개념을 설명하는 데 급급했다. 그러니 청자(聽者)들은 그 강의에서 살아 있는 메시지를 찾기 힘들었을 것이다. 그런 의미에서 그분들의 시간을 훔친 것이라는 자책감에서 자유로울 수 없었다.

이처럼 누군가를 가르치는 입장이 되면, 그동안 당연하게 받아들이던 정보에 "왜?"라는 물음표가 추가되면서 개연성을 요구하게 된다. 그렇지 않으면 화자(話者) 스스로 충분히 설득되지 못하여 가르침에 있어 동기를 부여받지 못하기 때문이다. 동기를 부여받지 못한 화자는 자신감을 잃게 되고, 이는 청자(聽者)에게 비전문가로 비춰지기에 충분하다. 여기에서 비전문가로 비춰진다는 것은 상당히 중요한 의미를 내포한다. 가르치는 내용을 청자가 신뢰하지 못하는 결과를 초래하기 때문이다. 우리는 어떤 한 분야의 전문가가 되기는 어렵지만, 누군가가 그 분야의 전문가인지 아닌지는 쉽게 판단할 수 있다. 그것은 바로 화자(話者)의 자신감과 세부적인 설명 등의 가르침 속에서 형성되는 쌍방의 관계로 예민하게 전달되기 때문에 우리가 그 분야의 문외한일지라도 가르치는 사람이 그 분야에 정통한 사람인지 아닌지는 어렵지 않게 구별해 낼 수 있다.

가르치는 사람을 신뢰하지 않으면 머리로는 이해한다 해도 굳이 행동으로 나타내 보이지 않는다. 혹은 머리로 전달되기 전에 눈과 귀에서 이미 정보를 차단해 버린다. 가르치는 노력과 수고에 의미가 없어진다는 말이다. 이를 역으로 말하자면, 가르치는 사람이 그 내용을 충분히 숙지하고 동기부여 되어 있다면 상대방에게 전문가로 비춰지므로 전문성을 인정받을 수 있다는 말과도 같다.

직장에서는 상사의 업무 능력에 대한 부하 직원의 신뢰가 빠르게 형성된다는 장점을 지닌다. 이는 업무의 멘토로서 자리매김할 수 있는 좋은 기회가 되며, 동시에 직급과는 또 다른 사회적 포지셔닝을 형성하는 기반이 된다. 회사에서 비록 직급은 높지 않더라도 그 분야에 정통한 사람들에게는 그와 관련된 업무를 진행할 경우 자문을 구하게 된다. 만약 당신이 자문을 요청받는다면 이는 회사 내에서 전문가로의 영향력이 확대되고 있음을 의미한다. 알게 모르게 관여하고 있는 분야가 많아지면, 그만큼 회사 내에서 당신의 존재가치는 높아지며, 입지 또한 커진다. 이뿐만이 아니다. 스스로 완벽하게 이해하기 위해 공부하는 그 자체만으로도 당신의 전문지식이 축적되므로 이것이 앞서 말한 가장 훌륭한 자기개발이다. 나의 직장 상사셨던 분께서 하신 말씀 중 이런 말씀이 기억에 남는다.

"가장 좋은 자기개발은 본인 분야의 공부를 완벽히 하여 전문가가 되는 것이다. 영어나 다른 지식을 쌓는 것도 중요하지만, 이는 전문분야의 공부를 완벽하게 하고 난 후에야 진정 그 빛을 발한다."

가르침을 받는 사람은 한 개의 정보를 받아들일지라도, 그 한 개의 당위성과 개연성을 이해하고 설명하기 위해 가르치는 사람은 열 개의 정보를 준비한다. 이 자세가 바로 프로의 자세라 할 수 있다.

나의 가치관에 근접한 삶을 살 수 있다

"넌 왜 이렇게 책을 안 보니? 들어가서 책 좀 봐!"라고 신경질적으로 말하며 TV를 켜서 드라마를 보는 엄마. 그 엄마를 바라보는 아이의 기분은 어떨까? 과연 "엄마가 저렇게 말씀하시니 정말 들어가서 열심히 책을 봐야지."라고 생각할까? 아마도 "나도 런닝맨 봐야 하는데……. 엄마는 맨날 혼자만 TV 보고 나만 자꾸 책 보래. 짜증나!" 이렇게 반응할 가능성이 더 높다.

우리에게는 양심이 있기 때문에 내가 하는 말과 행동이 일치하지 않는다고 자각하는 순간, 즉 언행불일치를 느끼는 순간, 심한 수치심을 느낀다. 그래서 삶에서 그런 느낌을 주는 행동을 지양하고자 노력한다. 이는 가르치는 입장이 되면 더욱 그렇다. 아이가 "엄마는 왜 책 안보고 TV만 봐?"라고 반문했을 때, "엄마는 엄마니까."라는 변명이 얼마나 궁색하고 초라한지는 누가 말해 주지 않더라도 우리의 경험을 통해 너무나 잘 알고 있다.

리더십에 대한 강의를 하면 빼놓지 않고 등장하는 단어가 바로 '솔선수범'이다. 조직폭력배가 주인공으로 나오는 영화를 보면, 그들의 죄질을 떠나 상당히 멋있게 느껴지는 경우가 많다. 실제로 청소년들에게 장래희망을 적으라고 했더니 '조직폭력배'라고 쓴 학생들도 있었다고 한다. 그런데 그 이유가 재미있다. 짐작하겠지만 이유는 '멋있어서'이다. 왜 영화에서는 '폭력을 미화한다'는 우려에도 불구하고 멋지게 그려지는가? 영화 속에서 그들은 의리로 뭉친 조직이다. 그리고 그 의리의 중심에는 리더(두목)의 솔선수범이 있다. 영화에서 그들은 항상 먼저 앞장서고 부하의 문제를 자신의 문제처럼 받아들이고 대신 나서 싸워 준다. 목숨을 건 솔선수범으로 강력한 리더십을 조성하므로 부하들은 두목을 절대적으로 신뢰한다.

이처럼 누군가의 신뢰를 얻기 위해서는 솔선수범만큼 즉각적인 효과를 나타내는 것도 드물다. 내 입에 맛없는 것은 누군가의 입에도 맛없다. 나에게 지루하고 짜증나는 일은 누군가에게도 지루하고 짜증나는 일이다. 나에게 두렵고 무서운 일은 누군가에게도 두렵고 무서운 일이다. 그러므로 먼저 행하고 또 행할 때 올바르게 행한다면, 그 모습에서 부하 직원은 올바르게 배울 수 있다.

회사에서 상사로서 부하 직원을 가르치다 보면, 업무에 대하는 자세도 좀 더 올바른 방향으로 변화된다. 특히 선배에 대한 예의나 직장예절에 대하여 가르쳤다면, 이는 인성에 관련된 부분이기에 가르치면서 언행을 더욱 조심하게 된다. 말투, 행동, 눈빛, 자세, 태도 등에서 좀 더 신중을 기하게 되는데, 이는 매우 자연스러운 현상이다. 만약 이런 생각이 들지 않는다면, 가르치는 당신의 모습을 한 번쯤 되짚어 볼 필요가 있다.

결론적으로 누군가를 가르치면서 이렇게 나에게 관여하는 장치들이 많아짐에 따라 내가 가르친 대로, 나의 가치관과 신념대로 살아갈 가능성은 높아진다. 그리고 이러한 솔선수범과 언행일치의 삶 속에서 당신 스스로에 대한 자존감도 높아진다. 따라서 가치 있는 삶을 살고 있다는 자긍심이 고양된다.

누군가를 가르친다는 일은 그 주제가 무엇이든지 스스로가 솔선수범하려는 결과를 가져온다. 그러므로 더욱 신중한 삶이 가능해진다. 그리고 자신이 성취하는 크고 작은 사실들로 인해 성공과 성취에 익숙해지면서, 삶에서 성공의 습관을 갖추게 된다. 작은 것이라도 성공을 자주 경험한 사람들은 큰 것에서도 당연하게 성공을 경험하게 된다. 상대방을 성공시키기 위해 가르치지만, 재미나게도 결과적으로는 스스로가 성공에 한걸음씩 다가가게 된다. 가치관에 부합한 삶을 살아가는 기분은 어떨까? 지금부터라도 그 경험을 시작해 보자. 성공을 습관화하자.

타고난 깡과 싸움의 기술로 고등학교를 다니면서 조직폭력에 몸담고 있는 고등학생이 있다. 그런데 그 학생은 주먹에만 재능이 있는 것이 아니다. '조직폭력배'라는 단어와는 어울리지 않게 성악에 천재적인 재능을 가지고 있다. 한 번도 배운 적이 없는 성악을 듣고 따라 하는 것만으로도 탁월한 재능을 보인다. 그 학생의 천재성을 간파한 음악 선생은 올바른 성악가로 가르치기 위해 고군분투한다. 하지만 언제나 배신과 소외의 환경에서 자라 온 학생은 선생을 신뢰하지 못하고 매번 어긋나기만 한다.

한편 선생은 타고난 천재적 재능을 가진 학생에게 질투를 느낀다. 마치 모차르트에게 시기와 경외를 느낀 살리에르의 마음과도 같다. 하지만 질투의 마음보다 그 천재성을 극대화시키고 올바르게 가르치고 싶은 선생으로서의 의지가 더욱 강렬하다. 결국 폭력조직을 찾아가 자신의 몸을 담보로 학생을 구출해 온다. 이런 선생의 희생으로 소년은 인생의 전환점을 맞이한다. 학생이 선생을 신뢰하게 되면서 음악적 성장에 눈부신 성과가 나타난다.

영화 〈파파로티〉의 이야기다. 누군가는 진부할 정도로 신뢰를 형성해 가는 과정이 눈에 빤히 그려진다고 할지도 모른다. 하지만 가르치는 사람과 가르침을 받는 사람 사이에는 가르침 이전에 '신뢰'라는 것이 우선적으로 작용한다는 사실을 눈여겨볼 필요가 있다. 가르침은 가시적인 물질이 오가는 것이 아니다. 100% 상호 간의 정서와 감정의 교류로 이루어지는 작업이다. 그러므로 신뢰가 바탕이 되지 않을 경우, 가르치는 사람의 행동과 말 한마디에도 오해가 생길 수 있고, 작은 오해로 마음의 문을 닫는 순간, 가르치는 사람의 노력과 열정은 무용지물이 된다. 여기에서 기억해야 할 점은 '신뢰는 가르치는 사람이 그 가치를 결정하는 것이 아니라는 점'이다. 철저히 받는 사람이 그 가치를 결정한다.

신뢰는 무형의 가치이기에 측정할 수도 없는 가변적일 것이라 생각하지만, 〈신뢰의 속도〉의 저자인 스티븐 M.R 코비는 신뢰는 충분히 측정할 수 있다고 했다. 그는 높은 신뢰가 일의 속도를 높이고 비용을 줄이며 성과를 높이는 효과를 낸다고 주장한다. 특히 회사에서 리더가 배운 것을 다른 사람에게 가르치는 기회와 과정을 구조화하면, 학습량과 지식이전이 놀랄 만큼 증가한다고 밝힌다. 이처럼 신뢰는 가르침의 효과를 높이는 데 있어 기본 조건이며, 팀워크를 증대하는 긍정적인 결과를 만들어 낸다.

독자들도 과거 직 · 간접적으로 한 번쯤은 경험해 봤겠지만, 좋은 팀워크는 생산성의 눈부신 증가를 가져온다. 마치 앞서 예로 든 〈파파로티〉의 학생이 선생과 신뢰를 형성하므로 세계적으로 유명한 테너가수가 되는 것처럼 말이다. 물론 허구이지만 김호중 학생과 서수용 선생의 실화를 바탕으로 만들어진 영화라는 점을 상기할 때, 신뢰의 효과를 이해하는 데 충분히 설득력 있는 이야기다.

인재들의 평생에 중요한 존재로 자리매김한다

연말이 되면, 매해 시행되는 각종 시상식들이 눈길을 끈다. 그중에서도 화재가 되는 것은 단연 대상수상자들의 수상소감이다. 그들의 소감을 들으면 생애에서 그 상을 받을 수 있는데 가장 큰 영향을 준 분들의 이름을 거론한다. "○○선생님께서 그때 저를 이 길로 인도해 주지 않으셨다면…….", "○○선배님께서 저에게 이 업에 대하여 가르쳐 주지 않으셨다면……." 이라는 말들을 많이 한다. 그 영향을 준 누군가로 호명된 사람들은 분명 무한한 자긍심과 돈으로도 대신할 수 없는 뿌듯함을 가슴에 새길 것이다.

당신의 후배가 언젠가 성장하여 그들의 인생에서 당신을 빼놓고는 말할 수 없다고 밝힐 때, 당신으로 인해 변화된 인생을 살고 있음을 고백할 때, 당신의 감정은 어떠할까? 이렇듯 가르침이란 누군가의 인생에 적극적으로 개입하는 행위이기 때문에 무엇보다 신중해야 하며, 그렇기에 동시에 매우 어려운 작업이기도 하다.

회사에서 당신이 유능한 인재들에게 지대한 영향을 끼치는 존재라는 사실은 당신 자신의 가치와 대내외적 신뢰, 그리고 능력에 대한 또 다른 검증이다. 당신에 대한 긍정적인 평판이 확대되면서 회사 내에서 당신의 존재감은 드높아질 것이며, 보이지 않는 지위가 달라질 것이다. 이러한 평판과 지위는 형성되는 데 상당한 시간이 걸리지만, 여러 사람들의 든든한 신뢰와 지원이 뒷받침되기에 쉽게 사라지지 않는다. 언제부턴가 당신에게 많은 후배나 동료가 자문을 구해 온다면, 당신이 그 반열에 올라가고 있음을 나타내는 증거이다.

나 아니면 안 되는 조직은 없다

나 아니면 안 되는 조직은 위험하다

짐 콜린스의 〈좋은 기업을 넘어 위대한 기업으로〉에 나온 위대한 기업으로 성공시킨 리더들에 대한 분석이 흥미롭다. 대부분 뛰어난 리더십은 카리스마 있는 모습의 전형으로 그려지곤 한다. 하지만 그들의 모습을 보면, 이런 강렬한 첫인상과는 상당히 대조적이다. 우선적으로 겸양과 의지를 중요 품성으로 꼽는다.

반면 그렇지 못한 리더의 예로 러버메이드(Rubbermaid)의 '스탠리 골트'라는 리더의 이야기를 소개하고 있다. 그는 상당히 진취적이고 과감한 리더로 '폭군'이라는 별명을 얻을 정도의 추진력을 자랑하였다. 이 말에 맞서 그는 "맞는 말입니다. 하지만 난 성실한 폭군입니다."라고 주장하며 그의 리더십을 단적으로 표현하였다. 그는 재임 기간 동안 40사분기 연속으로 수익이 상승하는 놀라운 결과를 만들어 냈다. 하지만 불행하게도 골트 자신이 없이도 성장할 수 있는 회사를 남겨 놓지는 못했다. 그가 없이 지속적인 성장을 도모할 수 없었던 회사는 결국 그 화려한 수식어들을 더 이상 사용할 수 없는 지경에 이르렀다.

지속 가능한 회사를 만들어 간다는 것은 상당히 중요한 일이다. 실제로 주변을 둘러보면, 회사의 모든 일에 관여를 하면서 "일이 너무 많아 힘들다."는 볼멘소리를 하는 사람들이 종종 있다. 그러면서 정작 다른 사람들에게 몇 가지 일을 위임할 생각은 하지 않고, 항상 그 상태를 유지하면서 똑같은 이야기를 반복한다. 그들은 회사에 '나 아니면 안 되는 일'을 하나 둘씩 만들면서 자신의 존재가치를 입증하고자 한다. 이는 조직이 작을수록, 특정 업무가 한 사람에 의해서만 진행될수록 자신도, 그리고 주변에서도 "나 아니면 이 회사는 돌아가지 않아."라고 생각할 수 있다.

하지만 회사의 입장에서 보면, 이런 현상은 상당히 위험하다. 회사 내에서는 예측하지 못한 여러 가지 변수가 작용하여 인재가 부족해질 수 있는 가능성은 얼마든지 있다. 조직의 확장, 인원배치의 변동, 긴축운영 등 여러 가지 잠재요인들이 있다. 무엇보다 인재들의 퇴사나 이직을 고려하지 않을 수 없다. 만약 소수의 인재로 운영되는 회사에서 '저 사람이 아니면 잘 굴러가지 않을 것 같다.'라는 우려가 있다면, 당장 더 많은 인재를 육성해야만 한다.

이는 '소수의 인재'라고 일컬어지는 그들을 위해서도 필요한 작업이다. 소위 '나 아니면 안 되는' 업무를 맡은 그들은 그 업무의 중요성 때문에 다른 업무에 완전히 몰입하지 못한다. 그는 그 업무의 전문가이자 동시에 고문이기 때문에 24시간 그 업무에서 자유롭기는 어렵다. 그러므로 본인과 같이 모든 일을 처리할 수 있고, 상황에 맞게 재창조할 수 있는 능력을 갖춘 인재들을 육성해야 한다.

고통스럽고 두려운 위임(Delegation)

상사가 부하 직원을 신뢰한다는 것은 어떻게 표현될 수 있을까? 앞에서 언급한 스티븐 M.R 코비는 신뢰에 영향을 미치는 것은 성품과 역량이라고 하였다. 그리고 좀 더 세부적으로 성실성, 의도, 능력, 성과의 네 가지 핵심요소를 언급하였다. 성실성과 의도는 앞서 얘기한 성품을 구성하고 있는 요소이며, 능력과 성과는 역량을 구성하고 있는 요소이다. 이는 조직에서 누군가를 신뢰하거나 반대로 누군가의 신뢰를 받기 위해서는 사람 됨됨이와 업무적 능력이 검증되어야 한다는 말이다.

조직 내에서 부하 직원을 신뢰한다는 데에는 성품보다 능력에 대한 신뢰가 더욱 중요한 부분을 차지한다고 볼 수 있다. 조직 내에서는 상사가 부하 직원을 신뢰하면 그 증거로 '위임'을 하기 쉽다. 당장 당신이 중요한 업무를 누군가에게 위임해야 한다고 가정해 보자. 가장 먼저 누가 떠오르는가? 당연히 업무능력에 안심이 되어 당신이 믿을 수 있는 사람을 떠올렸을 것이다. 그리고 그 신뢰의 수준은 업무의 중요도와 비례한다. 중요한 업무일수록 신뢰도가 높은 사람에게 위임한다. 이는 생존의 법칙에 의하면 당연한 결과이다. 위임이란, 원칙적으로 당신이 해야 하는 업무이지만, 어떠한 이유에서 다른 사람이 당신을 대신하는 업무를 의미한다. 그러므로 위임받은 사람이 일을 완벽하게 수행해야 당신이 업무를 완벽히 위임했음을 의미한다. 만약 업무가 원하는 성과를 내지 못했다고 가정해 보자. 당신은 누구를 탓할 것인가? 일을 완벽하게 수행하지 못한 그 사람을 탓할 것인가?

위임한 업무에 대한 모든 책임은 전적으로 상사인 당신에게 있다. 그러므로 위임받은 사람이 업무를 완벽히 수행하지 못한다면, 당신은 '조직'이라는 정글 내에서 생존하는 것이 쉽지 않을 수 있다. 이러한 이유로 위임은 상사의 성공을 가늠하는 중요한 관리능력이다. 위임을 통해 생산성과 효율성을 높이고 전문성을 증대할 수 있다. 위임은 부하 직원에게 그간 교육받은 바를 시험해 볼 수 있는 시험의 장이자, 성장의 기회가 된다. 그리고 위임은 업무가 까다로우면 까다로울수록 가르칠 내용과 확인해 주어야 할 민감한 사항이 많기 때문에 더욱 어렵다.

앞서 신뢰의 요소에서도 살펴봤지만, 진심으로 누군가를 신뢰하기 위해선 능력뿐만 아니라 성품까지 확신할 수 있어야 한다. 그러나 성품은 그 사람의 됨됨이이며 정서적인 부분이기 때문에 쌍방간의 긍정적 관계가 형성되지 않은 이상 올바로 쌓이지 못한다. 오죽하면 톰 피터스가 "고통스럽고 두렵게 느껴지면 그것이 바로 진정한 권한위임이다."라고 했을까?

위임받은 누군가의 수행 결과는 그 일을 책임진 당신이 했을 경우의 수행 결과와 같아야 한다. 마치 손오공이 머리카락을 뽑아 또 하나의 분신을 만들어 낸 것처럼 동일한, 혹은 그 이상의 결과치를 내야 한다는 말이다. 바로 여기에 당신이 위임할 누군가를 당신보다 더 월등히 가르쳐야 하는 이유가 있다. 함부르크에서 컨설팅 회사를 창립한 마렌 레키는 성공적인 위임을 위한 전제조건으로 다음과 같은 이유를 꼽는다. 첫째, 직원이 목표를 이해해야 한다. 둘째, 업무완수를 위한 수단을 가지고 있어야 한다. 셋째, 피드백에 대한 명확한 약속이 있어야 한다. 그리고 그 이전에 위임하는 사람과 위임받는 사람 사이에 신뢰가 조성되어 있어야 한다고 밝히고 있다.

이처럼 누군가에게 내 일을 맡기는 위임은 그 절차가 가르침의 절차와 상당히 닮아 있다. 이러한 업무 환경 속에서, 우리가 어떻게 가르치지 않고 살 수 있겠는가? 성공적인 조직생활을 위해 어찌하여 가르치지 않고 생존할 수 있겠는가?

청출어람(靑出於藍)을 두려워하지 마라

능력이 뛰어난 부하 직원이 상사인 당신의 자리를 차지할 수도 있다는 두려움은 인간으로서 가질 수 있는 자연스러운 감정이다. 하지만 그 때문에 부하 직원 육성을 주저하는 것은 근시안적인 생각이라고 단언할 수 있다.

우선 부하 직원을 성장시키므로 완벽한 위임이 가능하게 된 당신은 그 업무의 운영에 대한 부담감에서 벗어날 수 있다. 그러므로 전략적인 업무에 좀 더 많은 시간과 노력을 할애할 수 있다. 이는 그 부하 직원과 좁힐 수 없는 업무력의 격차를 이미 가지고 있음을 의미한다. 앞서도 언급한 바 있지만, 지시받은 업무를 잘 처리하는 것과 총체적인 업무 성과를 관리하고 이끄는 것은 별개의 능력이다. 부하 직원이 당신의 실무능력보다 아무리 앞선다고 하더라도, 당신은 이미 그 업무에서 벗어나 또 다른 업무로 영역을 확장하고 있다. 이미 그 부하 직원과는 좁힐 수 없는 격차를 벌여 놓은 셈이다. 아니, 그 격차를 벌이기 위해 부하 직원을 가르치고 위임한 것이라고 표현해도 좋다. 당신은 항상 그 부하 직원을 리드하고 또다시 당신이 개척한 새로운 분야를 가르칠 수 있으므로 능력 있는 상사로서의 입지를 견고히 할 수 있다.

두 번째로 부하 직원은 더 이상 당신을 직장 상사로만 인식하지 않는다. 당신의 도움으로 성장한 부하 직원들이 당신을 단순한 직장 상사를 넘어서 존경의 대상으로 인식하기 때문이다. 그러므로 고의적으로 당신의 자리를 넘보거나 밀어내려는 상식 밖의 행동은 하지 않을 가능성이 높다. 만약 청출어람 격으로 부하 직원이 어느 한 분야에서 당신을 뛰어넘어 매우 우수한 인재가 되었다고 가정해 보자. 그렇더라도 그 인재는 기본적으로 당신을 존경하는 태도를 갖추고 있을 것이다. 이는 당신의 평판과 업무력에 대한 신뢰에 긍정적인 영향을 미친다. 이 존경과 신뢰는 이미 그 부하 직원과 비교될 수 없는 사회적 위치에 당신을 올려놓는 역할을 한다.

10살에 최고 명문대를 졸업할 정도의 천재성을 가진 어린아이가 회사에 있다고 가정해 보자. 그리고 당장 회사의 프로젝트를 이끌 리더가 필요하다고 생각해 보자. 천재성을 가진 10살의 어린아이에게 그 업무를 맡길 수 있을까? 아마 망설여지는 마음을 부정할 수는 없을 것이다. 그 이유는 천재적인 실무능력뿐 아니라 그동안의 경험과 노하우, 그리고 지혜가 리더의 업무역량이기 때문이다. 이런 맥락과 비슷하다. 부하 직원이 아무리 업무를 완벽하게 처리하고 그 능력이 탁월하더라도 그를 그렇게 우수하게 성장시킨 장본인은 당신이기 때문에 당신의 가르침과 리더십에 대한 재평가가 분명히 일어날 것이다. 이러한 과정에서 업무능력으로는 부하 직원이 당신을 앞지를 수 있을지라도, 당신의 인간됨과 신뢰, 성실성은 그 부하 직원과의 확연한 차이로 부각될 것이다.

그러므로 당신의 부하 직원을 적극적으로 성장시켜 당신이 더 도약할 수 있는 발판을 마련하기를 바란다. 그것이 바로 당신이 더욱 성장할 수 있는 기회이기 때문이다.

내부 고객이 더 중요하다

어떤 고객이 중요한가?

〈서비스 아메리카〉의 저자이며 세계적으로 유명한 컨설턴트인 칼 알브레히트(Karl Albercht)는 "초 우량 기업에서는 고객이 모든 것의 시작이며 또 종착점"이라고 말했으며, 월마트(Wall Mart)의 설립자인 샘 월튼(Sam Walton)은 "우리에게는 오직 한 명의 유일한 상사가 존재한다. 그 이름은 바로 고객이다. 고객은 회장에서부터 말단 직원까지 해고할 수 있다."라며 고객의 중요성을 강조했다. 이제 "고객은 왕이다.", "고객은 우리의 최종 결정권자다."라는 말은 구태의연할 정도가 되었다. 현대에 와서는 모든 산업이 고객과의 접점을 무시하고는 설명할 수 없을 정도로 3·4차 산업화 되어 가면서, 고객의 중요성은 이미 기업이나 고객 모두에게 당연한 상식으로 통하고 있다. 하지만 이론적으로는 이렇게 잘 알고 있으면서도 여전히 고객이 선호하는 기업, 그렇지 않은 기업이 존재하는 이유는 무엇일까?

고객의 개념은 여러 가지 기준으로 구분 지을 수 있겠지만, 소비의 측면에서 보았을 경우, 크게 외부 고객과 내부 고객으로 구분할 수 있다. 외부 고객이란, 조직 외부에서 서비스나 재화를 소비하는 주체로서 흔히 우리가 일컫는 '고객'을 의미한다. 이와 대비되는 내부 고객은 서비스 및 재화의 가치를 생산·제공하는 종업원 모두를 일컫는 말로, 상사·부하·동료는 물론 경영자·관리자·기술자·생산자·판매자 등을 의미한다. 외부 고객이 많을수록 기업의 대외적 자산 가치는 높아진다. 그뿐만 아니라 외부 고객이 만족하므로 이탈하지 않고 단골고객이 되어 긍정의 구전을 퍼트린다면 성공적인 기업이 될 수 있다.

이때 외부 고객의 만족 정도는 'MOT(Moment Of Truth)'라 불리는 서비스 접점에서 형성된다. MOT는 짧게는 5초 안에 빠르게 형성되며, 한번 형성된 이미지는 쉽게 변하지 않는다. 그러므로 첫 MOT시 어떻게 고객을 응대하느냐가 그 기업의 성패를 좌우한다고 해도 과언이 아니다. 근래 대부분의 기업들은 자신들의 기업가치를 일관성 있게 전달하기 위해 매뉴얼화하고 있다. 매뉴얼로 관리된 서비스 품질은 내부 고객들을 대상으로 지속적으로 교육된다. 그리고 교육 후 고객과의 MOT 현장에서는 기업이 원하든 원하지 않든 내부 고객들에게 그 권한이 위임될 수밖에 없다. 이러한 구조 때문에 서비스 품질수준이 일률적으로 관리되기 어렵다.

머리로는 고객을 친절히 응대해야 하는 필요성과 완벽한 서비스 기술을 숙지하고 있지만, 상황과 대상에 따라 그 서비스 품질은 다르게 나타난다. 그러므로 MOT를 담당하는 내부 고객의 역량은 그 무엇보다도 중요하다. 하지만 그들이 역량을 갖추고 있어도 외부 고객에게 100% 발휘하기 위해서는 하고자 하는 의지, 즉 자발성이 더욱 중요한 역량으로 작용한다. 서비스는 물리적인 상품이 아닌 무형의 가치 상품이다. 그러므로 주는 사람의 심리상태에 따라 다르게 표현되며 받는 사람의 심리상태에 따라서도 다르게 받아들여진다. 이것이 바로 내부 고객의 자발적인 의지가 가장 중요한 척도인 이유이다.

우리는 "안녕하세요?"라는 인사 한마디만을 들어도 상대방이 나에게 호의적인 감정을 갖고 있는지, 아니면 마지못해 인사하고 있는지를 분간할 수 있다. 우리의 고객들 역시 이런 감정을 쉽게 분간할 수 있다. 진심으로 내부 고객이 외부 고객을 대해야만 하는 당위성이다.

내부 고객을 만족시켜라

○○백화점의 구두매장에는 매니저 한 명과 직원 두 명이 교대로 근무한다. 그런데 그날 아침 직원 한 명이 몸이 좋지 않아 조금 늦게 출근하였다. 매니저는 늦은 것도 모자라 표정까지 뚱한 그 직원이 마음에 들지 않는다. 자기 컨디션도 제대로 관리하지 못하는 모습이 한심하기까지 하다.

"예솔 씨, 지금이 몇 시예요? 일을 장난으로 해요?"

예솔 씨의 표정이 일그러진다. 그도 그럴 것이, 월말 월초 재고조사와 매출액 달성을 위한 행사 건으로 지난 2주간 쉬지도 못하고 야근을 했기 때문이다. 그때 고객이 매장에 입장한다. 예솔 씨는 역시 뚱한 표정으로 인사를 한다. 고객은 예솔 씨의 표정을 보고 매장을 한번 휙 돌아보더니 나간다. 매니저는 더 이상 참지 못한다.

"웃지도 않고 친절하지도 않게, 인사를 그렇게밖에 못하겠어요?"

그 소리에 예솔 씨는 한숨만 쉬어 댄다. 아침을 그렇게 시작한 예솔 씨는 들어오는 고객이 귀찮기만 하다. 그날따라 불만을 말하는 고객이 유난히 많다. 그 문제를 해결하고 싶은 마음도 없다. 가장 야속한 사람은 바로 매니저다. 본인은 휴무를 모두 다 쉬면서 매출이 저조하다고 윽박만 지르기 때문이다. 예솔 씨는 매출달성 해 보겠다고 한 번도 해 보지 않은 행사를 물어 물어가며 기획하고 마무리하느라 쉬는 날도 반납한 터였다. 거기에 월말도 겹쳐서 재고를 조사하고 통계를 내느라 야근을 며칠째 계속하고 있다.

그것을 알아 달라는 것이 아니다. 최소한 왜 몸이 좋지 않은지 정도는 물어봐야 하는 게 아닌가 싶다. 매니저에 대한 신뢰는 한순간에 무너지고, 일을 열심히 해야겠다는 생각도 눈 녹듯 사라진다. 행사기획을 보고했을 때, 하는 방법만 좀 가르쳐 줬어도 이렇게까지 고생하지는 않았을 거라는 생각이 드니 더 화가 난다. 이런 상태로 계속 일을 해야 하는지 회의마저 든다. 지금도 계속해서 들어오는 고객이 귀찮고 짜증난다.

불만족한 내부 고객들은 절대 외부 고객을 만족시킬 수 없다. 아무리 업무 능력과 기술이 뛰어나고 고객 응대능력이 탁월하다고 하더라도 외부 고객을 만족시킬 수 없다. 다시 말하면, 만족한 내부 고객은 만족한 외부 고객을 끌어들인다. 주위를 살펴보면 불만고객을 유난히 많이 겪는 직원들이 있다. 그들이 운이 나빠서가 아니다. 그들이 완전히 외부 고객을 만족시킬 준비가 안 되어 있기 때문이다. 감정은 부메랑과 같다. 긍정의 감정은 고객을 긍정적으로 만든다. 그리고 긍정을 경험한 고객은 만족하며, 재구매와 지인 추천 등으로 기업에 보답한다. 이와는 반대로, 불만족한 고객은 부정적인 이미지를 구전하고, 심지어는 불매운동을 벌이는 등과 같은 행동으로 자신의 불만족스러운 감정을 표출한다. 이는 단순히 외부 고객과 내부 고객과의 관계 속에만 한정되지 않는다. 앞서의 구두매장 에피소드로 다시 돌아가 보자.

불만이 고조된 예솔 씨는 업무처리도 예전처럼 꼼꼼하지 않고, 아무리 매출로 다그쳐도 무언가를 하려는 의지가 전혀 보이지 않는다. 그렇다고 해서 고객들에게 불만을 야기할 만큼 무례한 행동을 하지는 않지만, 여전히 친절해 보이지 않는 태도로 일관한다. 매출은 점점 하향세다. 그리고 어느 날, 어두운 표정으로 편지봉투를 내민다. '사직서'다. 퇴사의 이유를 물어보아도 '몸이 좋지 않아서'라고만 할 뿐 함구한 채다.

당장 예솔 씨가 그만두면 누군가를 다시 채용해야 하고, 일을 가르치려면 최소 2주정도는 걸린다. 그때까지만 근무해 달라고 부탁해 보았지만, 예솔 씨는 단호한 표정으로 답한다. 건강이 너무 좋지 않아 당장 다음 주부터 다니기 힘들다고 말이다. 매니저는 왜 자신에게 이런 일이 갑자기 생기는지 도무지 이해할 수가 없다. 예솔 씨가 나간다는 사실을 다른 직원도 알고 있었는지, 그의 표정도 어둡다. 당장 매출을 올릴 방법을 찾아야 하는데, 남은 직원에게 얘기하기가 부담스럽다.

불만족한 내부 고객은 결국 다시 상사에게 부메랑처럼 부정의 감정으로 되돌아온다. 이는 부하 직원의 비위를 맞추라는 말이 절대 아니다. 내부 고객이 원하는 바를 즉각적으로 알 수 있도록 그들에게 관심을 가지라는 말이다. 조직 내에서 관심을 갖는다는 것은 달콤한 말을 하거나 영화를 같이 보라는 의미가 아니다. 그들의 비전과 근황을 염두에 두고 업무적인 성장을 도울 수 있도록 독려하라는 의미이다. 불만족한 내부 고객들은 외부 고객과 상사인 당신을 불만족 시킬 것이기 때문이다.

잘 생각해 보라. 조직 내 발생한 골치 아픈 문젯거리들을 최종적으로 수습해야 하는 사람이 누구인지. 당신 자신을 위해서라도 내부 고객을 만족시키기 바란다.

무엇을 가르쳐야 하는가?

기술자에서 전문가로 변신시켜라
-업무-

싸가지 없는 부하직원은 골칫덩어리일 뿐이다
-인성-

그들조차도 모르고 있는 숨은 1% 찾기
-잠재력-

기술자에서 전문가로 변신시켜라 - 업무

모든 리더들의 Role, 인재육성

사람들은 항상 현재의 자기 처지를 두고 환경을 탓하기 쉽다. 필자 역시 그러하다. 중학교 3학년 겨울방학 때의 일이다. 이상하게도 밤에 혼자 깨어 있는 시간이 무척이나 행복했다. 아마도 사춘기를 맞아 혼자 있는 것에 대한 이유 모를 고독함과 낭만을 즐겼기 때문이라 생각한다. 그리고 라디오의 음악도 밤시간을 행복하게 꾸며 주는 하나의 요소였다. 그리고 그 시간의 독서는 감성을 자극하기 충분했다.

문제는 긴 밤을 깨어 있기 위해선 밤참을 잘 챙겨 먹어야 했다는 점이다. 한참 성장할 때여서인지 무엇이든 다 맛있게 느껴지기도 했다. 그래서 허기져 하는 자식을 위해 부모님께서는 밤마다 치킨이나 빵 등의 야식을 준비해 주셨다. 그렇게 2달 정도의 방학이 지났다. 이미 예상했겠지만 필자는 약 10㎏ 정도 불어 버린 몸무게를 보고 놀라지 않을 수 없었다. 줄곧 입었던 봄 옷이 몸에 맞지 않고, 부대끼는 살 때문에 걷기도 힘들 지경이었다. 그 2개월의 야식은 대학을 졸업할 때까지도 콤플렉스로 자리잡고 있었다.

그때의 기억을 떠올리면서, 필자는 항상 부모님을 탓했다. 부모님이 밤마다 야식을 차려 줘서 살이 찐 거라고 말이다. 하지만 모든 게 필자의 탓임을 부인할 수 없다. 헛헛한 배를 달래기 위해 밤마다 차려 주신 야식을 야곰야곰 맛나게 먹어 버린 사람은 다름아닌 나 자신이었기 때문이다. 그리고 그 시간들을 얼마나 즐겼던가? 말을 물가에 데려갈 수는 있어도 물을 억지로 먹일 수는 없다고 한다. 필자 역시 마찬가지였다. 부모님께서 야식을 차려 주셨지만, 스스로에게 먹고자 하는 의지가 없었다면 아마 먹지 않았을 것이다.

이와 반대로 성공하는 사람들은 자신이 바라는 환경을 찾아 나선다. 그리고 그런 환경을 찾지 못할 때는 스스로 만들어 간다. 필자도 그때 살이 찌지 않는 환경을 생각했다면 부모님께 칼로리가 높은 음식을 대신해 견과류나 가벼운 과일 등을 부탁했을 것이고, 또한 먹는 양도 스스로 조절했을 것이다. 지금 생각해도 한심한 시절이었다.

"우물쭈물하다가 내 이럴 줄 알았다(I knew if I stayed around long enough, something like this would happen)."는 1925년 노벨 문학상을 수상한 조지 버나드 쇼의 유명한 묘비명이다. 현대 조직에 몸담고 있는 사람들에게 환경은 물리적인 공간만을 의미하지 않는다. 자신의 업무에 직·간접적으로 영향을 미치는 모든 것을 의미한다. 그리고 그 환경들은 스스로가 통제하고 변화시킬 수 있어야 한다. 즉, 근무하는 공간과 시간뿐만 아니라 인적 요소도 환경의 일부분으로 생각하는 것이 옳다. 어쩌면 가장 많은 영향을 미치는 요소가 바로 인적 요소이기에 가장 중요하다고 할 수 있다.

따라서 리더에게는 구성된 인적 요소에게 적합한 환경을 찾아 나서고, 그렇지 못할 경우 만들어 낼 수 있는 자질이 필요하다. 이는 당신 자신의 업무 성과와 함께 하는 팀원들의 업무 성장을 위해서도 반드시 필요한 자질이다. 이러한 이유 때문에 부하 직원을 좋은 인재로 육성하는 일은 더 이상 교육팀의 고유권한이 아니다. 모든 리더들에게 요구되는 역할이며, 이를 얼마나 업무에 잘 반영하느냐에 따라 팀과 조직의 성공 여부가 결정된다. 실제로 P&G Japan의 경우, 매니저급 이상의 업무능력을 평가할 때, 비즈니스 성과만을 보지 않고 부하 직원 훈련도 같은 비중으로 본다. 즉, 담당 브랜드를 성장시켜 매출을 올린다고 해도 부하 직원이 전혀 성장하지 못하면 업무평가에서 점수를 절반밖에 받지 못한다.

몇 해 전 개봉한 영화 〈광해, 왕이 된 남자〉를 보면, 광해는 정치적 환경 때문에 언제나 신변의 위협을 느낀다. 급기야는 자신과 똑같이 생긴 사람을 찾아 본인을 대신하게 할 계획을 세우기에 이른다. 왕과 닮았다는 이유로 선발된 사당패 하선은 왕의 대역을 맡게 된다. 하선이 왕을 대신하고 있다는 사실은 극비였으나 크고 작은 사건들을 통해 호위무사 도부장은 하선이 진짜 왕이 아님을 직감한다. 그러나 하선의 리더십을 경험하면서 도부장은 하선을 해하려는 사람들에게 마지막 순간, 이런 말을 한다.

"그대에게는 가짜일지 모르나 나에게는 진짜다."

이 영화는 왕이 아니었으나 왕의 역할을 해내는 한 남자의 이야기를 그리고 있다. 이는 평범한 사람이 가르침과 깨달음을 통해 인재로 거듭나며, 이 인재를 통해 또 다른 사람의 삶이 변화되는 과정을 극적으로 보여 준다. 이처럼 인재가 아니더라도, 가르침을 통해 인재로 재탄생할 가능성을 누구나 가지고 있다. 그리고 그 변화를 만들어 내는 사람이 바로 리더이다. 그러므로 상사의 가르침이 업무력 증진에만 머무르는 것이 아니라, 누군가의 인생을 변화시킬 수 있다는 점에서 얼마나 위대한 일인지 새삼 생각해 볼 일이다.

WHY?

세 명의 일꾼이 있다. 같은 일을 하고 있는 세 명의 일꾼에게 무슨 일을 하고 있느냐고 물어보았다. 지루하고 짜증 섞인 표정의 한 사람은 마지못해 "벽돌을 쌓고 있소."라고 대답한다. 두 번째 일꾼은 무덤덤한 표정으로 "일당을 벌고 있소."라고 대답한다. 마지막 한 명의 일꾼은 확신에 찬 눈을 반짝이며 대답한다. "나는 위대한 성당을 짓고 있소."

동기(動機)에 대한 이야기를 할 때 자주 쓰이는 에피소드이다. 이 에피소드에서처럼 같은 일을 하더라도 바라보는 비전과 당위성에 따라 마음가짐과 성과가 달리지는 것을 직간접적으로 경험해 보았을 것이다. 이제 당신도 알다시피 조직에서 가르치는 일은 당연한 업무이다. 신입사원이 처음 업무를 시작할 경우, 때론 업무가 변경되었을 경우에도 새로운 업무를 가르쳐야 한다. 이때 왜, 무엇을, 어떻게 해야 하는지를 가르친다. 이 중 가장 중요한 것이 무엇이냐고 묻는다면 단연 '왜'일 것이다.

'왜(WHY)'는 비전, 존재의 이유 그리고 당위성을 아우르는 상위개념이기 때문이다. 이 개념이 잘 정립되면, 자연스레 업무결과에 대한 기대치까지 예측할 수 있다. 그에 따라 로드맵(Road Map)이 완성된다. 이 로드맵은 업무 초보자에게 목표를 달성하기까지의 여정에서 등대로서의 역할을 담당한다. 그뿐만 아니라 결과에 대한 청사진을 미리 그릴 수 있으므로 업무의 완성도가 높아지는 효과도 기대할 수 있다. 이 과정을 통해 부하 직원은 자연스럽게 자발적인 업무수행 능력을 기를 수 있다.

이런 이유로 상사는 부하 직원을 가르칠 때 우선적으로 개괄적인 개념을 먼저 그리도록 도와주어야 한다. 이때 업무의 결과에 대한 청사진을 최대한 명확하게 보여 주며, 부하 직원과 함께 로드맵을 작성하는 것이 좋다. 이때 상사가 알려 주는 비전과 로드맵은 조직의 그것과 일치해야 한다. 그리고 그 개념은 명료하고 구체적일수록 효과적이다. 조직의 비전과 로드맵은 일관성 있게 추구되는 가치이며 불변하는 개념이기 때문에 자칫 추상적이고 개념적일 수 있다. 그러므로 명확하고 구체적인 개념으로 소통되어야 한다.

그 목적과 업무가 구체적이면 구체적일수록, 명확하면 명확할수록 가르침의 효과는 더욱 크게 나타난다. 가르침의 목적은 부하 직원이 일정 업무를 원활히 수행하도록 만드는 것에서 출발한다. 하지만 가르치는 사람과 배우는 사람 모두를 위해서는 상호 간의 자발성과 충분한 동기부여가 있을 때 더욱 효율적이다. 그중 배우는 사람의 자발성은 그 업무의 완성도에 지대한 영향을 끼친다. 가르침이 온전히 이루어지는 것은 업무의 완벽한 위임을 의미하기도 한다. 앞서 밝힌 바와 같이 위임의 결과는 '전문가인 내가 그 일을 완수했을 때와 동일해야 한다'는 대전제 안에 있다. 위임의 또 다른 목적은 위임받는 사람의 능력을 향상시키는 데 있다. 이러한 점을 감안할 때, 위임 전 "WHY"에 대한 구체적인 설명은 위임받는 사람의 이해도를 높이고, 목적지에 자발적으로 도착하도록 도와주는 동력이다.

위임은 위임받는 사람의 능력을 향상시키는 결과를 가져온다는 점에서 가르침과 상당히 닮아 있다. 그렇기 때문에 위임에서 WHY의 중요성이 큰 만큼 가르침에 있어서도 WHY는 상당히 중요하다. '이 일을 가르치는 이유가 무엇인가?', '왜 이렇게 가르쳐야 하는가?'에 대한 물음은 가르치는 사람의 마음가짐을 올바르게 함은 물론, 배우는 사람에게는 목적의식을 부여하고 배우는 마음가짐을 정비하는 기초가 된다.

사람과의 관계는 직 · 간접적인 소통을 통해 서로의 감정과 생각이 교류된다. 이때 가르치는 사람의 진정한 마음과 배우려는 사람의 열정적인 마음은 서로를 고무시키는 역할을 한다. 가르침을 통해 물질적인 보상이 오고 가지 않더라도 서로의 긍정에너지를 통해 시너지를 일으킬 수 있기 때문이다. 다시 말하자면, 그 반대의 감정은 서로의 의지를 갉아먹고 신뢰를 무너뜨리는 결과를 가져올 수도 있다. 그래서 가르침의 관계에서는 상호 간의 마음가짐이 상당히 중요한 의미를 갖는다. 그 마음가짐을 '동기부여'라고 표현하기도 하고 '비전'이라고도 하지만, 그 이름이 무엇이든 그 마음가짐의 출발점은 'WHY'에서 시작된다.

가르치는 사람에게 'WHY'는 '왜, 내가, 이 사람을, 지금, 이렇게' 가르쳐야 하는지에 대한 각각의 대답을 고민하게 만들고, 당위성을 부여하게 만드는 단계이다. 배우는 사람에게 역시 'WHY'는 '왜, 내가, 이 사람으로부터, 지금, 이렇게' 배워야 하는지에 대한 각각의 대답을 고민하게 만들고 당위성을 찾아가도록 만드는 단계이다. 이처럼 서로 업무에 임하기 전 'WHY'를 생각한다면, 그 과정에서 상호 간에 더 많은 관심과 기대를 만들어 갈 수 있다. 그리고 가르침을 통한 소통의 단계를 거치면서 좀 더 효율적인 방법을 찾아갈 수 있다.

과거 나에게는 이해하기 쉬웠던 개념이 지금의 그에게는 이해하기 어려운 개념이 될 수도 있다는 유연한 사고가 필요함을, 그리고 'WHY'라는 물음이 그것을 가능하게 하는 첫 걸음임을 기억하자. 첫 단추가 잘 끼워져야 마지막 단추까지도 잘 끼울 수 있겠다는 확신이 가능하지 않겠는가?

코칭의 기술

코칭은 직접적으로 문제의 해답을 알려 주거나 가져다주는 개념이 아니다. 다만 해답으로 가는 길을 찾도록 도와주는 가르침의 한 방법이다. 코칭은 '모든 문제의 답은 가르침을 받는 본인 안에 있다'는 개념으로부터 시작한다. 코칭이란, "1 더하기 1은 2"라고 직접적으로 해답을 제시하는 것이 아니라 1 더하기 1의 문제를 해결하기 위해 필요한 사칙연산을 이해시키고 다양한 예시와 질문을 통해 스스로가 "2"라는 답에 도달하도록 독려하는 방법이다. 코칭은 임파워먼트(Empowerment)와 상당한 상관관계를 가지고 있다. '임파워먼트'는 말 그대로 파워를 부여하여 능력(파워)을 높이는 데 그 목적이 있다. 그러므로 앞서 언급한 '위임'과도 상당히 유사한 개념이다. 진정한 코칭을 통해 상대방의 능력(파워)을 높이고자 한다면, 완벽한 위임이 가능해야 한다. 여기서 가장 중요한 점은 가르치는 사람과 가르침을 받는 사람 사이의 신뢰이다.

예를 한번 들어 보자. 당신은 신임 팀장으로 팀에 부임했다. 그리고 처음으로 큰 프로젝트를 맡게 되었다. 자신의 능력을 보여 줄 수 있는 절호의 기회라고 생각한 당신은 새롭게 TF팀을 구성하였다. 하지만 새로운 팀원들과 함께 시작하는 것이 쉽지만은 않다. 신임 팀장인 당신이 가장 힘들만 한 일이 무엇이라고 생각하는가? 그것은 바로 팀원들이 당신을 팀장으로 바로 믿고 따르도록 만드는 것이다. 그래서 당신은 당신이 어떤 사람인지, 이 업무의 목적과 방향성은 무엇인지, 무엇보다 그들이 그 프로젝트를 성공적으로 수행해야 하는 당위성에 대한 동기를 부여해야 한다. 이 과정이야말로 업무의 가장 많은 시간과 노력이 할애되는 시점이라고 해도 과언이 아니다. 반면 이미 당신을 신뢰하고 있는 사람들로 팀이 구성된다면 어떨까? 당신은 당신이 누구인지, 믿을 수 있는 리더인지에 대해 굳이 설명할 필요가 없다. 대신 그 시간과 노력을 업무에 더 집중할 수 있다.

위의 예에서 본 바와 같이 신뢰는 진정한 소통의 시작점이다. 그리고 소통을 더욱 깊고 견고하게 만들어 주는 기폭제이다. 가장 적극적인 소통의 하나인 가르침 속에서도 신뢰의 중요성은 여지없이 부각된다. 신뢰에 대한 이야기는 뒤의 "Part 3. 울림이 있는 티칭 리더들의 그것(TEACH)"에서 좀 더 자세히 다룰 예정이다.

업무를 수행할 때 부하 직원을 코칭해야 하는 경우는 일반적으로 업무를 잘 모르거나 제대로 처리하지 못할 경우이다. 잘 모르는 업무는 지식과 정보를 알려 주어 부하 직원이 이해하도록 가르치면 되지만, 몰라서 못하는 것이 아니라 어느 정도 알고 있으나 효율적으로 수행하지 못하는 경우에는 문제가 된다. 때에 따라서는 업무상 이슈사항을 만들어 내기도 한다. 업무 수행방법은 알고 있으나 어떠한 이유에서인지 제대로 수행하지 못하거나 시시각각 발생하는 문제를 처리하지 못하는 것이다. 심지어 당사자로 인해 크고 작은 문제가 계속적으로 발생하는 경우, 업무의 효율성을 차치하고 조직원들간의 오해와 불신을 야기할 수도 있다.

이렇게 예민한 경우에는 '가르친다'는 표현보다는 '코칭한다'는 표현이 더 적합하다. 가르치는 상사도 개성과 스키마에 따라 다양한 차이가 있듯이, 배우는 입장의 부하 직원에게도 다양한 차이가 있기 마련이다. 그들이 가지고 있는 업무상의 문제들은 비슷하게 보일 수 있지만, 사실은 저마다 그 원인은 모두 다르다. 이처럼 문제를 대하는 관점과 행동 양상이 다양하기에 그 원인에 따라 해결방안도 모두 다르다. 어쩌면 부하 직원 본인도 겪어 보지 못한 이유로 문제가 야기됐을 수도 있다.

결자해지(結者解之)라고 했던가? 각각의 문제에 대한 원인과 해결안은 다른 누구도 아닌 부하 직원 당사자에게 있다. 이때 상사가 할 수 있는 일은 부하 직원 안에 이미 내재되어 있는 "해답"을 끌어내도록 자극하고, 독려하는 일이다. 앞서 에노모토 히데타케의 말을 빌자면, 코칭의 세 번째 철학의 파트너 역할이 바로 상사의 역할이다. 부하 직원 안에 내재되어 있지만 스스로가 찾지 못했던 해답을 찾도록 자극하는 역할이 바로 상사의 역할이다. 이것이 상사가 필요한 이유 가운데 하나이다.

부하 직원은 경험치가 상대적으로 적기 때문에 업무의 변별력이 낮다. 심지어 스스로가 해답을 가지고 있다는 사실조차도 깨닫지 못하는 경우가 많다. 그래서 상사나 다른 누군가에게 해답을 내려 달라고 요구할 수도 있다. 이럴 경우, 상사는 부하 직원이 미처 깨닫지 못한 해답을 스스로 찾아내도록 코칭 하는 것이 좋다. 부하 직원 스스로가 '내가 이미 해답을 가지고 있다'라고 자기자신을 신뢰하도록 도와야 한다. 이런 과정은 자존감의 회복이라는 점에서 상당히 의미 깊다. 자존감을 회복한 부하 직원은 스스로 극복한 경험치를 바탕으로 향후 유사한 형태의 문제가 발생할 경우에 원만하게 해결해 나가는 내성을 기를 수 있다. 설사 전혀 다른 성격의 문제에 직면한다 하더라도 스스로 해결해 낼 수 있다는 자신감으로 당당히 문제에 직면하는 용기를 보인다.

가르침이란 부하 직원에게 끊임없이 관심을 갖고 시의적절한 간섭을 통해 스스로 해답을 찾도록 독려하는 행위까지 아우르는 포괄적인 행위라고 인식해야 한다. 그냥 가르친다는 사실에만 집중한다면, 그들이 진정 그 가르침으로 성장하였는지는 알 수 없다. 가르치는 것의 본질을 기억해 보자. 파트너로서 상사가 필요한 이유를 떠올려 보자.

질문의 기술

주로 질문은 누가한다고 생각하는가? 그렇다. 무언가 궁금한 사람이 궁금증을 해소하기 위해서 질문을 한다. 하지만 반대로 무언가를 가르치기 위해서 질문을 하는 경우도 있다. 과거 소크라테스는 질문을 통해 사고하게 하고, 궁금증을 자극하는 방법을 활용하였다. 예수와 부처 등 종교 지도자들도 이 방법을 활용하여 진리를 전파하였다. 또한 근대의 아인슈타인과 피터 드러커 또한 생각과 호기심을 자극하여 대중에게 가치를 전파하고, 스스로에게도 질문을 던져 더 깊은 사고와 연구를 가능하게 했다. 이처럼 질문은 가르치는 하나의 좋은 수단이 될 수 있다.

질문을 통해 가르치는 방법은 일방적으로 답을 제시하지 않고 자발적인 답변을 유도한다. 답변을 유도하는 과정에서 상대방이 그 문제에 직면하게 하고, 그 속으로 들어가서 문제의 원인을 파악하게 만든다. 무엇보다 그 과정을 통해 나온 결론을 스스로의 입을 통해 다시 반복하므로, 학습의 각인에 있어서는 일방적인 교육보다 더 큰 힘을 지닌다는 장점이 있다. 일련의 사고과정을 머릿속에서 경험하였기 때문에 문제의 해결과정을 전체적으로 이해함은 물론, 원인에 대해 깊게 고찰할 수 있다.

이해의 측면뿐만 아니라 기억의 측면에 있어서도 눈여겨볼 이점이 있다. 눈으로 본 것과 입으로 소리 내어 발음한 것은 기억에 있어서도 많은 차이를 보이기 때문이다. 레스토랑에 가서 주문을 할 경우, 웨이터가 고객이 주문한 것을 복명 복창하는 모습을 쉽게 볼 수 있다. 이는 고객에게 주문한 제품을 확인받기 위한 목적도 있지만, 스스로가 더 잘 기억하기 위한 의도도 있다. 질문을 통한 대화와 토론은 가르치는 사람에게도 미처 인지하지 못하였던 사실과 정보를 부하 직원과 같이 알아 갈 수 있다는 점에서 최고의 열린 교육이다.

하지만 주의할 점은 질문을 통해 가르치고자 할 경우, 가르치는 사람은 반드시 가르치고자 하는 핵심을 명확하고 정확하게 인지하고 있어야 한다는 점이다. 무의미한 질문의 반복이 아니라 배우는 사람이 그 궁극의 답에 도달할 수 있도록 적절한 질문을 통해 코칭을 지속해야 한다. 간혹 상사 자신도 답을 알지 못하면서, 부하 직원 내부에 답이 있다는 이유만으로 무의미한 질문만을 남발하며 서로의 시간과 열정만을 갉아먹는 경우도 있다. 그것은 코칭이 아니다. 서로 모르는 것을 함께 알아 가는 것도 아니다.

함께 알아 가기 위해서는 상사도 그에 대한 답을 함께 찾아야 한다. 정확히 말하자면, 코칭이 아니라 논의이고 회의이다. 상사는 어떠한 경우에도 부하 직원이 나아가야 하는 방향과 보여 주고 싶은 비전을 정확하게 인지해야 한다. 그리고 절대 잃어버려선 안 된다. 물론 경우에 따라 상사도 잘 모르는 경우도 있을 수 있다. 하지만 조직의 비전과 부하 직원의 비전을 함께 고려하여, 적어도 부하 직원이 조직의 비전과 부합하는 길로 가도록 코칭 해야 한다. 그러므로 상사는 단답형의 대답을 유도하는 닫힌 질문이 아니라, 대답하는 사람의 생각과 느낌 등을 설명할 수 있는 열린 질문을 통해 코칭 해야 한다.

당연히 주된 화자는 상사가 아닌 질문을 받는 상대방이 되어야 한다. 가령 업무를 가르치고 난 뒤 부하 직원이 그 내용을 얼마나 이해하였는지를 알기 위해서는 어떤 질문이 좋을까? 이때에는 부하 직원이 지식을 습득한 정도와 배움에 대한 감정적 반응 등을 스스로 점검할 수 있는 기회를 주는 것이 바람직하다. "당신은 무엇을 배웠나요?", "이 업무에서 느낀 점은 무엇인가요?" 등의 질문을 통해 스스로 학습한 내용을 도식화하여 정리하도록 돕는다.

언뜻 생각하면 모르는 주제나 내용에 대해 질문을 많이 할 것이라고 생각하지만, 실상은 그렇지 않다. 사람들은 잘 모르거나 관심이 없는 것에는 질문이 없다. 관심이 있거나 무언가를 알아 가고 있기 때문에 궁금한 점이 생겨 질문하는 것이다. 마치 10년 만에 만난 친구보다 어제 만난 친구와 만났을 때 할 얘기가 더 많은 것과 같은 이치다. 부하 직원이 업무에 대한 질문을 할 경우, 그 업무의 본질에 더 깊게 관여할 수 있게 돕는 것이 상대방의 업무에 대한 능력과 이해력을 높이는 데 도움이 된다. 부하 직원의 질문을 받았을 때, 더 깊고 구체적인 사고를 유도하는 질문으로 연계한다면, 가르침의 효과는 커진다. "왜 그런 일이 일어난다고 생각하죠?", "그렇게 해서 얻을 수 있는 결과는 무엇이라고 생각합니까?", "그걸 어떻게 알 수 있나요?" 등과 같이 사고를 유발하는 질문은 부하 직원이 업무의 본질에 좀 더 근접할 수 있도록 돕는 좋은 질문의 유형이라고 볼 수 있다.

어렵고 복잡한 업무일수록 부하 직원은 스스로가 무엇을 모르는지, 어떤 사항이 부족한지 잘 알기 어렵다. 혹은 민감한 주제이거나 자존심에 상처를 줄 수 있는 예민한 부분에 대하여는 질문하기를 주저할 수도 있다. 이럴 경우에는 오히려 핵심에 바로 접근하는 돌직구식 질문이 좋다. "여러 가지 이야기를 했지만, 가장 고민되는 문제는 무엇인가요?", "궁극적으로 저에게 궁금한 것은 무엇인가요?" 등의 질문은 예민한 사항에 관련된 여러 잠재 오해를 잠식시킬 수 있는 좋은 질문으로, 일방적 소통이 아닌 쌍방향 소통을 가능하게 한다.

이는 가르침에 있어서도 동일하다. 적시적소의 적절한 질문은 일방적으로 가르치는 것보다 부하 직원의 이해 정도를 즉각적으로 파악할 수 있어, 추가 설명이나 부연설명을 가능하게 한다. 부하 직원의 감정적인 상태 또한 즉각적으로 알 수 있기 때문에 진정한 감정의 소통이 가능하다. 이런 상호관계를 통해 부하 직원은 상사가 자신을 진심으로 배려하고 아끼고 있음을 느낄 수 있다. 이처럼 정보의 교류에서 감정의 교류로 성격이 변화되면, 신뢰가 형성되는 관계로 진화한다. 그러므로 가르침에서 이끌어 낼 수 있는 시너지 효과가 더욱 커진다.

간혹 부하 직원이 어려워할 경우, FAQ(Frequently Asked Question)처럼 자주 듣는 질문들을 역으로 질문하여 확실히 업무를 가르치도록 준비하는 자세도 필요하다. 첫 질문의 물고를 트면, 부하 직원은 유연한 소통의 문화 속에서 좀 더 적극적인 자세로 배움에 임할 수 있게 된다. 부하 직원이 열정적으로 배움에 임하는 모습은 가르치는 상사에게는 무엇보다 강력한 동기부여제이자 자극제임에 분명하다.

면담의 기술

업무를 가르치는 이유는 업무의 생산성을 높이고 효율성을 제고하는 데 있다. 그러나 업무를 가르친 후 실무에 임하는 부하 직원을 지켜보면서 '더 잘할 수 있을 텐데…….' 하는 아쉬움이 들 때가 있다. 만약 그 이유가 부하 직원이 해당 업무를 충분히 숙지하지 못했기 때문이라면, 다시 가르치면 그만이다. 하지만 개인적인 문제나 동료들간의 문제 등 업무와 직접적인 연관이 있지는 않으나, 업무의 효율성에 민감한 영향을 미치는 원인이라면 해결하기가 쉽지 않다.

부하 직원도 조직원이기 전에 사람이기 때문에 주변 환경의 많은 부분에 영향을 받는다. 그러나 다행스럽게도 그중 상당 부분은 상사로 인해 해결될 수 있다. 그러므로 상사는 다방면으로 부하 직원의 업무에 부정적인 영향을 끼치는 원인을 찾아내고 해결해 나가려는 노력을 기울여야 한다. 그러나 부하 직원의 사적인 문제라든가, 조직원들의 관계 속의 문제들이라면 표면적으로 쉽게 나타나지 않을 수도 있다. 게다가 꾸준한 관찰을 통해서도 그 원인을 찾아내기 어려울 수 있다. 그래서 상사는 좀 더 적극적인 방법을 찾을 필요가 있다. 그 방법이 바로 지금 이야기할 '면담'이다.

면담은 크게 정기적 면담과 간헐적 면담으로 나뉠 수 있다. 정기적 면담이란, 말 그대로 정기적으로 시간과 장소를 구분하여 면담하는 형태를 말한다. 이 면담은 반드시 사전에 면담에 대한 일정공지를 통해 충분한 시간적 여유를 갖고 이루어져야 한다. 면담은 면담하는 사람(인터뷰어, Interviewer), 즉 상사가 말할 준비를 하는 것이 중요한 것이 아니라 인터뷰를 받는 사람(인터뷰이, Interviewee), 즉 부하 직원이 말할 준비가 되어야 하기 때문이다. 일단 면담의 일정이 미리 공지되면, 부하 직원은 이슈거리를 되새기기 위해 근래의 자신을 되돌아본다. 업무적인 이슈, 대인관계적인 이슈, 개인적인 이슈 등을 되새김질하며 상사가 자신에게 어떠한 질문을 던질지 미리 예측한다. 그러므로 상사는 정기적인 면담을 할 때, 가능한 예의를 갖춰 공식적으로 진행하는 것이 바람직하다. 장소는 가능한 회사 내 조용하고 방해받지 않는 곳으로 정하여, 면담에 집중할 수 있는 환경적인 여건을 조성한다. 시간 역시 외부의 환경에 방해받지 않고 면담에만 몰입할 수 있도록 상사와 부하 직원 모두가 본 업무에서 제외될 수 있게 계획한다. 더불어 면담으로 인한 인력 부족의 문제가 생기지 않도록, 면담으로 그들의 업무를 위임받는 사람들까지 충분히 훈련시킨다. 이처럼 오롯이 면담에 집중할 수 있도록 노력하는 상사의 모습은 부하 직원에게 관심과 배려로 소통되어 더욱 진솔한 이야기를 끌어내는 견인차 역할을 한다.

면담의 목적은 상사의 당부사항이나 지시사항을 전달하는 데 머무르지 않고, 부하 직원이 고민이나 문제점 등을 솔직하게 표현하고 해결하는 데 있다. 그러므로 상사는 면담을 통해 부하 직원이 가능한 말을 많이 할 수 있도록 분위기를 조성하여 독려해 나가야 한다. 상황에 적절하게 눈을 맞추고 공감을 표현하며, 진심으로 경청해야 한다.

이때 억지스럽거나 과장된 느낌을 전하지 않도록 주의해야 한다. 일반적인 상황에서 누군가와 대화할 경우, 우리는 마음의 거리감을 없애고자 눈을 맞추고 미소를 띤다. 하지만 면담

시에는 좀 더 주의를 기울일 필요가 있다. 가령 상처에 대한 이야기를 하고 있는 경우를 가정해 보자. 오히려 눈을 정확하게 맞추고 미소를 띠고 있다면, 부하 직원은 오히려 불편한 마음을 느낄 수 있다. 이럴 때에는 오히려 눈을 맞추기보다는 상처를 공감하는 표정과 안타까운 눈빛 등이 도움이 된다.

필자가 첫째 아이와 둘째 아이를 낳고 산후조리원에 있을 때, 이상하게도 한 아기가 울면 연쇄적으로 다른 아기들도 따라 우는 모습을 볼 수 있었다. 그래서 나의 아기를 보러 신생아실에 가더라도 다른 아기가 깨서 울지나 않을까 노심초사했던 기억이 있다. 항상 아기들이 연쇄적으로 우는 이유가 궁금했는데, 다음의 실험이 그에 대한 답을 제시해 주었다.

생후 2일 된 아기들을 대상으로 한 실험이었다. 신생아실에 있던 한 아기가 우는 모습을 캠코더에 녹화한 후, 조용해진 그 아이에게 자신의 울음소리를 들려주었다. 그 아기는 어땠을까? 당연히 울 것이라고 생각하는가? 그 아기는 이상하게도 자신의 울음소리에는 반응하지 않고 잘 놀았다. 반면 다른 아기가 울 때에는 여지없이 따라 울었다. 다른 여러 명의 아기들에게 실험을 해도 결과는 마찬가지였다. 그렇다면 왜 자신의 울음소리에는 전혀 반응하지 않고, 다른 아기의 울음소리에만 반응하는 것일까?

이를 '신생아성 반응울음'이라고 한다. 타인의 고통에 공감하는 능력이 아주 어릴 때부터 내재되어 이를 울음으로 표현한다는 것이다. 이는 누군가에게 공감받고 싶어 하고, 공감하고 싶어하는 것이 우리 인간의 본능이라는 얘기다. 그러므로 우리의 감정이 예민해져 있는 면담 속에서 부하 직원의 마음과 상처를 공감한다는 것은 소통의 기본적인 기술이라고 할 수 있다.

정기적인 면담 시 부하 직원으로부터 경청한 내용은 가능하면 그 자리에서 노트를 하도록 한다. 그 이유는 당신이 부하 직원의 이야기에 귀를 기울이고 있으며, 그 이야기를 상당히 중요한 사항으로 받아들이고 있음을 표현하는 행동이기 때문이다. 하지만 단순한 노트만으로 그치지 않는다. 정기적인 면담을 지속할 경우, 부하 직원을 이해하는 중요한 도구로의 역할을 담당할 것이기 때문이다. 두 달에 한 번이어도 좋고, 분기에 한 번이어도 좋다. 정기적인 면담은 지속적으로 진행하는 것이 효과적이다. 그렇지 않으면, 부하 직원에게 면담이 단순한 쇼(show)로 비춰질 것이기 때문이다. 이렇게 면담 시 거론된 이야기를 다음 번 정기면담에서 이야기하면, 부하 직원의 문제점 개선에 관심을 갖는 상사로 신뢰받게 됨은 당연하다.

그러나 상사의 이런 선한 의도에도 불구하고 면담을 진행하면서 어색한 침묵이 흐르고, 때에 따라서는 의도치 않은 방향으로 이야기가 흘러가는 경우가 종종 있다. 어쩌면 그 상황이 상사들이 면담을 두려워하는 가장 큰 이유일 수 있다. 그런 상황이 발생하는 이유는 부하 직원이 진정으로 하고 싶은 얘기를 끌어내지 못했기 때문이다. 그런 경우, 핵심으로 들어가지 못하고 주변을 빙빙 돌다가 무의미한 면담으로 끝나 버리기도 한다. 그렇다면 그들이 하고 싶은 얘기는 무엇일까?

그걸 알아내고자 면담을 하는 것이 아니냐고 반문하는 독자가 있을지도 모른다. 맞다. 하지만 그들이 정말 하고 싶은 말을 듣기 위해서는 그들이 그 말을 할 수 있도록 말문을 열어 주어야 한다. 면담 중 하지 말아야 하는 말 중 하나가 "자, 이제 나에게 하고 싶은 말을 한번 해 보게."이다. 옛말에 "멍석을 깔아 주면 잘 못한다."는 말이 있다. 하고 싶은 말은 많지만, 막상 하라고 하면 어떤 말을 어떻게 해야 할지 난감한 경우가 많다. 면담을 주최하는 사람은 대부분 부하 직원의 고과나 승진 등에 직접적인 영향을 주는 사람들로 이루어졌기 때문에 어쩌면 당연한 결과일지도 모른다. 그러므로 면담을 진행하는 상사가 부하 직원이 편안하고 솔직하게 문제에 접근할 수 있도록 길을 터 주어야 한다. 바로 '문제가 무엇인가?'라고 묻기보다는 마음의 거리감을 좁히는 것으로 시작하는 것이 바람직하다. 대뜸 문제의 본질을 바로 제시하라고 말하는 것은 갑자기 많은 사람들 앞에서 춤을 춰 보라고 말하는 것과 크게 다르지 않다. 춤을 아무리 잘 추고 좋아하는 사람일지라도 처음 보는 사람 앞에서 여기가 어딘지도 모른 채 춤을 추는 것은 당혹스러운 일일 것이다. 그러므로 문제의 본질로 들어가기 위해서는 먼저 부하 직원에게 그 문제의 본질로 들어가는 길을 먼저 안내할 필요가 있다.

이를 위해서는 시간적 · 감정적인 여유를 주어야 한다. "요즘 일은 좀 어떤가?" 혹은 "많이 힘들지?"라는 어설픈 감성의 말로는 얼어 있는 그들의 마음을 쉽게 열 수 없다. 좀 더 구체적인 자극으로 그들의 마음을 두드릴 필요가 있다. 예를 들면, "OO씨, 얼마 전에 어머니 수술하신 경과는 좀 어떠신가?"라든가 "OO대리, 신입사원 XX씨가 업무능력이 눈에 띄게 좋아졌는데 가르치느라 고생이 많았네. 어떻게 한 건가?" 등과 같이 직접적인 생활이나 업무에 대한 구체적인 질문으로 대화를 시작하는 것이 좋다. 구체적인 질문은 '무슨 말을 어떻게 해야 하나?' 하는 막연한 불안감을 자연스럽게 떨쳐 버릴 수 있게 만들어 주기 때문이다. 그뿐만이 아니라, 상사가 자신의 평상시 모습에 얼마나 많은 관심을 갖고 있었는지 증명되기 때문에 면담의 신뢰가 생성되기도 한다. 이런 환경의 조성으로,

부하 직원은 진솔하게 하고 싶은 이야기를 꺼낼 수 있다.

여기서 이렇게 묻는 독자가 있을지도 모른다. "그들의 사생활까지 내가 어떻게 아느냐? 그런 걸 알려고 면담을 하는 거 아니냐?"라고……. 하지만 당신이 상사로서 부하 직원을 육성하려면, 아니 잘 육성하려면 그들의 근본적인 문제가 무엇인지를 사생활을 방해하지 않는 선까지는 알아야 한다. 그렇다면 그 내용은 어떻게 알 수 있을까?

그것이 바로 지금 얘기할 '간헐적 면담'이다. 간헐적 면담은 말 그대로 시간과 장소, 주제에 구애받지 않고 간헐적으로 진행하는 면담을 의미한다. 이 면담은 시간과 장소, 주제 등에 상당히 자유롭고, 면담의 형태를 갖추고 있지 않기 때문에 상사가 정확한 목적의식을 갖지 않을 경우, 면담의 목적을 달성하지 못할 가능성이 높다. 그러므로 상사는 부하 직원의 근래의 업무 환경과 대인관계, 그리고 사적인 문제 등이 어떤 것인지 그리고 해결방안은 무엇인지를 잊지 않고 상담 내용을 어느 정도 미리 준비해야 한다. 그래서 궁극적으로 부하 직원을 육성 개발하는 데 어떠한 도움을 줄 수 있는지를 간헐적 면담의 목적으로 생각하고, 이 취지에서 벗어나지 않도록 주의한다.

간헐적 면담은 업무를 하는 도중 '스몰 토크(Small Talk)'의 형태로도 진행할 수 있다. 스몰 토크(Small Talk)는 상대방과의 편안하고 부드러운 분위기 조성을 위해 나누는 가벼운 대화를 말한다. 현재 미국에서 수많은 기업들을 상대로 스몰 토크 프로그램을 진행하고 있는 데브라 파인은 사소한 관심과 대화가 인간관계를 넓혀 가는 데 효과적이라고 말하고 있다. 가령, 출근길의 아침인사, 엘리베이터 안에서의 짧은 안부 등이 말하는 사람의 대외적 이미지를 좌우한다는 것이다. 단순한 잡담이나 수다가 아니라 상대방과의 유연한 관계를 위해 노력하는 대화의 한 형태인 스몰 토크는 진지한 본 대화 전 '아이스 브레이킹'의 역할을 담당함은 물론, 대화 시 쌍방간의 신뢰를 조성하는 역할까지 책임진다.

작고 소소한 대화이지만, 그 파급효과는 상당하다. 단순히 어색한 분위기를 타파하는 데 머무는 것이 아니라 화자의 긍정적인 이미지 형성에 지대한 역할을 한다. 엘리베이터에서 만날 때마다 따뜻한 미소로 안부를 묻는 사람에게 부정적인 이미지를 갖는 사람은 없을 것이다. 게다가 스치듯 지나는 얘기를 잊지 않고 거론한다면, 상대방의 인간적인 관심을 끌기에 부족함이 없다. 우연이 겹쳐 필연으로 함께 일을 해야 하는 경우는 부지기수이다. 하물며 함께 팀을 이뤄 근무하는 환경에서는 스몰 토크를 간헐적 면담의 한 형태로 활용하는 것이 현명하다. 이때 대화의 주제는 어렵고 무거운 주제보다는 신변에 관련된 가벼운 주제가 좋다. 예를 들어, 근래에 관심 있는 TV 프로그램, 영화, 책 등이 좋으며 교우관계나 가족 안부 등이 적당하다.

면담은 본 업무의 효율성을 높이기 위해 모든 리더들이 의무적으로 행해야 할 업무의 한 형태일지 모르나, 그 과정은 온전히 사람과 사람 사이에서 이루어지는 진솔한 소통의 모습을 하고 있다. 그러므로 상대방의 마음을 움직이기 위해선 사무적인 태도보다는 인간적인 모습이 도움이 된다고 할 수 있다. 그런 의미에서 면담 시 이름을 불러 주는 것은 신뢰와 친밀감 형성에 도움을 준다.

"○○씨, 요즘 예뻐진 거 같아요. 무슨 좋은 일 있어요?" 혹은 "○○대리, 요즘 이 프로그램 봐요? 난 와이프랑 같이 매주 챙겨 보는데 너무 재미있더라고." 혹은 "○○씨, 어머님 잘 계시지? 지난번에 환갑이시라고 휴가계 올라왔던데, 내가 못 챙겨 줘서 미안하네~" 등 직접적으로 부하 직원의 삶에 관여하는 구체적인 질문을 던져 보자. 이런 모습에 부하 직원은 상사의 관심에 감사함을 느끼면서, 직장 상사로서의 관계는 인생 선배의 관계로 진화하며, 개인적인 이야기와 고민 등을 이야기하는 단계로 이끌어 줄 것이다.

관심 있는 프로그램이나 연예인 등 소소한 공통의 관심사는 짧은 시간 내에 상대방과의 공감대를 형성하기 좋은 대화거리이다. 이런 작고도 소소해 보이는 대화들은 대화 당시 직접적인 문제를 거론하지 않더라도, 이야기하면서 느껴지는 감정들을 통해 간접적으로 부하 직원의 상황을 감지하는 데 도움이 된다. 이는 향후 업무 면담 시 상당히 중요한 지표가 된다. 그러므로 면담을 진행하는 상사는 대화의 표면적인 내용에만 집중할 것이 아니라 부하 직원의 심리상황을 함께 살피는 데도 집중하는 것이 좋다.

스몰 토크를 통해 감지된 부하 직원의 문제 중 좀 더 대화가 필요하다고 판단될 경우에는 적극적인 간헐적 면담을 진행하도록 한다. 가령 커피를 마시거나 식사를 하면서 스몰 토크로 수집된 문제를 자연스럽게 이야기한다. 주제에 따라 다르겠지만, 부하 직원이 부담을 가질 정도로 엄숙하거나 공식적이지 않게 진행하는 것이 효과적이다. 그리고 그 주제가 무겁지 않고 개인적일 때 더욱 좋다. 이런 여러 가지 방법들로 수집된 개인적인 정보들은 정기적인 면담 시 진솔한 내용을 끌어내는 데 좋은 견인차 역할을 한다.

심리학 용어 중 라포르(Rapport)라는 단어가 있다. 이는 상대방과 동질감을 느끼거나 조화를 이룸으로써 친밀감과 신뢰감을 형성하는 감정적인 상태를 의미한다. 효과적으로 라포르를 형성하기 위해 공통의 관심사에 대한 대화를 나누는 것은 상대방의 마음을 열어 주는 가장 좋은 방법 중 하나이다. 그 관심사가 상대방이 최근에 관심 갖고 있으며 걱정하는 주제라면, 상대방의 마음의 문을 여는 데 상당히 긍정적인 영향을 미칠 것이다. 상사는 부하 직원을 올바르게 육성하는 것은 물론 팀과 본인의 성과향상을 위해서라도 부하 직원의 관심사와 문제점에 대하여 지속적으로 관심을 기울일 필요가 있다.

상사로 살아가는 당신이 부하 직원의 모든 사정들을 다 알 수는 없다. 하지만 가능한 많은 것을 공유하고 공감하며 알아가고자 노력한다면 그들의 문제를 좀 더 명쾌하게 도울 수 있다. 세상에는 나 혼자만의 힘으로 해결할 수 있는 일들보다 함께 머리를 맞대고 찾아야지만 해결할 수 있는 일들이 월등히 많다. 부하 직원은 당신이 관리 감독해야 하는 존재일 수도 있지만, 당신이 가장 의지하고 동반해서 걸어가야 하는 파트너일 수도 있다.

글로만 배웠어요

"白文(백문)이 不如 一見(불여일견)이고 白見(백견)이 不如 一行(불여일행)이다."

글로 백 번 보는 것보다 한 번 실제로 보는 것이 낫고, 백 번

보는 것보다 한 번 실제로 해 보는 것이 낫다. 신입사원이 입사하면 대부분 강의장에 집채로 모여 입문교육을 받는다. 이때는 대부분 이론교육과 롤 플레이(Role play)라고 하는 역할 실습 등이 제한된 교육장에서 진행된다. 그리고 'OJT(On the Job Training)'라고 불리는 현장실습이 실제 업무현장에서 진행된다. 물론 신입사원인 교육생이 모든 상황을 관리할 수 없으므로 옆에서 선배가 코칭 하며 일정기간 동안 이 교육에 교육자로서 임하게 된다. 교육담당자는 교육생의 업무 이해도와 현장 적응력 등을 통하여 향후 추가교육의 여부와 부서배치 등을 고려한다.

사실 이런 일련의 과정은 비단 신입사원에게만 국한되지 않는다. 대부분의 조직들은 구성원들을 대상으로 정기적인 직무관련 교육을 시행한다. 간혹 외부 교육이나 워크샵 등을 통해 전혀 다른 성격의 교육 기회를 제공하기도 한다. 그러나 대부분 이러한 교육이 진행될 경우, 직원들은 교육과 현장에서의 업무를 별개로 여긴다. 그래서 평소 교육이 필요하다고 느끼기는 하지만, 막상 교육진행을 위해 소집이나 시간할애를 요구할 경우 바쁜 현업을 핑계 대며 빠지기 일쑤다.

실제로 오늘날의 직장인들은 여유 시간이 많지 않다. 그래서 무언가를 시행하기 전에 기회비용을 고려하여 '선택'을 신중히 고려한다. 하지만 문제는 그 이후다. 교육을 받은 후, 그 교육내용을 현장에 적용하기보단 업무생활의 기분전환 개념으로 받아들이는 경향이 짙다. 물론 평소의 안일했던 분위기를 쇄신하고 심기일전하는 계기를 제공하는 것이 교육의 목적 중 하나이기도 하다. 그러나 본질은 교육을 통해 문제상황을 극복하고 회복시키는 것이다.

습관을 바꾸기 위해서는 60번의 시도가 필요하다고 한다. 집에 들어와서 양말을 아무 곳에나 벗어 던지는 남편의 습관을 고치기 위해서는 매일 퇴근하고 들어오는 남편에게 의식적으로 빨래통에 가져다 두라고 60일을 이야기해야 한다는 것이다. 아내의 잔소리로 남편이 지속적으로 60일 동안 양말을 빨래통에 넣어야지만 몸으로 체득되어 무의식적으로 행동할 수 있다는 이야기다. 60번의 시도가 있어야지만 예전과는 다르게 변화된 행동을 해도 일상생활에서 이물감을 느끼지 못하는 수준에 도달할 수 있다.

이런 맥락에서 볼 때, 교육을 통해 학습된 내용은 의식적으로 업무환경에서 60번 이상 노력해야 행동의 변화를 기대할 수 있다. 그래야 업무 성과의 차이도 가능하게 된다. 그러나 이런 노력은 교육생 스스로 하기에는 한계가 있다. 가정에서 아내가 남편에게 빨래통에 양말을 넣으라고 계속 잔소리해야 하는 것처럼, 상사는 부하 직원에게 학습된 내용을 현장에 적용하도록 끊임없이 상기시키고 독려해야 한다. 그래야만 부하 직원이 교육받은 그 시간과 열정이 헛되지 않게 교육내용을 실전에 활용할 수 있기 때문이다. 물건을 파는 그 순간보다 AS가 더 중요한 것처럼 교육 후 사후관리를 어떻게 하느냐에 따라 교육의 효과는 천차만별로 나타난다.

회사 입장에서 볼 때 교육을 하는 이유는 크게 두 가지이다. 업무력의 향상이 그 첫 번째이고, 조직원들의 업무 환기를 통해 조직의 새롭고 역동적인 분위기를 실현하기 위함이 두 번째이다. 이 과정에서 조직원들이 회사가 개개인을 존중하고 성장을 위해 투자하고 있음을 느낀다면, 의지와 열정이 고무될 것이다. 이렇게 눈에 쉽게 보이지 않는 효용을 위해 점진적이고도 지속적인 교육을 진행한다. 그러므로 그들이 세미나 혹은 정기교육을 통해 무언가를 배울 경우, 상사는 그 직원에게 관심을 갖고 팔로우 업(Follow Up) 해 주는 것이 당연하다. 그렇다면 그 방법을 단계별로 알아보자.

첫 번째는 부하 직원이 교육과정을 원만히 이수하였는지를 확인하는 단계이다. 이수에 문제가 있었을 경우, 근본적인 원인을 파악한다. 예를 들어 부하 직원의 이해 정도에 문제가 있었는지, 아니면 태도의 문제였는지 등을 확인하고, 그 부하 직원의 사후 교육에는 지적된 그 부분에 좀 더 관심을 갖고 독려한다.

두 번째는 부하 직원의 이해 정도와 느낀 점을 함께 나누는 시간을 갖는 단계이다. 상사와 단 둘이어도 좋지만, 팀이 모두 모여 함께해 보는 것도 좋은 방법이다. 이런 과정을 통해 다음 번 교육참가자는 좀 더 성공적으로 교육에 임하고자 노력할 것이다. 혹은 그런 교육의 기회를 희망하는 팀원에게 잠정적인 기회를 제공함으로써 적극적인 참여를 유도할 수 있다.

세 번째는 교육을 이수한 부하 직원이 팀 내 다른 동료나 후배들을 가르칠 수 있는 기회를 제공하는 단계이다. 이는 세 가지 장점을 지닌다. 기본적으로 다른 직원을 육성한다는 장점이 있다. 이는 그에게 교육을 위임할 수 있음을 의미한다. 다음이 더욱 고무적인 점인데, 누군가를 가르치기 위해 교육을 위임받은 부하 직원이 더욱 학습하고 노력한다는 점이다. 혹시 누군가를 가르쳐 본 경험이 있다면, 그에 얼마나 많은 부담감이 따르는지 알 것이다. 우선 정보를 전달하기 위해선 내가 100% 이해하지 못하면 설득력 있게 알려 줄 수가 없다. 행여나 내가 모르는 것을 질문하면 어쩌나 하는 불안한 마음에 여러 가지 가상 질문에 맞춰 답변을 준비한다. 한 개를 가르치기 위해 백 개를 준비하는 심정이 된다. 이런 각고의 준비 과정이 교육을 위임받은 부하 직원을 적극적으로 성장시키고 학습하게 만든다. 마지막으로 교육을 위임받은 직원은 위임받은 그 분야에 한해서는 상사의 인정을 받은 것과 다름없어, 자신감과 자존감은 상당히 높아질 것이다.

자신감은 열정 불을 지핀다. 어느 직원이 업무 매너리즘으로 고생하고 있다면, 그를 탓하기 전에 그에게 교육을 위임해 보길 권한다. 그 직원은 어느새 누구보다 눈을 반짝이며 완숙하게 업무를 수행할 만큼 성장해 있을 것이다. 이런 긍정의 에너지는 시너지를 방출함은 물론 구성원들 서로의 성장을 독려하는 선순환의 문화를 구축할 것이다. 상사가 교육받은 부하 직원을 관리해 주면 그 부하 직원은 교육과정이나 세미나에서 배운 내용을 현장에서 적용하고자 노력할 것이고, 다른 후배를 다시 가르치면서 그 분야의 전문가로서 자긍심 역시 높일 수 있다. 이처럼 선순환의 고리를 연결시키고 끊임없이 새로운 고리를 만들어 내는 일이 바로 상사인 당신이 집중해야 하는 업무분야이다.

싸가지 없는 부하직원은 골칫덩어리일 뿐이다 - 인성

지식이 아니라 지혜를 가르쳐라

현대에 사는 우리들에게 정보 수집은 그다지 어려운 일이 아니다. 그러나 필자가 대학을 다니던 시절만 해도 리포트를 제출하기 위해서는 다리품을 많이 팔아야만 했다. 도서관을 찾아다니며 자료를 검색하여 대출을 받아 복사하고, 이렇게 수집된 정보들을 주제에 맞게 재편집하여 다시 타이핑하는 수고스러움을 감수해야 했다. 하지만 더욱 큰 문제는 그렇게 다리품을 팔아도 적절한 정보를 수집하지 못하는 경우였다. 실제로 모 기업들의 프로모션 상품을 비교 분석한 자료를 구하기 위해 직접 그 기업을 찾아가 마케팅 부서의 협조 미팅을 주선하기도 했다. 그러나 바쁜 업무로 거절당하기 일쑤였다. 다행히 한 기업의 담당자와 미팅을 하게 되었고, 그때의 경험으로 졸업 후 마케팅 부서에서 근무하는 모습을 꿈꾸기도 하였다.

지금 생각해 보면, 어쩌면 그런 과정 자체가 리포트의 목적이었을지도 모르겠다. 단순히 정보를 수집하는 개념을 넘어, 많은 자료를 여러 방법으로 수집하므로 대학시절 동안 제자들에게 직업을 미리 접하게 할 의도가 아니었을까 싶다. 하지만 지금은 사정이 다르다. 인터넷이라는 '정보의 바다' 속에서 하루에도 억만 가지씩 생성되는 정보를 집에서 누워 손쉽게 검색할 수 있다. 더욱이 스마트 폰이 광범위하게 보급되면서 더욱더 시간과 장소의 제약을 받지 않고 원하는 정보를 접할 수 있는 환경이 조성되었다.

그러나 역으로, 이것이 문제일 수 있다. 지금 접하는 정보가 옳은 정보인지 그렇지 않은 정보인지 분간하기가 쉽지 않기 때문이다. 이런 정보들은 시간과 노력을 투자한다면, 모든 게 우리의 지식이 될 수 있다. 하지만 그것이 그 상황에 옳은 정보인지 그렇지 않은 정보인지는 지식이 아닌 지혜로 구별해야 한다. 지혜는 정보와 상관관계가 있는 것이 아니다. 바로 정보가 경험과 화학작용을 일으켰을 때의 결과와 상관관계가 있다. 어르신들께서 젊은 시절 공부를 많이 하지 못하시고 가진 것이 많이 않으셨음에도, 우리에게 삶의 지혜를 전해 주실 수 있는 이유이기도 하다.

어르신들은 오랜 세월 살아오신 것만으로도 존경받을 이유가 충분하다. 이런 현상은 직장 내에서도 마찬가지다. 단순한 지식과 정보만을 가르칠 경우, 부하 직원의 입장에서는 그 정보가 얼마나 중요한지 그리고 언제 사용하는 것이 좋은지 등을 정확하게 가늠하기 어렵다. 예를 들어, 업무 시 어떠한 문제가 발생했다고 가정해 보자. 상사는 다년간의 경험과 직관으로 그 문제의 원인과 해결 방안 등을 알아낼 수 있다. 그렇지만 부하 직원은 다르다. 상대적으로 경험이 적은 부하 직원에게 원인과 해결방안을 알아내기란 쉬운 일이 아니다. 이런 상황에서 상사가 부하 직원에게 단순하게 처리하는 절차와 정보만을 알려 준다면, 부하 직원은 향후 또 다른 문제가 발생할 경우에 대처하는 방법을 알 수 없다.

반면 문제의 원인을 파악하는 방법과 관련된 사례, 그리고 히스토리 등을 알고 있다면 어떨까? 그리고 그 업무처리에 대해 조언을 구할 사람을 알고 있다면 어떨까? 그 부하 직원은 다른 문제들도 현명하고 효율적으로 해결해 나갈 수 있을 것이다. 업무에 있어서 지식과 정보를 가르치는 일은 중요하다. 그러나 지혜를 기를 수 있도록 가르치는 것이 더더욱 중요하다. 지혜는 문제를 대하는 자세이고, 해결하려는 태도이며, 바라보는 시각이기 때문이다.

도대체 어디까지 가르쳐야 합니까?

많은 리더들은 직원들을 가르치며 "요즘 신입사원들은 개념이 없다."라든지 "기본이 안 되어 있다."라든지 "상식이 없다." 등의 이야기를 많이 한다. 그러면서 기본 예절과 직장 매너에 대한 교육을 요청한다. "어떻게 인사하는 법을 모르나?", "내가 말투나 태도까지 가르쳐야 하나?", "보고서 못 쓰는 것은 물론이고 보고도 하나 재대로 못하는데 뭘 가르치겠는가?"라고 투정 아닌 투정을 늘어놓는다. 그러면서 마지막에 꼭 이렇게 물어본다.

"도대체 어디까지 가르쳐야 합니까?"

그 물음에 굳이 답을 하자면 "당신이 할 수 있는 모든 것"이라고 말하고 싶다. 신입사원들은 모두 전혀 다른 환경에서 살아온 사람들이다. 마치 다른 별에서 평생을 살다가 어느 순간 지구라는 별에 온 사람들처럼 말이다. 신입사원이 아닌 경력직 사원도 상황은 마찬가지다. 그들은 다른 조직문화에서 살아온 사람들이고, 그 조직에 적합한 사고와 행동을 학습해 온 사람들이기 때문에 하나부터 열까지 당신의 구미에 맞지 않을 수 있다. 물론 그중에는 그럼에도 불구하고 조직 내 많은 사람들과 원만하게 적응해 가는 사람들도 더러 있다. 그러나 안타깝게도 대부분의 사람들은 전자라고 생각하면 좋다. 이 글을 쓰고 있는 필자 역시 전자에 해당하는 사람이다.

그렇기에 대부분의 회사에서는 신입사원 입문과정 커리큘럼에 '직장예절'이라는 과목을 반드시 배정한다. 이 과목에서는 기본적인 사내 인사법, 메일 쓰는 법, 보고하는 법, 회식하는 법, 출퇴근 시 지켜야 하는 예의, 옷차림과 화장 등을 가르친다. 이런 일련의 규범들은 광범위하고 포괄적인 성격이 강하다. 그러나 조직의 특수한 문화에 따라 다르게 규범화된다. 그래서 하나의 행동을 전혀 다르게 해석할 수도 있다. 상호 간의 오해가 바로 여기에서부터 시작되고, 이 오해들은 직장생활에 있어 소통의 장애요소로 작용될 수도 있다.

미국의 레스토랑에서 커피잔을 들어서 흔드는 행위는 리필을 해달라는 제스처이다. 하지만 사우디아라비아에서는 같은 행동이 잔을 치워 달라는 것을 의미한다. 이렇게 동일한 행동이 문화와 규범에 따라 다르게 해석되는 현상을 인지과학자 리 로스(Lee Ross)는 '근본적 귀속오류(Fundamental Attribution

Error)'라고 하였다. 수많은 행동이나 태도들은 환경과 상황에 따라 다르게 해석되는데, 여기서 주의 깊게 생각해 봐야 할 점은 다른 사람의 잘못된 행동을 봤을 경우, 그 원인을 상대방의 품성에서 찾는다는 점이다. 나의 상식으로 이해하기 힘든 행동을 본 사람들은 그 행동의 원인을 상대방의 좋지 못한 품성 때문이라고 생각한다. 즉, 상대방의 좋지 못한 '의도'가 개입이 된 '의도적인 행동'의 산물이라고 생각한다는 것이다. 그렇기 때문에 어떤 잘못된 행동을 통해 상호 간의 오해가 비롯되고, 이는 건강한 의사소통을 방해한다. 그리고 원활하지 못한 의사소통은 결국 상호 간의 긍정적인 교류를 차단하고 저지한다. 잘못된 행동은 이런 파급효과를 가져올 수 있기에 조심해야 한다.

예를 들어, 한국에 처음 방문한 외국인이 있다고 생각해 보자. 그는 우연치 않게 어르신들과 술자리를 함께하게 되었다. 그는 아무렇지도 않게 술을 따라 주는 어르신께 한 손으로 잔을 받고 얼굴을 마주하고 잔을 비웠다. 그의 문화에서는 당연하게 받아들여졌을 그 문화적인 습관이 한국의 어르신들에게는 부정적으로 받아들여질 수 있다. '예의도 모르는 녀석'이라고 오해를 살지도 모른다. 문화적인 관습과 그로 인한 행동규범은 한순간에 누군가를 예의 바르고 호감 가는 사람으로 만들 수도, 혹은 건방지고 비호감의 사람으로 만들 수도 있다.

이런 관계 속 문제는 조직 내에서도 동일하게 적용된다. 그러므로 함께하는 부하 직원에게 조직의 문화를 빠르게 가르치고, 올바른 업무와 협업의 방향을 조속히 가르치는 것이 좋다. 그뿐만 아니라 말투, 태도, 자세, 옷차림, 인사 등과 같은 매뉴얼에 구체적으로 표현되기 힘든 감성적인 부분들까지도 조직의 문화에 적합하게 가르치고 코칭 하는 것이 좋다. 이는 문화적 차이에서 비롯되는 잠재적인 오해를 미연에 방지하여 성과 증진에 주는 방편이며, 부하 직원을 올바르게 육성하는 첫걸음이기 때문이다.

"인사만 잘해도 성공한다."는 말이 있다. 이 말처럼 정보를 하나 더 알고, 업무 하나를 잘 처리하는 능력보다는, 대인관계에서 원만한 소통을 실천하는 능력이 더욱 중시되고 있다. 신뢰감을 주며 팀과 팀원을 존중하고 타 팀과도 원활히 협력할 수 있는 사람이 더 각광받는 시대이다. 유관 업무를 관리하는 사람들과 긍정적인 관계를 유지하는 능력, 협업이 필요할 때 잡음 없이 진행할 수 있는 능력, 유사시 위임의 확신을 주는 능력을 갖춘 사람이 성공한다는 의미이기도 하다.

리더인 당신이 성공하려면, 당신의 부하 직원이 관계를 원만하게 형성하는 믿을 만한 인재로 성장해야 한다. 지식과 정보는 받아들이려는 마음의 자세, 즉 동기부여가 되어 있을 때 빠르게 흡수될 수 있다. 문제는 그들이 그런 마음의 자세를 갖추도록 만드는 것이다. 그리고 관계를 형성하고 있는 주변 사람들이 당신의 부하 직원을 그런 존재로 인식하게 만드는 것이다. 그런 자세를 갖추지 않은 평범한 사람을 당신이 가르쳐서 유능하고 비범한 인재로 변화시켜야 한다. 그것이 부하 직원이 성공하는 첫걸음이며, 당신이 리더로서 성공하는 첫걸음이다.

당신 자신이 바로 가르치는 도구(Training tool)이다

누군가를 가르친다는 것은 상당히 민감하고도 까다로운 작업이다. 그중 앞서 이야기한 문화규범에 따른 태도와 가치를 가르치는 것은 정말 어려운 일이다. 오히려 지식이나 정보를 가르치는 것은 상대적으로 쉽다. 가르치는 주제가 분명하고, 그에 관련된 매뉴얼이나 정보가 준비되어 있다면 별다른 언변이나 동기부여가 없어도 가르칠 수 있기 때문이다.

그에 반해 눈에 보이지 않는 가치와 태도 등의 주제는 그 성격이 사뭇 다르다. 그리고 정해진 매뉴얼이 마땅히 존재하지도 않는다. 만약 예절이나 조직문화에 관련된 매뉴얼이 존재한다 하여도 추상적이고 관념적이기 쉽다. 그뿐만 아니라 정보의 양도 넉넉하지 못하다. 단 몇 줄의 지침만을 읊어 대기엔 연관된 업무가 지나치게 방대하고 깊다. 이런 점을 보완하기 위해서 많은 조직에서는 사례별·상황별·주제별로 세분화된 매뉴얼을 만들고자 노력하지만, 그 또한 매뉴얼에 모두 담기엔 역부족이다. 그래서 무엇을 어떻게 가르쳐야 하는지 고민에 빠진다. 지금 우리가 가르쳐야 하는 것도 눈에 보이지 않는 '무형의 가치'들이므로 좀 더 고민해 보도록 하자.

발상을 전환해 보자. "당신은 무엇인가를 부하 직원에게 가르치는 사람"이라는 생각에서 "당신 자체가 부하 직원에게 가르치는 무엇"이라는 생각으로의 전환 말이다. 이는 애써 하나하나를 말과 글로 가르치는 것이 아니라 당신의 행동과 말 하나하나가 그대로 가르치는 매뉴얼이 되라는 뜻이다. 어떠한 이상향에 다다르기 위한 좋은 방법 중 하나는 그 이상향에 가까운 사람을 그대로 따르는 것이다.

이상향에 가까운 이런 사람들을 우리는 '롤 모델(Role Model)'이라고도 부른다. 누구나 희망하는 이상향에 대한 동경과 꿈을 품고 있지만, 사람들이 두려워하는 것은 막연하다는 사실이다. 내가 꾸는 꿈은 저것이 확실한데 어떻게 시작하는지 모를 때, 사람들은 막막함을 느낀다. 이럴 때 가장 좋은 방법이 바로 본인의 롤 모델이 걸어온 길을 따라 걷고, 롤 모델이 관심 갖고 있는 것에 따라 관심을 갖는 것이다. 그렇게 하나씩 따라가다 보면, 어느덧 원하던 모습에 가까워져 있는 자신을 발견할 수 있다.

이처럼 리더인 당신의 일거수일투족이 부하 직원에게는 보고 배워야 하는 '매뉴얼'이 된다. 그들은 동료들을 대하는 태도와 자세를 당신을 통해 생활 속에서 자연스럽게 습득한다. 업무에 쏟는 당신의 열정을 보면서 일에 대한 애정과 애사심을 배운다. 그리고 직장인으로서 열심을 기울이는 자기개발 모습에서 그들은 효율적인 자기개발 방법을 배워 나간다.

어느 날 필자의 둘째 아이가 갑자기 화가 난 듯 발을 쿵 구르고 "쯧" 하면서 혀를 차는 모습을 보았다. 그 모습이 귀엽기도 했지만, 어디서 배운 것일까 싶어 걱정되었다. '분명 나는 저런 행동을 하지 않는데…….' 그런데 그 의문은 곧 풀렸다. 큰아이가 물을 엎지르자, 의식하지도 못한 사이에 발을 쿵 구르며 "쯧" 하고 혀를 차는 내 모습을 발견했기 때문이다. 그랬다. 둘째 아이는 필자도 의식하지 못하고 한 행동을 보며 학습했던 것이다. '화가 났을 때엔 저렇게 표현하는 거구나!'라고 인식하고 학습한 것이다. 옛말에 "아이들 앞에선 찬물도 못 마신다."는 말이 있다. 바로 이런 상황을 두고 하는 말일 것이다.

이처럼 아이들은 어른의 습관적인 모든 행동을 모방 학습하면서 생활문화로 정착시켜 나간다. 이런 학습의 형성과정은 직장에서도 발생한다. 상사의 행동과 말은 조직 내 직원에게 노출될 수밖에 없다. 마치 부모의 의식하지 못한 말과 행동이 아이들에게 노출되듯이 말이다. 누군가가 나를 지켜보고 있다는 사실은 분명 불편하다. 하지만 이 말은 누군가에게 영향력을 행사하고 있다는 말과도 같다. 나와 관계를 맺고 있는 사람들이 많으면 많을수록 그 파급효과는 크다.

리더라면 이런 상황을 불편하게만 생각하지 말고 생산적으로 활용할 필요가 있다. 매뉴얼에 나와 있지 않지만 가르쳐야 할 것이 너무 많다면, 당신 자신을 도구로 활용하라. 당신의 할 일이 너무 많고 부하 직원을 꼼꼼히 가르칠 여력이 되지 않는다면, 당신을 도구로 활용하라. 누군가에게 동기를 부여하고 몰입하게 하고 싶다면, 당신을 동기부여의 도구로 활용하길 권한다. 당신만큼 완벽하고 효율적인 교육 도구는 어디에도 없기 때문이다. 심지어 상황과 사람에 따라 적절하게 변화하며, 다양한 자극에도 민감하게 반응하는 교육 도구이니 최상의 교육 도구라 단언한다. 이런 좋은 도구를 두고 멀리서 도구를 찾을 필요가 있을까? 그러므로 당신 자신을 도구로 사용하는 발상의 전환이 필요하다.

'단계5의 리더'가 되라

짐 콜린스는 그의 저서 〈좋은 기업을 넘어 위대한 기업으로(Good to Great)〉에서 위대한 리더를 "단계5의 리더"라고 표현하였다. 그리고 그 리더들에 대한 연구는 '이중성'에 대한 연구라고 설명하였다. 어떤 조직이든 그 중심에 '리더'가 있기 마련이다. 그리고 이런 리더의 덕목에 대한 나름의 개념이 있다. 하지만 짐 콜린스가 조사한 바에 따르면, 그 리더들이 갖추어야 할 덕목은 우리가 흔히 생각하는 그 덕목들과는 다소 차이가 있다. 리더의 가장 중심이 되는 덕목으로 우리가 흔히 생각하는 직관력이나 강력한 카리스마가 아닌, '개인적 겸양'과 '직업적 의지'를 꼽았다.

짐 콜린스에 따르면 그 리더들은 겸손하면서도 의지가 굳고, 외모가 변변찮아 보이면서도 두려움이 없는 이중성을 가지고 있다고 말하였다. 그들은 자아나 이기심이 없어 보이지만, 사실은 믿을 수 없을 만큼 야심적이다. 그러나 그들의 야심은 자기 자신이 아니라 조직에 최우선으로 맞춰져 있기 때문에 일반적인 이기적인 야심과는 거리가 있다고 설명한다. 같은 맥락으로 그들은 회사 성공의 중심에 자신을 내세우지 않는다. 짐 콜린스가 조사한 바에 따르면, 좋은 회사에서 위대한 회사로 도약한 기업들의 전환기에 관련된 기사들이 비교

기업들의 경우보다 두 배나 적었다. 더욱이, 도약을 성공시킨 CEO들에게 초점을 맞춘 기사는 거의 찾아볼 수 없었다. 이는 리더가 자신을 드러내는 것을 좋아하지 않았다는 것을 반증한다고 볼 수 있다.

그렇다면 그가 나눈 5단계의 계층구조에 대하여 조금 더 살펴보겠다.

5단계	**단계5의 경영자** 개인적 경양과 직업적 의지를 역설적으로 융합하여 지속적인 큰 성과를 일구어 낸다.
4단계	**유능한 리더** 저항할 수 없는 분명한 비전에 대한 책임 의식을 촉구하고 그것을 정력적으로 추구하게 하며, 보다 높은 성취를 이루도록 자극한다.
3단계	**역량있는 관리자** 이미 결정된 목표를 효율적으로 추구할 수 있는 방향으로 사람과 자원을 조직한다.
2단계	**합심하는 팀원** 집단의 목표 달성을 위해 개인의 능력을 바치며, 구성된 집단에서 다른 사람들과 효율적으로 일한다.
1단계	**능력이 뛰어난 개인** 재능과 지식, 기술, 좋은 작업 습관으로 생산적인 기여를 한다.

도표에서 보듯이 가장 하단의 1단계는 능력이 뛰어난 개인으로, 개별적인 재능으로 생산적인 기여를 하는 계층을 일컫는다. 2단계는 합심하는 팀원으로, 상이한 능력을 갖춘 개인

들이 다른 사람들과 효율적으로 협력하여 일하는 단계를 말한다. 3단계는 그 상위 단계의 계층으로, 역량 있는 관리자 계층을 의미한다. 개인과 팀의 성공을 위해 지원하는 능력의 관리자들이다. 4단계는 유능한 리더의 단계로, 대부분의 좋은 기업이나 조직이 요구하는 리더이다. 분명한 비전과 적극적인 리더십을 통해 회사와 조직을 이끌어 가는 유능한 리더의 모습이다. 마지막 5단계는 그의 저서에서 가장 중요한 단계로 여겨지는 단계5의 경영자 계층이다. 그들은 개인적 겸양과 직업적 의지를 통해 위대한 기업으로 도약하게 만드는 비상한 리더들이다.

앞서 1단계부터 4단계까지는 통상적으로 이해할 수 있는 개념들이다. 하지만 5단계는 다소 생소하거나 받아들이기 모호한 개념일 수 있다. 개인적 겸양과 직업적 의지는 사실 뛰어난 실무 능력이거나 리더십 기술이라고는 보기 어렵다. 오히려 사람 됨됨이와 연관이 있다고 보는 편이 좋다. 바로 이 점에서 훌륭한 리더와 존경할 만한 리더의 차이를 알 수 있다.

4단계의 리더만으로도 성공한 조직을 만들어 낼 수는 있다. 생산성이 좋고 효율이 높은 조직을 가능하게 할 수 있다. 그러나 지속 가능한 조직을 유지해 나가며 조직원들의 존경을 끌어내기 위해선 그보다 상위의 또 다른 개념이 필요하다. 더 큰 조직의 발전을 위해선 직업적인 의지만으로는 궁극의 리더십을 발휘하는 데 한계가 있음을 나타낸다. 즉, 인간적인 겸양을 갖춘 리더가 강력한 직업적 의지를 융합하므로 조직원들의 이성뿐 아니라 감성까지 모두 리드할 수 있어야 위대한 기업이 될 수 있다. 실제로 일 잘하는 리더는 찾아보기 쉽지만 존경할 만한 리더는 찾아보기 힘든 이유가 여기에 있다. 업무를 빈틈없이 끌어가기 위해 다소 인간성을 결여한 사람들은 조직을 이끌어가는 데 한계를 안고 가는 것이다. 그러므로 단계5의 리더가 되어 조직원들의 자발적인 동기부여를 이끌고 싶다면 업무를 완벽하게 누구보다 잘 해내는 것은 물론이며, 동시에 인간적인 호감과 존경도 유발할 수 있어야 한다.

존경은 누구나 알고 있지만 아무나 할 수 없는 것을 실현하는 사람을 대할 때 발생하는 감정이다. 모든 것을 다 갖춘 리더가 겸손한 겸양을 갖고 자기관리를 실천하려는 의지를 보인다는 것은 누구나 할 수 있는 가치가 아니다. 그래서 사람들은 그러한 리더를 존경한다. 다른 리더들과의 확실한 인성적인 차별점은 위대한 리더로 자리매김하는 중추적인 역할을 한다. 인간적인 겸양뿐 아니라 열정적인 직업적 의지를 지속적으로 실천하는 리더야말로 존경할 인물을 갈구하는 우리 시대가 요구하는 진정한 리더상일 것이다.

그들조차도 모르고 있는 숨은 1% 찾기 - 잠재력

다양성과 가능성을 열도록 도와줘라

요즘 TV 인기 프로그램 형식 중 하나가 바로 오디션 형식의 프로그램이다. 우리 같은 평범한 대중들의 관점으로는 그저 잘한다 혹은 좀 못한다 정도의 느낌만으로 프로그램을 시청한다. 그리고 본인이 응원하는 후보자가 결승까지 진출하여 우승하기를 바라는 마음을 안고 TV 앞에 앉는다.

하지만 그 프로그램의 심사위원들의 관점은 사뭇 다르다. 수천 명이나 되는 후보자들을 잠깐의 오디션을 통해 다음 라운드의 진출 여부를 결정짓는다. 가끔은 우리가 보기에는 별다른 장점이 보이지 않는 후보들이 선정되는 경우들도 있다. "저 후보가 왜 예선을 통화했지?"라고 의문을 품을 수 있지만, 막상 프로그램을 시청하다 보면 그 이유를 이해할 수 있다. 처음 오디션을 시작하던 초반의 실력과 마지막 결승에서의 실력 사이에는 엄청난 차이를 보이기 때문이다.

지난 〈K-POP Star 시즌3〉의 '샘 김'이라는 후보도 그런 놀라움을 보여 준 사람 중 한 사람이었다. 단지 '16살의 기타를 잘 치는 소년'이라고 생각되던 그 후보는 결승 라운드에서는 천부적인 편곡실력과 기타실력은 물론 가창력까지 가미되어 그 어떤 프로 뮤지션 못지않은 실력을 보여 주었다. 그의 재능을 일찌감치 눈치채고 발굴하기 위한 심사위원들의 노력은 가히 놀라웠다. 경선 때 보여 주는 무대 위 퍼포먼스에만 국한된 피드백을 주는 것이 아니라, 어느 부분을 어떻게 더 개발해야 하는지를 요목조목 코칭 한다. 고음이 불안하고 자신감이 없는 그에게 복식호흡을 가르치고 감정을 활용하는 방법을 가르친다. 그루브(Groove)를 음악에 자연스럽게 녹이도록 지도하여, 결국 그는 최종 결승 무대에서 놀라운 실력을 보여 주었다.

심사위원들은 7개월이라는 오디션 기간 동안 그에게 간접적으로, 때론 직접적으로 가르치고 모질게 질책하며 성장시켰다. 이런 심사위원들의 목적은 단 하나다. 후보자가 성장하는 것, 그리하여 최고의 뮤지션으로 도약하는 것이다. 그가 가지고 있는 재능을 더욱 부각시키고, 부족한 부분을 스스로 갖출 수 있도록 만들었다. 그의 선천적인 능력과 후천적으로 개발된 능력이 조화를 이루어 완전한 뮤지션으로 자리잡게 하는 일이 심사위원들의 궁극적인 목적이었던 것이다. 그들의 순수한 의도를 알고 있기에, 그는 혹독한 트레이닝 과정을 열정적으로 받아들였다. 그리고 그 과정을 지켜보는 시청자들까지도 함께 응원하였다.

이런 일련의 과정과 심사위원의 의도는 이 책에서 필자가 강조하고 있는 주제와 크게 다르지 않다. 조직 내에서 상사로서 부하 직원을 성장시킬 때에는 먼저 부하 직원의 현재 상태를 파악해야 한다. 부하 직원이 현재 장점으로 갖추고 있는 재능, 그리고 보완과 수정을 요하는 부분, 그리고 마지막으로 후천적으로 개발되어야 하는 능력을 파악하는 것이 우선되어야 한다. 그래야 오디션 프로그램의 심사위원이 그랬던 것처럼 잠재된 부하 직원들의 가능성을 개발할 수 있다.

하지만 이때 주의해야 할 점이 있다. 부하 직원 개개인의 특징을 파악하지 않는다면, 자칫 획일적인 개발이 될 수도 있다는 점이다. 모든 사람들을 저마다의 다양한 경험과 사고체계를 통해 각기 상이한 성공을 기대한다. 이런 그들의 개별적인 성향을 파악하지 않고 상사 본인이 과거 경험했던 방법과 능력만을 고집한다면, 부하 직원들은 단순히 '상사의 아바타'에 불과하다. 저마다의 개성과 경험이 다르다는 것은 서로 다른 장점을 가지고 있다는 것을 의미하기도 한다. 따라서 부하 직원 개개인의 장점은 더욱 개발시키고 단점은 보완 · 수정을 통해 양성하는 다양성이 필요하다. 그들이 가진 다양성을 상사의 무관심과 획일화된 사고로 묻히지 않도록 조심해야 한다.

당신이 상사로서 할 일은 바로 그들의 능력과 재능, 잠재력을 파악하여 그에 맞는 성장을 도모하는 일이다. 그들의 빛나는 재능과 다양성을 보장하도록 최대한 눈을 크게 뜨고 그들을 관찰하자. 최대한 귀를 기울여 그들의 이야기를 들어 보자. 당신은 그들이 맘껏 뛰고 날 수 있도록 다리를 자극하고 날개를 펴 주기만 하면 된다. 서로의 장점들이 다시 서로에게 자극제가 되어 동반 성장하는 문화를 만든다면, 부하 직원들도 행복하고 그 누구보다 당신이 가장 행복할 것이다. 당신이 바로 문화를 창조하고 인재를 창조하는 창조주이기 때문이다.

로드맵(Road map)을 그려라

필자는 리더를 등대에 자주 비유한다. 등대는 바닷가나 섬에 탑 모양으로 높이 세워진 조형물을 일컫는다. 등대는 어두운 밤에 다니는 배들에게 목표, 뱃길, 위험한 곳 따위를 알려 주기 위해 환하게 불을 비춰 준다. 이런 이유로 등대는 나아가야 할 길을 밝혀 주는 사람을 비유적으로 일컫기도 한다. 등대는 그 스스로가 목표가 되지는 않는다. 다만 목표에 도달하기 위한 지표로 쓰일 뿐이다. 어떻게 가는지 알지 못할 때, 관념적으로 어떻게 해야 하는지 모호할 때, 지금 올바로 가고 있는지 궁금할 때, 등대는 그 항해의 옳고 그름을 판단할 수 있는 지표가 된다. 항해를 하다 보면 간혹 다른 길로 갈 수도 있다. 이때 등대는 희미하지만 지속적으로 빛을 비춘다. 이 희미한 등대의 불빛을 본 사람들은 다시 그곳으로 뱃머리를 돌린다.

필자는 과거 가르치는 일을 하고 싶다고 생각했다. 그리고 막연하게도 그 일을 하면 누구보다 잘할 자신도 있었다. 적성에 잘 맞을 것이라고도 생각했다. 하지만 어떻게 해야 하는지 알지 못한다는 현실이 암담했다. 그리고 지금 이렇게 노력하는 것이 과연 맞는 길일까 하는 의구심이 끊임없이 들었다. 그때 누군가가 "이렇게 하기만 하면 무조건 돼. 대신 열심히 해야 돼."라고 말해 주었다면, 두려워하지 않고 누구보다 열심히 했을 것이다. 하지만 안타깝게도 아무도 확신을 주지 않았고, 지금 가는 길이 맞는 길이라고도 말해 주지 않았다. 그것이 가장 힘들었다. 아마 신입사원뿐 아니라 꿈을 실현해 가기 위해 노력하는 대부분의 직장인들이 필자와 비슷한 고민을 할 것이라고 생각한다.

리더는 모름지기 그 길이 맞는 길인지 수시로 알려 줄 수 있는 등대가 되어 주어야 한다. 하지만 그것만으로는 부족하다. 그보다 좀 더 적극적으로 그들에게 개입할 필요가 있다. 앞서 이야기한 바와 같이 부하 직원의 특장점과 단점을 파악하여 그들이 궁극으로 원하는 목표에 도달하기까지 필요한 능력을 개발하고 노력을 기울이기 위해 함께 고민해 주어야 한다. 그들이 도달하고 싶은 곳까지 가는 지도를 함께 그려 주어야 한다. 사실 리더인 당신이 해야 하는 일 중 가장 큰 비중을 차지하고 있는 부분이 바로 이 부분이다.

그들의 목표와 비전을 한눈에 보이게 그려 주는 것, 그리고 도달할 수 있도록 길을 비춰 주는 것이 리더에게 가장 중요한 임무이다. 우리는 그런 지도를 '로드맵(Road map)'이라고 부른다. 리더로서 당신은 단순한 등대 이상의 적극적인 지원을 할 필요가 있다. 그들과 함께 목표와 비전을 정립하고, 로드맵을 구상하는 일을 담당해야 한다. 함께하는 그 사실만으로도 부하 직원은 일에 대한 자긍심을 드높이고 충분히 동기부여를 경험할 수 있다.

그러나 여기서 주의할 점은 부하 직원의 로드맵을 직접 그려 주어서는 안 된다는 점이다. 부하 직원이 스스로 로드맵을 그려 나갈 수 있도록 훈련해야 한다. 그래야만 그들 스스로가 또 다른 목표와 비전을 만들 수 있기 때문이다. 따라서 리더라면, 부하 직원이 스스로 로드맵을 그리고 스스로 동기부여 할 수 있는 능력을 심어 주어야 한다. 그리고 당신은 그들이 그 길을 따라가다 의구심이 들고 지칠 때, 등대의 불빛을 그들에게 비춰 주는 데 힘쓰도록 하자. 그들 스스로가 원하는 방향을 설정하고 로드맵을 그리면서 스스로를 독려하여 앞으로 나아간다는 것은 그들의 자존감을 높이는 의미 있는 작업들이다. 그러므로 그들이 성취감을 느끼며 자립적인 비전 메이커(Vision Maker)가 되도록 훈련하도록 하자.

로드맵은 상당히 현실적이고 실천적인 내용들로 구성되어야 한다. 그러므로 개개인에게 적합한 내용으로 구성하는 데에는 상당한 어려움이 뒤따른다. 하지만 그렇기 때문에 가치 있는 일이 된다. 앞서 알아본 여러 형태의 면담들을 통해 상사는 부하 직원의 크고 작은 근황들을 수집할 수 있다. 그리고 대화를 통해 부하 직원들의 성향과 기질을 파악할 수 있다. 그 모든 것을 토대로 그들의 눈높이와 생활패턴에 맞추어 스스로의 로드맵을 그리도록 독려하는 것은 그 무엇보다 가치 있는 일이다. 이런 조언과 도움은 그들의 삶과 일에 깊숙하게 관여하는 일이다. 바꾸어 말하자면, 그들에게 강력한 리더십을 행사하는 일이다.

리더라면 표면적인 지시와 통제에 만족해서는 안 된다. 그보다는 그들의 삶 전반에 영향력을 행사하는 일에 도전할 용기가 필요하다. 자발적으로 그들이 당신의 이야기에 귀를 기울이도록 행동을 변화시켜야 한다. 당신이 먼저 그들의 삶에 조금 더 관심을 갖고 그들의 말에 조금 더 귀를 기울여 보자. 그들은 당신의 이야기와 행동에 집중할 것이다. 그리고 그들의 로드맵에 관여해 보자. 그들은 당신의 삶에 집중할 것이다. 그들은 당신을 그들 삶의 VIP로 초대할 것이다. 진정한 리더라면 이런 관심에 욕심을 내야 하지 않을까?

단점보다 장점에 집중하라

사람들은 저마다 사용하기 편한 손이 있다. 필자는 오른손잡이다. 밥 먹는 것부터 마우스를 클릭하는 것까지 모두 오른손을 사용한다. 그런데 얼마 전 문을 닫다가 실수로 오른손이 문틈에 끼어 다치는 바람에, 어쩔 수 없이 왼손으로 밥을 먹고 물건을 들어야만 했다. 글씨는 쓸 엄두조차 나지 않았다. 하지만 급하게 메모를 해야 했기에 서툰 왼손으로 연필을 꼭 쥐고 10글자 남짓을 메모지에 적었다. 그런데 시간은 평소의 10배는 더 걸린 듯했다. 그리고 얼마나 힘을 주어 쥐었던지 손은 새빨개져 있었다. 시간이 많이 걸리고 손에서 쥐가 날 정도로 아팠지만, 글씨가 만족할 만큼 잘 써졌다면 그래도 보람은 있었을 것이다. 모두가 예상하듯, 초등학생보다 못한 삐뚤빼뚤한 글자는 부끄러워서 차마 보기 민망할 정도였다.

필자의 경험처럼 모두에게 편안하다고 느끼는 일과 그렇지 않은 일은 저마다 다르다. 잘하는 일과 못하는 일도 저마다 다르다. 그런데 우리는 잘하는 99개에 집중하기보다는 못하는 1개에 집중하여 자격지심을 보이는 경우가 많다. 그래서 그 하나를 개선하기 위해 많은 노력과 열정을 쏟는다. 물론 이런 노력이 필요 없는 것은 아니다. 여기서 필자가 말하고 싶은 점은 바로 '능력은 저마다 다르다는 사실'이다. 더 많은 시간과 더 많은 정성을 쏟아 왼손으로 글씨를 적었지만, 그 결과는 노력에 비해 턱없이 낮다.

누군가를 개선시키고 성장시키기 위해서는 단점을 보완하고 개발해야 함은 당연하다. 그리고 그것이 치명적인 부분이라면, 더욱 시급하게 요구된다. 그러나 그것 때문에 스스로 가지고 있는 장점이 등한시되어서는 결코 안 된다. 단점을 보완하기 위해서는 오랜 시간이 소요되지만, 가지고 있던 장점을 잊어버리는 데에는 생각보다 짧은 시간이 걸린다. 새로운 비전은 새로운 역량을 요구하기 마련이다. 그 도전 앞에서 많은 사람들은 자신의 부족함을 깨닫고 자괴감에 빠지기도 한다.

따라서 로드맵을 그리면서 바라본 목표와 비전을 달성하는 데, 그의 현재 장점이 얼마나 많은 기여를 할 것인지를 상기시켜 줄 필요가 있다. 그 과정에서 부하 직원은 자존감과 자신감을 회복하고, 장점을 유지할 수 있다. 이 자존감과 자신감은 열정적인 인재의 가장 중요한 덕목이다. 물론 자신감이 자만심이 되지 않도록 관리해 줄 필요는 있다. 그러나 긍정적인 그들이 열정과 자신감으로 항상 충만하도록 가르쳐야 한다.

왼손으로 글씨를 쓰는 것이 서툴렀지만 어느 순간부터 일정 수준 이상을 유지하고 있다면 문제점이 극복되었다고 볼 수 있다. 그런데 왼손으로 쓰는 것이 더 익숙해져서 오른손으로 쓰고 싶지 않게 된다면, 이는 또 다른 문제를 야기할 수 있다. 하나의 능력이 개발되어 두 개의 능력으로 성장한 것이 아니라, 하나의 능력이 다른 능력을 퇴화시킨 결과이기 때문이다. 리더는 부하 직원들의 능력을 개발할 때, 이와 같은 문제점을 항상 견제해야 한다. 하나의 단점이 보완되었으나 기존의 장점을 더 이상 활용하지 않으려는 문제점을 염두에 두어야 한다는 뜻이다. 혹은 이제 단점이 어느 정도 보완되었으니 더 이상 개발할 필요가 없다고 생각하는 안일함도 염두에 두어야 한다.

미운 놈에게 떡 하나 더 준다?

과거 필자는 대학시절 뒤늦은 사춘기 시절을 보낸 적이 있다. 고등학생 때까지만 해도 부모님의 말에 토하나 달지 않고 나름대로 순하게(?) 살아왔었다. 그때까지는 이 세상의 범주가 가정과 학교뿐이었기 때문이다. 하지만 대학교에 입학하자, 사정은 많이 달라졌다. 내가 알지 못했던 세상이 눈앞에 펼쳐졌기 때문이다. 성인으로서 받는 대우는 고등학생 시절의 제약과는 사뭇 달랐다.

성인만이 누릴 수 있는 자유라는 유혹은 너무나 달콤했다. 어쩌면 방종이었을지도 모른다. 자유만을 생각하고 책임질 생각은 하지 않았기 때문이다. 그래서 처음으로 느껴 보는 자유에 제재를 가하는 부모님이 부담스러워졌다. 그런 부담은 필자에게 잔소리와 지나친 참견으로 다가왔고, 급기야는 반항적인 행동을 불사하기에 이르렀다. 뒤늦은 사춘기를 보낸 셈이다. 그때 필자의 부모님은 설득으로도 되지 않자, 급기야는 매를 드셨다. 다 큰 자식에게 매를 드는 마음이 오죽하셨겠는가. 그때 부모님께서 하신 말씀이 기억난다.

"미운 놈에게 떡 하나 더 주지만, 귀한 자식에겐 매를 드는 거다."

그런 궤변이 어디 있냐며 반항하는 청소년처럼 대들었지만, 지금 생각해 보면 부모님의 마음이 백 번 이해된다. 잔소리도, 매도, 그 출발은 다름아닌 '관심'에서 비롯되기 때문이다. 관심은 애정의 표현이기 때문이다. 근본적으로 잘되었으면 하는 바람과 의지가 항상 칭찬만으로 표현될 수는 없다는 사실을 이제는 안다.

미운 놈에게 떡 하나 더 주는 마음은 어떤 마음일까? 소위 '먹고 떨어져라' 심보이다. 잘못된 것을 지적해 주고 고쳐 주기 귀찮기 때문이다. 사람이라면 누구나 지적을 당했을 때 기분이 좋을 리 없다. 미성숙한 사람일수록 그 표현은 거칠게 나타나기도 한다. 그리고 당신은 어떠냐며 쏘아붙이기도 한다. 잘못된 점을 지적하지 않는 이유는 바로 이런 부정의 감정을 감수할 의지가 없기 때문이다. 어디 그뿐인가? 잘못된 것을 이해시키고 설득하는 과정에서 많은 에너지와 열정이 소모된다. 이해시키기 위해 여러 근거자료를 수집해야 하고, 눈높이에 맞게 설명해야 한다. 이런 일련의 과정이 수고스럽게 느껴지기 때문이다. 그리고 마지막으로 잘못된 것을 개선시키기 위해서는 가르쳐야 하는데, 가르치는 과정이 길고 고달프다는 사실을 너무나 잘 알고 있기 때문이다. 그래서 오랜 시간과 노력으로 개선시키기보다는 '일단 알겠어'라는 심정으로 떡 하나 주고 무마하겠다는 의지다. 정말 무책임한 행동이라고 할 수 있다.

그럼 반대의 상황을 생각해 보자. 사랑하고 아끼는 자녀가 잘못된 판단으로 잘못된 행동을 한다면, 당신은 어떻게 할 것인가? 아마 전자와는 반대의 의지가 발동할 것이다. 영화 〈8월의 크리스마스〉에서, 시한부 인생을 살고 있는 정원(한석규 분)은 비디오 플레이어 작동하는 법을 잘 모르는 아버지에게 조작법을 알려 주는 장면이 나온다. 하지만 귀도 눈도 어두운 아버지는 쉬 알아듣지 못하신다. 이때 정원은 화를 낸다. 그 마음은 '이제 내가 없어져서 아버지를 도울 수 없는데 그땐 어쩌실까?' 하는 걱정의 마음에서이다. 사랑하고 아끼는 사람에게라면 이런 마음이 자연스럽게 동한다.

애정이 있는 부하 직원이라면, 올바르게 성장하길 희망하는 부하 직원이라면, 당신은 부모의 마음처럼 그들에게 적절한 시기에 채찍질 할 필요가 있다. 지금 당장은 싫은 소리 하는 것이 부담스럽고 불편할 수 있겠지만 그런 과정을 통해 부하 직원이 더욱 성장할 수 있다면, 강력하고 명료한 메시지의 전달을 리더로서 감수해야 한다.

당신은 그들에게 인기를 요구하는 존재가 아니라, 그들을 성장시키는 부모와 같은 존재이다. 따라서 그들 성장에 대한 목표가 명확하게 그려진 당신은 부모의 마음으로, 바른 성장을 위한 채찍질을 서슴지 않아야 한다. 잠시 머릿속에 그려 보라. 훗날 당당하고 의젓하게 성장해 있는 그들의 모습을. 그 모습에 동기 부여된다면, 당신은 이미 훌륭한 리더이다. 그리고 인재로 성장할 그들은 분명 그런 당신에게 감사를 느낄 것이다.

울림이 있는 티칭 리더들의 그것(TEACH)

신뢰(Trust)
전문성(Expert)
진정성(Authenticity)
청자중심의 소통(Communication)
도우려는 마음(Help)

신뢰
(Trust)

신뢰의 기술

영화 〈신세계〉에서 신입경찰인 이자성(이정재 분)은 잠입수사를 위해 조사 중인 조직에 들어가게 되고, 조직의 실세인 정청(황정민 분)의 신뢰를 쌓기 위해 몸을 사리지 않고 함께 죽을 고비를 넘기며 무려 8년이라는 세월을 보낸다. 정청이 위기의 순간을 맞게 되자, 망설임 없이 온몸으로 그 위기를 막아 내면서 그의 신뢰를 더욱 견고히 해간다. 신뢰에 대한 대가는 정청이 이자성이 잠입경찰이라는 것을 알면서도 그를 살리는 모습으로 나타난다. 물론 영화이고 실제로 일어난 사건은 아니지만, 이 영화를 통해서 '신뢰'라는 것이 상대방의 마음을 열어주는 가장 극적인 덕목임을 강조하고 싶다.

스티븐 M.R. 코비의 저서 〈신뢰의 속도〉에서 신뢰는 항상 속도와 비용에 영향을 미친다고 주장한다. 신뢰수준이 올라가면 일의 속도는 빨라지고 지불할 비용은 낮아진다. 반면 신뢰수준이 낮아지면, 일의 속도가 느려지는 것은 물론 지불할 비용은 높아진다고 강조한다.

예를 한번 들어 보자. 당신은 신제품 프로젝트를 구상 중이다. 당신은 이 프로젝트가 조직의 수익구조를 개선시킬 획기적인 아이템임을 확신한다. 하지만 당신의 상사는 성공을 어떻게 확신하느냐고 반문한다. 당신은 그 프로젝트의 개요와 잠정적인 성과 그리고 그 프로젝트의 책임자로서의 당신의 장점을 열거하며 설득한다. 하지만 당신은 평상시 근태가 불성실하였으며 업무에 대해 부정적이었기 때문에 상사의 신뢰도는 너무나 낮다. 따라서 프로젝트의 객관적인 성과지표 이전에 프로젝트 담당자로서의 당신 자신을 상사에게 이해시키는 것이 업무의 우선이다.

상사는 일단 당신이 그 일을 성공적으로 마무리할 것이라는 것에 확신을 갖지 못한다. 그 프로젝트의 획기성을 차치하고,

그 프로젝트를 구상한 당신에 대한 신뢰가 부족하기에 그 프로젝트 자체를 미심쩍어 한다. 그러므로 당신은 그 프로젝트가 얼마나 중요하고 성공가능성이 높은지를 설명하기 전에 당신이 얼마나 적합한 사람인지, 성공적으로 그 프로젝트를 수행할 수 있는 사람인지를 먼저 설득해야 한다. 그러기 위해서는 그간의 부정적인 근태결과와 태도에 대한 불신을 먼저 해결한 후에 당신이 그 프로젝트에 얼마나 동기부여 되어 있는지를 설명해야 한다. 당신에 대한 신뢰를 회복할 방법을 찾는데 많은 시간과 열정을 쏟아야 하며, 어쩌면 그 과정에서 당신은 지치고 실망할 수도 있다. 정작 핵심에 다가가지도 못하고 에너지를 모두 소모해 버리는 꼴이 될지도 모른다.

반대로 평상시 성실한 근태 실적과 업무에 대한 열정적인 태도로 다른 사람들의 귀감이 되고 있었다고 가정해 보자. 당신은 향후 무엇을 하든 상사로부터 지지받을 수 있는 신뢰기반을 이미 확립한 상태이다. 당신의 상사는 당신이 그 업무를 성공적으로 수행할 것이라는 것에 한 치의 의심도 없다. 그 프로젝트의 개요와 잠재적인 결과에 대하여 합리적이라는 판단이 들면, 조직의 수익 개선에 도움을 주는 프로젝트를 마다할 이유가 없다. 만약 그 프로젝트에 많은 어려움이 따를 것이라고 우려되더라도, '당신이기 때문에' 성공시킬 수 있을 것이라고 확신할 것이다.

이 단순한 예를 보더라도 신뢰라는 것이 비용과 시간에 얼마나 직접적인 영향을 미치는지 짐작할 수 있다. 사회생활을 하다 보면, '왜 내가 하는 말은 하나하나 꼬투리 잡으며 이유를 다 대라고 하면서, 내 동료가 하는 일은 두말 않고 들어 주는 거야? 편애하는 거 아냐?'라는 억울한 생각이 들 때가 있다. 여기서 확실한 점은 '내 동료'는 상사의 신뢰를 이미 확보한 사람이라는 사실이다. 그 확보의 경로는 차치하고 말이다. 결국 기계가 아닌 사람이 하는 일인 이상, 그 궁극의 의사결정에 가장 많은 영향을 미치는 요소는 직무를 담당하는 '그 사람' 자체이다. 우리 스스로도 같은 내용인데도 누가 말을 하느냐에 따라 다른 결과를 내리지 않았던가?

요즘 많이 관심을 받고 있는 '설득의 기술', '원하는 것을 얻는 기술' 등은 의사를 결정 짓는 짧은 순간에 상대방의 마음을 내 쪽으로 기울게 만드는 신뢰의 기술이다. 나를 신뢰하도록 만듦으로써 원만하게 소통하는 기술이라 표현할 수 있다. 그러므로 우리의 관계 속에서 원만하고 만족할 만한 소통을 위해서는 신뢰를 잘 형성하는 방법을 알아야 한다.

신뢰의 핵심요소

회사 · 조직이라는 곳으로 공간을 한정 지어 볼 경우, 그곳에 모인 모든 사람들은 '조직의 성공'이라는 공통의 대의를 가지고 모인 관계이다. 그리고 그 성공하는 조직 안에서 저마다 자신이 더욱 성장하기를 기대하기 때문에 관계 내에 있는 조직원들은 서로가 기능적으로 필요한 사람들이다. 이런 이유로 잡음 없이 협업하기를 모두가 바란다. 그리고 가능하다면 생산적인 시너지를 발휘하기를 더욱 기대한다. 그러므로 처음부터 한 사람이 싫어 업무에서 배제하려는 의도를 가진 사람들은 많지 않다.

그럼에도 불구하고 왜 소통에 장애가 있는 사람들이 존재하는 것일까? 그것은 앞서 말한 신뢰 구축에 실패했기 때문이라고 보아도 무방하다. 〈신뢰의 속도〉에서는 신뢰의 네 가지 핵심요소들을 언급한다. 성실성, 의도, 능력 그리고 성과가 바로 그 요소들이다. 조직 내에서 신뢰받기 조직원이 되기 위해서는 올바른 성품과 조직의 성과를 높일 수 있는 능력이 모두 갖춰졌을 때 가능하다.

직장에 다음과 같은 두 가지 유형의 사람이 있다고 가정해 보자. 착하지만 일을 못하는 사람, 까칠하지만 일은 잘하는 사람. 당신이라면 어떤 사람과 함께 일을 하고 싶은가? 협업과는 무관하게 친구를 사귀는 목적이라면 아무 망설임 없이 착한 사람을 선택할 것이다. 하지만 성과의 목적의식을 가진 조직원이라면 아무리 성격이 좋다 하더라도 낮은 업무 능력으로 팀원에게 해를 입히는 사람을 달가워할 리 없다. 분명 선의의 의도였지만, 자신의 무능 때문에 본인의 성과는 물론 협업하는 팀원의 성과마저 갉아먹는다면 어떨까? 이것이 목적이 분명한 조직에서의 신뢰에 대한 인식이다.

반대로 성품이 좋지 않고 개인적인 의도가 나쁜데, 업무의 능력과 성과가 좋다면 어떨까? 결론적으로 말하자면, 개인적인 성품이 좋지 않고 하는 일들의 의도가 부정적일 경우, 업무 능력이 아무리 좋다고 하더라도 성과를 내기란 어렵다. 혼자서만 하는 일이라면 어느 정도 가능할 수도 있다. 하지만 지식정보화 시대에 혼자서 할 수 있는 일에는 한계가 있다. 업무가 연속성을 갖기 위해서는 타인과의 협업관계가 필수적이다.

이런 이유로 부정적인 의도와 성품은 그 관계를 지속하는데 있어 장애요소가 된다. 그리고 장기적인 성과를 보장받기 어렵다. 일반적으로 조직에서는 팀원들의 협업을 통해 업무의 성과가 결정된다. 아무리 개인의 능력이 출중하더라도 협업에 문제가 있는 사람은 성과를 보장하기 어렵다.

결국 개인의 능력은 선의의 의도와 성품을 포괄하는 개념으로 바라보는 것이 좋다. 개인적인 성품과 의도가 좋지 않을 경우, 개인의 능력여하를 떠나 성과를 창출하는 것 자체가 어렵다는 것을 기억할 필요가 있다.

신뢰가 능력이다

사회적 동물인 우리 인간의 삶을 관계의 연속이라고 볼 때, 인간사의 가장 중요한 핵심이 '신뢰'라고 해도 과언이 아니다. 과거 한 증권회사의 광고카피에 이런 문구가 있었다.

"신뢰가 능력이다(대신증권 2012. '신뢰전문가편')."

우리는 지난 오랜 시간 동안 정량화되고 수치화된 자료들을 신뢰도 향성을 위한 객관적인 지표로 활용해 왔다. 그래서 수치가 어려운 성품, 성실성, 의도 등을 객관적 지표로 활용하기 꺼려한 것이 사실이다. 하지만 개인적인 성품은 반드시 관리해야 하는 중요한 변수로 측량할 필요가 있다.

필자의 아파트 정문 앞에는 작은 2차선 도로가 있다. 그런데 그 길을 건너려면 오른쪽이나 왼쪽으로 조금 올라가야 횡단보도가 있다. 그런데 집 앞 바로 앞에 버스정류장이 있는 관계로, 필자의 아파트에 사는 사람들 중에는 돌아가서 횡단보도로 건너기보다 무단횡단을 선택하는 얌체족들이 종종 있다. 필자도 그런 족들 중 하나였다. 하루는 아이들과 함께 길을 나섰는데, 버스가 바로 건너편에서 대기 중인 것이 아닌가? 무단횡단의 유혹을 뿌리치지 못하고 건너는데, 큰아들이 "엄마, 왜 횡단보도로 안 건너요?"라고 물었다. 필자는 다급하고 당황한 나머지 "다음부터는 횡단보도로 건너자."라는 초라한 대답을 하고 말았다. 규범을 실천하지 않는 엄마를 바라보던 아이의 눈빛을 느낀 후로는 교통법규에 관한 이야기가 나올 때마다 아이가 나의 말을 과연 신뢰할 것인지에 대한 의구심을 떨칠 수 없다.

조직에서 팀원들이 상사를 신뢰하지 않는 이유는 대형의 사회규범을 위반하거나 범법행위 때문만이 아니다. 아무것도 아닐 것 같은 작은 윤리의 위반행위가 팀원들의 신뢰를 갉아먹는 결과를 가져온다. 신뢰는 큰 사건이나 사고 속에서 형성되는 경우보다 지극히 일상적인 상황에서 형성되는 경우가 더 많다. 그 이유는 개인적인 성품과 의도가 신뢰형성의 가장 첫째가는 항목이기 때문이다. 인간적인 신뢰를 쌓으면, 주변 사람들은 그 사람의 향후 행동을 예측할 수 있게 된다. 유사한 일이 벌어졌을 경우, 과거 그 사람의 행동으로 다음의 행동을 미루어 짐작할 수 있는 것이다. 이런 행동패턴에 크게 영향을 미치는 요소가 인간적인 신뢰도이다.

이는 평판이라는 명목으로 그 사람을 평가하는 요소로 재작용한다. 그리고 제3자는 그 사람의 평판을 객관적인 신뢰의 척도로 활용한다. 성품이 좋다는 평판을 받은 사람은, 업무가 주어졌을 때 최소한 최선을 다할 것이라는 확신은 줄 수 있다. 이 확신을 위해 누군가가 보증을 자처할 수도 있다. 이 모든 것이 업무의 능력과 물리적 성과보다는 그 사람의 성실성과 의도에 대한 확신 때문에 가능한 것이다. 이처럼 성품에서 확신을 줄 수 없는 사람은 능력을 발휘할 기회조차 상실하게 된다. 여기서 우리가 진지하게 고민해 봐야 할 사항이 있다. 과연 우리는 스펙과 능력을 쌓는 데 공을 들일 것인가, 아니면 성품을 완성하는 데 더 많은 공을 들일 것인가를 말이다.

마음을 움직여라

소통의 출발은 기본적으로 서로의 신뢰가 바탕이 되어 있을 때 가능하다. 그렇다면 가르침에 있어서는 어떨까? 가르침은 일상 속 소통에 비해 명확한 목표와 목적이 있다. 이런 의미에서 가르침은 적극적인 소통의 성격을 갖추고 있다고 볼 수 있다. 누군가를 개발 · 육성하며 조직의 비전을 공유하여 더 큰 목표를 달성하는 목적이 있다. 그러므로 그 어떤 형태의 소통보다 적극적이고 목표의식이 분명하다.

가르침의 행위에는 가르치는 사람과 가르침을 받는 사람이 명확하게 구분되어 있다. 또한 가르치는 주제 또한 분명하다. 하지만 가르치는 것은 단순히 기술을 전수하는 것만을 의미하지 않는다. 문제나 사물을 대하는 자세와 사고방식, 즉 패러다임을 변화시키는 것까지 의미한다. 그렇기 때문에 상호 간의 절대적인 신뢰가 바탕이 되지 않으면, 시간과 노력이 결실을 맺지 못하는 경우가 많다.

우리들의 생각이 변하지 않는 이상, 행동은 절대 변하지 않는다. 그러므로 행동의 변화를 촉구하기 위해서는 흔히 '동기부여'라고 일컫는 내 · 외부의 자극이 필요하다. 그리고 분명한 것은 이러한 자극은 열린 마음에서만 수용할 수 있다는 점이다. 가르치고자 할 때에는 아무리 좋은 내용이라도, 상대가 진심으로 받아들이려는 마음의 준비가 되어 있지 않으면 제대로 전달할 수 없다. 배우는 사람이 스스로 동기부여 되어야만 준비가 비로소 완성된다.

그러나 배우는 이의 동기부여만으로는 완벽하게 가르치는데 성공할 수 없다. 동기부여만큼 중요한 요소가 바로 '신뢰'이다. 바로 가르치는 사람에 대한 신뢰가 수반되어야 한다는 것이다. 당신의 성품과 성실한 의도로 상대방과 신뢰를 쌓기 위해서는 적지 않은 시간과 열정이 필요하다. 그렇다고 벌써부터 지칠 필요는 없다. 그 과정 속에서 다른 누구와도 공유하지 못할 당신들만의 스토리를 만들어 낼 수 있기 때문이다. 우리가 주목해야 할 점이 바로 이 점이다. 서로의 스토리를 만들어

내는 것이 당신을 신뢰하게 만드는 첫걸음이 될 것이다. 물론 당연히 부하 직원을 가르치는 당신의 성품과 의도가 올바르고 곧아야 할 것이다.

당신이 상사로서 신뢰를 형성하는 것은 팀 내 업무 성과는 물론, 당신 자신의 성도도 높여줄 것이다. 그리고 무엇보다 팀원들은 서로 함께 일하는 그 시간과 협업의 순간들을 즐겁고 가치 있게 만드는 조직문화를 형성해 갈 것이다. 회사나 조직을 보면, 유난히 팀워크가 좋고 즐거운 분위기의 팀이 있다. 그런 팀은 약속이나 한 듯 업무 성과 또한 높다. 그래서 한때 'Fun 경영'이라는 단어가 나올 정도로 팀원들을 즐겁게 만들자는 열풍이 불었다. 하지만 반드시 기억해야 할 것은 단순히 즐거운 농담과 재미가 있다고 해서 팀원이 즐거운 것이 아니라는 점이다. 근본적으로 그들의 업무 성취감과 함께 개인적인 성공을 함께 실현할 수 있는 환경이 조성되어야 한다. 팀원이 행복하고 즐겁게 일할 수 있는 분위기를 만들어야, 지속적이고 자발적인 Fun 경영을 실현할 수 있다.

이성 이전에 감성을 지배하라

한 부부가 성격 차이로 이혼을 했다. 그들에게는 5살 난 아들이 있는데, 이혼 후 아들의 양육권으로 법정에 서게 되었다. 부인은 전업주부로 고정적인 수입이 없는 상태다. 반면 남편은 중견기업의 간부로 경제적인 측면에서 아들을 부양할 능력이 우월해 보인다. 법정에서 남편의 변호인은 아내의 불안정한 재정형편이 아들에게 안정적인 양육을 보장하기 어렵다고 주장한다. 이에 부인의 변호인은 배심원들에게 칫솔 2개를 들어 보였다.

"매일 밤 이 여인은 아들과 함께 이 칫솔로 나란히 욕실에서서 양치를 합니다. 그러면서 날마다 서로의 사랑을 전합니다. 아들은 엄마의 웃는 얼굴과 매일같이 반복되는 행복한 일상에서 안정감을 갖습니다. 여러분들께서는 단순히 경제력이 이런 소소한 일상의 행복을 대신할 수 있다고 생각하십니까? 아이는 얼마간의 돈보다는 따뜻한 눈빛과 행복한 일상에서 안정을 느낄 때 바르게 성장할 수 있습니다. 어떤 능력이 아이를 양육하는 데 더 필요하다고 보십니까?"

이 글을 읽는 당신이라면 어떤 쪽에 손을 들어 주겠는가? 이성적으로는 안정적인 경제력을 보장하는 아빠라고 생각할지도 모른다. 하지만 경제력이 아이의 정서적인 안정감을 대신할 수 있을까? 결국 아이의 양육권은 감성으로 호소한 엄마에게 돌아갔다.

〈스토리가 스펙을 이긴다〉라는 책에서는 이렇게 설명한다. "사람들은 팩트(Fact)를 앞세운 연역적 주장에는 편견을 가지지만, 감정이 드러나는 귀납적 주장에는 마음을 열기 쉽기 때문이다."

스토리는 관계가 없는 사람들 사이에서는 결코 만들어지지 않는다. 그것이 유쾌하지 않은 관계라 할지라도 상호 관계가 형성되면 그 사이에는 그들만이 공유하는 스토리가 탄생하게 된다. 그 스토리는 '우리'라는 하나의 독립된 울타리를 만들면서 무척이나 사적인 둘만의 공감대를 형성하게 한다. 상사인 당신은 그 자리까지 올라오느라 많은 것을 경험했을 것이다. 술자리에서 곱씹는 이야기를 듣자면, 책을 내도 몇 권을 낼 수 있을 정도로 많은 이야기가 있노라 자부할 것이다.

가급적이면 당신이 지금 부하들의 입장이었을 때를 많이 떠올려 보길 바란다. 그리고 그것을 당신의 부하들에게 전하기를 기대한다. 그러나 중요한 것은 그저 그런 무용담이어서는 안 된다는 점이다. 당신이 얼마나 멋지게 그 문제를 이겨 내고 성공했는지를 말해서는 안 된다는 점이다. 이는 자칫 *휴브리스(Hubris)로 변질된 가능성이 있기 때문이다.

---

* 휴브리스는 영국의 역사학자이자 문명비평가인 토인비(Arnold Joseph Toynbee)가 역사 해석학 용어로 사용하면서 유명해진 용어이다. '신의 영역까지 침범하려는 정도의 오만'을 뜻하는 그리스어에서 유래한 용어로, 영어에서도 '지나친 오만', '자기과신에서 생기는 폭력' 등을 의미한다. 경영상황에서는 과거의 성공경험에 집착해 실패의 오류를 범하는 사람들을 일컫는 말로 뜻이 확대되었다(출처: 두산백과).

마치 자신이 겪은 그 경험이 모든 것인 양 착각해서는 안 된다. 그보다는 그 입장이었을 때 그리고 그 문제를 대했을 때, 얼마나 혼란스럽고 힘들었는지를 기억해야 한다. 그때의 감정 상태를 떠올리는 것이다. 그리고 그 기억을 지금 당신의 부하가 느끼는 혼란과 어려움을 이해하는 데 활용하는 것이 핵심이다. 부하 직원의 입장에서 업무를 풀어 나가고 가르쳐 보길 바란다. 당신의 부하 직원은 당신이 상사라는 이유로 자신을 이해하지 못할 것이라고 생각한다. 오죽하면 "상사는 상사라는 이유로 부하 직원의 신뢰를 얻지 못한다."는 말이 있겠는가?

당신이 겪은 실패했던 스토리를 부하 직원과 함께 나누어 보라. 힘들었던 인간적인 스토리를 나누어 보라. 부하 직원은 멀게만 느껴졌던 당신에게서 사람냄새를 맡으면서 당신의 스토리에 주목할 것이다. 그런데 이때 중요한 점이 있다. 바로 부하 직원의 상황과 감정을 먼저 이해하라는 점이다. 예를 들어, 부하 직원은 지난 승진시험에 실패했다. 그의 동기 중 한 명은 승진했는데, 그는 그렇지 못해 아마도 우울할 것이라고 예상한다. 그래서 당신은 그에게 사기를 북돋아 주고 싶어, 과거 당신이 승진에서 누락되었던 이야기를 나누고 싶다. 그래서 그에게 다가가 말을 건넨다.

"이 대리, 주말 잘 보냈나? 난 어제 가족끼리 캠핑 장에 다

녀왔더니 피곤하구만. 우리 커피나 한 잔 할까?"

그런데 웬일인지 그의 표정이 좋아 보이지 않는다. '승진 누락 때문에 그럴 수도 있지.'라는 생각에, 당신은 과거의 당신 이야기를 시작한다. 이쯤 되면 부하 직원은 감동받은 표정이어야 하는데, 그렇지 않다. 뭐가 잘못된 것일까? 부하 직원은 승진에서 누락되어 힘든 감정을 느낄 새도 없을 만큼 온갖 잡무로 바쁘다. 사실 그는 지난주말 동안 내내 사무실에 나와서 근무한 관계로 상당히 피곤한 상태다. 그럼에도 불구하고 처리해야 할 일이 아직 많이 남아 있다. 그에게 당신이 주말을 가족과 함께 보낸 이야기로 말문을 열었으니, 부하 직원의 입장에서는 반가울 리 없다. 게다가 할 일이 태산인데, 잡담으로 시간을 낭비하고 싶지 않았을 것이다.

그렇다. 서로의 스토리를 만들기 위해선 상대가 스토리를 만들 여건이 되어 있는지를 먼저 확인하는 센스가 필요하다. 정신적 · 육체적으로 건강한 상태일 때, 비로소 당신과의 건강한 스토리를 만들 수 있다. 이렇게 서로의 '스토리'를 공유하게 되면 '우리'라는 공동체가 형성되면서 서로는 '특별한' 관계가 된다. 마치 비밀 이야기를 아무에게나 하지 않는 것과 마찬가지 이치다. 그렇다면 이런 스토리를 먼저 얘기하고 다가갈 사람은 누구일까? 당연히 이 글을 보고 있는 당신, 상사인 당신이다. 굳이 갑과 을로 비교하자면 '을'인 부하 직원은 '갑'인 당신에게 먼저 다가갈 엄두도, 자신도, 마음의 여유도 없다. 따라서 베풀 수 있는 사람이 먼저 마음을 열 기회를 만드는 것이 옳다. 아니, 더 정확히 말하자면 당신은 베풀 수 있는 사람이 아니라 베풀어야만 하는 사람이다. 왜냐하면 당신은 이제 부하 직원 없이 혼자서 업무를 진행할 수 없는 위치에 올라 있기 때문이다. 솔직하게 말하자면, 마음의 문을 열지 않으면 아쉬울 사람은 '을'인 부하 직원이 아니라 '갑'인 당신이다.

당신이 과거 경험의 스토리를 공유해야 하는 또 다른 이유가 있다. 업무를 가르치고 태도와 자세를 가르쳐야 하는 당신은 그것들을 하나하나 다 말로 설명할 수 없다. 많은 부하 직원들에게 모든 경우의 수를 일일이 다 응대할 수도 없는 노릇이다. 이럴 때 당신의 과거경험은 그들에게 또 다른 해결책을 보여 줄 수 있다. 그리고 그들 나름대로 응용하여 본인의 상황에 대입하는 놀라운 응용력도 기대할 수 있다. 당신이 처리한 방법, 그리고 당신이 그 일에 임한 자세와 태도, 마음가짐 등이 부하 직원에게는 고무적으로 다가갈 수 있다. 이성적으로 혹은 객관적으로 100번을 말하는 것보다 감성적인 한마디로 울림을 주는 경우는 너무나 많다. 우리가 알고 있는 고사성어들이나 속담 등이 이 모든 것들을 대변한다. 하지만 그것보다 더 큰 변화를 촉구하는 것이 바로 '당신의 이야기'이다.

과거의 개그 프로그램 중 '달인'이라는 코너가 있었다. 그의 한마디를 기억하는가? "해 봤어요? 안 해 봤으면 말을 하지 마요!" 그 말이 왜 설득력이 있었는지 아는가? 그는 직접 노력하고 경험하고 몸으로 실천했기 때문이다. 과거에 경험한 '당신'의 이야기를 한다면, 그리고 당신이 직접 해냈다면, 당신은 부하 직원에게 흔들리지 않는 신뢰를 형성할 수 있다. 〈신뢰가 답이다〉의 저자 데이비드 호시저는 신뢰와 행동의 연관성에 대해 이렇게 말한다.

"신뢰는 행동에서 비롯된다."

당신이 과거에 직접 행동한 진실된 '스토리'는 부하 직원의 신뢰를 불러올 것이다. 데일 카네기는 우리에게 이렇게 충고한다. "언제나 당신의 경험, 당신의 스토리를 말해라."라고……. 당신의 이야기만큼 매력적이고 가슴 깊이 울림을 전하는 이야기는 세상 어디에도 없다.

전문성
(Expert)

이제 이성을 지배하라

이제는 감성으로 열린 그들의 마음에 당신의 능력을 심을 차례다. 그 누가 뭐라고 해도 인정받는 상사의 덕목 중 변함없는 하나는 바로 실력이고 능력이다.

당신은 최신 핸드폰을 장만하고자 몇 날 며칠을 고민하다 핸드폰 가게를 방문했다. 어떤 기종은 세련된 디자인이지만 견고함이 의심스럽고, 어떤 핸드폰은 튼튼하게 보이지만 기능이 아쉽다. 요금제 또한 얼마나 많은지, 어떤 것이 나에게 맞는 것인지 알 수가 없다. 그래서 당신은 직접 가게를 방문하여 비교해 보고 사고자 마음먹었다.

먼저 한 가게에 들어갔다. 당신은 성큼성큼 걸어 들어가 점원에게 그전에 미리 보아 둔 기종 두 개를 가리키며 두 기종의 장단점과 알맞은 요금제를 추천해 달라고 요청했다. 그런데 점원의 표정이 확신이 없는 듯 흔들리는 눈동자이다. "고객님, A기종은 지금 제가 쓰고 있는 거라 말씀드릴 수 있는데요, B기종은 제가 잘 몰라서요. 홈페이지 들어가서 한번 확인해 보시는 게 어떻겠어요?"라는 답변을 늘어놓는다. 당신의 기분은 어떨까? 어이없고 황당하지 않을까?

상한 기분에 옆 가게로 발걸음을 옮긴다. 역시 같은 것을 물어본 당신은 이번 점원은 어떤 말을 할지 자못 궁금하다. "네, 고객님. 두 기종 다 성능 면에서는 비슷합니다만, A기종은 터치감이 좋고 내장된 스마트 기능으로 다른 어플은 받지 않아도 되는 장점이 있습니다. 하지만 조작이 조금 복잡하여 기기에 익숙하신 분들께 추천 드리는 기종입니다. 반면 B기종은……." 하면서 일목요연하게 장단점을 비교하며 설명한다. 당신이라면 어떤 점원에게 핸드폰을 구매하겠는가?

전문성은 그 사람의 실력이다. 상사가 되면서 실무를 잘 몰라도 된다고 생각하는 경향이 짙어진다. 상사에게 요구되는 덕목은 신속한 의사결정과 의견수렴의 관리적 측면이라고 생각하는 까닭이다. 맞는 말이다. 하지만 한편으로는 틀린 말이다. 매니지먼트는 실무가 탄탄하지 않을 경우, 사상누각이 될 가능성이 농후하기 때문이다. 게다가 부하직원들은 상사들이 실무를 잘 모른다고 생각한다. 혹은 예전에는 알았지만 지금은 잊어버렸을 것이라고 생각한다. 무엇보다 지금 경제환경은 과거와는 판이하게 다르므로 상사의 업무감각은 퇴화되었을 것이라고 생각한다. 그래서 실무에 있어 상사의 능력을 신뢰하지 않으려는 경향이 높다.

하지만 상사는 부하 직원이 그 실무를 더욱 잘할 수 있도록 도와주고 격려하고 관리하기 위해 존재한다. 그뿐만 아니라 상사는 잘못된 방향으로 실무를 진행하는 부하 직원에게 올바른 방향을 제시한다. 효율적인 방법을 가르치는 역할 또한 담당하므로 실무를 완벽하게 해내지 못하면 사실상 업무가 불가능하다. 그것도 누구보다 더 잘 수행해 내야만 한다. 그래야만 부하 직원들은 비로소 그 상사를 믿고 따를 수 있다. 만일 개인적인 신뢰를 구축했다 하더라도 업무능력이 없다면, 진정한 상사십을 발휘할 수 없다. 그저 '사람 좋은 상사'라는 굴레에서 벗어나지 못할 뿐이다.

프로와 아마추어의 진정한 차이는 바로 '자신감'이다. 자신감 있는 상사가 되기 위해서는 누구보다 실무를 완벽히 이해하고 있어야 한다. 그래야 가르칠 것도 생기고, 가르치면서 상사십도 갖추며, 더불어 상사로서의 자존감도 챙길 수 있다.

당신은 걸어 다니는 매뉴얼이어야 한다

역량은 크게 두 부분으로 나눌 수 있다. 하나는 개개인의 실무 집행력이며 다른 하나는 매니지먼트(관리)에 관한 부분이다. 일반적으로 대리 이하의 직급은 실무 집행에 업무의 많은 부분을 집중한다. 반면 과장 이상의 직급은 실무 집행보다는 관리하고 의사 결정하는 업무에 상대적으로 더 많이 집중하게 된다. 그렇지만 이 두 업무는 팀 혹은 조직의 공통목표를 달성한다는 공통점을 지닌다. 그러므로 조직원에게 실무 집행력과 매니지먼트의 역량이 모두 요구되고 있다.

소위 '낙하산'이라고 불리는 외부 영입 상사들에게 기존의 내부 직원들이 부정적인 색안경을 쓰는 이유는 무엇일까? "이 업무를 얼마나 알겠어?", "이 바닥의 생리도 모르는데 어떻게 여기서 버티겠어?", "뭘 제대로 모르는 사람이 어떻게 우리 팀을 잘 이끌 수 있겠어?"라는 의문 때문이다. 이 물음들은 하나같이 그 상사의 실무 역량에 대한 의심에서 비롯된다. 다시 말하자면, 상사의 인성과 성품을 차치하고서라도 업무 능력에 대한 신뢰가 없기 때문에 드는 의문점들이다. 어차피 직급으로는 상사이기에 표면적으로는 지시에 순응하는 듯 보이겠지만, 진정으로 그 상사를 따르거나 신뢰하지는 않는다. 그러므로 업무 성과와 소요 시간 그리고 완성도 등이 만족할 만한 수준이 되지 못할 가능성이 크다. 직장 내에서 신뢰를 확고히 다지기 위해서는 우선적으로 인간적인 신뢰를 형성한 다음, 반드시 업무 역량 측면의 신뢰를 형성할 필요가 있다. 상사가 조직의 성장에 걸림돌이 아닌 디딤돌이라는 확신을 주어야 하기 때문이다.

하지만 이보다 더 중요한 이유가 있다. 앞서 이야기한 바와 같이 당신은 상사로서 부하 직원을 육성해야 하는 큰 임무를 안고 있는 사람이다. 과거 학창시절을 떠올려 보라. 당신이라면 학생보다 잘 모르는 선생을 제대로 따를 수 있겠는가? 당신은 부하 직원을 비전에 부합한 인재로 가르쳐야 한다. 이 때문에 당신은 그 분야에 있어서는 누군가를 충분히 가르칠 만한 전문가가 되어야만 한다.

설사 당신이 '사람 좋은 인상'을 주는 사람은 아니라고 가정해 보자. 반면 누구보다 그 분야에 해박한 전문가이고, 가르치는 능력이 탁월하다는 평판이 있다고 가정해 보자. 설사 당신의 직속 부하 직원이 아니더라도, 많은 사람들은 당신에게 배우고자 할 것이다. 이러한 팔로워(Follower)들은 리더로서의 당신을 가치 있게 만들어 준다. 이런 현상은 분명 또 다른 상사십으로 자리매김할 것이다.

'상사십'이란 말 그대로 상사로서 리드하는 능력을 말한다. 가르침만큼 강력하고 가치 있는 상사십은 없다. 그러므로 상사들이여, 당신의 존재 가치를 높이고자 한다면 가르치는 일에 매진하라. 강력한 리더십을 발휘하고 싶다면, 가르치는 일에 매진하라. 가르치고 당신의 것을 주는 일에 인색하지 않길 바란다. 이유는 간단하다. 당신이 가르친 것보다 더 큰 대가가 돌아오기 때문이다.

상사는 지위가 아니라 역할이자 기능이다

'고객만족(CS; Customer Satisfaction)'이라는 개념은 이제 구태의연한 느낌마저 들 정도로 당연한 개념이 되었다. 일반 서비스 산업은 물론 1·2차 산업에까지 그 개념은 확산되었고, 심지어 군인들도 CS교육을 받고 있는 실정이니, 현대사회에서 CS의 개념이 존재하지 않는 분야는 과연 있을까 하는 의구심이 들 정도이다.

고객은 우리가 흔히 말하는 '특정 재화나 서비스를 구매하는 사람', 즉 외부에서 비용을 지불하는 사람을 일컫는다. 하지만 근래에 들어, 고객은 구매와 관련된 과정에 직 · 간접적인 영향을 미치는 모든 사람으로 그 의미가 확대되고 있다. 이는 외부 고객의 만족도에 연관된 내부 직원의 만족도에까지 의미를 확장시킨 개념이다. 이런 개념의 확장으로 내부 직원을 '내부 고객'이라 칭하며 고객의 한 범주로 포함시키고 있다. 내부 고객은 직원으로의 관계 종료 후 다시 고객으로 돌아갈 수 있으므로 향후의 잠재구매까지를 의미하기도 한다.

얼마 전 약속시간까지 짬이 생겨 근처 커피숍을 찾았다. 외관상 2층 단독의 예쁜 건물로, 따뜻하고 서정적인 분위기를 자랑하는 커피 프랜차이즈 점이었다. 기대하고 문을 연 순간, 필자의 눈에 들어온 광경은 두 명의 직원이 음료 Bar에서 고객에게 등을 돌린 채 떠드는 모습이었다. 게다가 그들의 대화 중간중간 들리는 거친 욕설에, 고객을 반기는 인사는 기대하기도 어려웠다. 설상가상으로 유니폼도 입지 않은 채 머리카락은 다 흘러내린 상태였으며, 손톱은 길고 지저분했다. 주문을 하는 동안 미소는커녕 눈 한번 맞춰 주지 않아 나도 메뉴판과 모니터만 보고 건조하게 주문을 하고 돌아섰다. 그래도 카페에서 혼자만의 시간을 좀 즐겨야겠다 싶었다.

그래서 테이블에 앉으려는 순간, 주변에 앉은 어린 학생들이 큰소리로 욕을 하면서 떠드는데, 그 순간 조용하고 따뜻한 시간은 물 건너갔음을 직감했다. 더욱 놀라운 사실은 그 시끄러운 일행이 직원들의 친구들이라는 것이었다. 좀 더 조용한 곳을 찾아 2층으로 올라가자, 상황은 더 심각했다. 그곳은 직원의 눈길이 미치지 않는 곳이기 때문이었을까? 금연석이었음에도 불구하고 숨어서 담배를 피우는 사람마저 있었다. 게다가 지저분한 테이블이 즐비했고, 바닥은 침과 오물로 잔뜩 어질러져 있었다. 너무 놀란 나는 부랴부랴 커피를 들고 밖으로 나오고 말았다. 지금도 체인점이었던 그 커피숍을 다른 지역에서 볼 때마다 그때의 기억이 떠오른다. 물론 그 이후로 가급적 그 브랜드는 찾지 않는다.

내부 고객의 서비스 품질과 마인드, 그리고 태도는 이렇게나 중요하다. 이 중요성은 서비스업이나 고객과 직면하는 업무에서 더욱 두드러지게 부각된다. 내부 고객을 만족시키는 방법이 복지조건을 높여 주고, 칭찬과 격려를 해 주는 것뿐이라고 생각하는가? 단언컨대 그렇지 않다. 복지조건의 향상과 칭찬은 조직이 원하는 대의를 달성하기 위한 방법 중 하나이지, 전부가 아니다. 때에 따라서는 질타도, 꾸지람도 필요하다. 무엇보다 올바르게 가르치는 것이 우선이다. 무엇이 옳은 방법인지, 어떻게 하는 것이 외부 고객을 만족시키는 방법인지를 구체적으로 알려 줘야 한다. 그런 후 칭찬이든, 격려든,

질타든, 꾸지람이든 자극을 주어 내부 고객들을 독려하는 것이 바람직하다.

외부 고객을 만족시키기 위해서는 내부 고객을 업무적으로 만족시켜야 한다. 내부 고객 스스로 업무에 대한 자존감을 높일 수 있는 기회를 제공하며, 자립적인 인재로 거듭나게 만드는 것이 상사의 역할이다. 그런 의미에서 상사는 단순히 지위와 직책이 높은 사람을 의미하지 않는다. '부하 직원을 자립적인 인재로 성장시킬 수 있는 기술과 기회를 제공하는 전문가'를 의미한다. 따라서 상사를 수직구조상의 윗사람이 아닌 인재 양성의 기술을 가진 존재로 보는 것이 적절하다.

내부 고객은 매일 무엇인가를 배우고, 상사로부터 성장의 기회를 받는다고 느낄 때, 진심으로 업무에 만족하고 몰입하게 된다. 그리고 그들의 만족은 외부 고객의 만족으로 증명된다. 따라서 기업의 궁극적인 목표를 달성하기 위해선 내부 고객을 만족시켜 업무 품질을 향상시키고, 고품질을 경험한 외부 고객이 기업에 충성도를 보이는 바람직한 순환이 이루어져야 한다.

이런 선순환을 위해서는 내부 직원에 대한 이해와 노력이 기본적으로 전제되어 있어야 한다. 상사가 부하 직원을 고객으로 여기는 마음가짐으로 대해야 할 당위성이 여기에 있다.

상사가 부하 직원들의 성장과 발전에 관심을 갖고 그들의 전문성을 높여야 하는 당위성이 바로 여기에 있다. 이 점을 잊지 말길 바란다.

진정성
(Authenticity)

순수한 의도

예전 대학시절 결혼을 앞둔 CC(Campus couple) 선배에게 남자 선배가 뭐가 좋으냐고 물어봤다. 그런데 대답이 너무 싱거웠다. 배시시 웃으며 "그냥"이라고 답했기 때문이다. 사랑에 빠진 연인들에게 "왜 그 사람을 사랑하느냐?"라고 물어보면 "예뻐서", "몸매가 좋아서", "똑똑해서", "능력이 좋아서"라는 구체적인 답변보다는 "그냥 좋아요."라든가 "그 사람이 행복해하는 모습을 보고 있으면 저도 행복해요."라는 애매모호한 답변을 종종 늘어놓는다. 하지만 지금 생각해보면 그 대답이 최고의 대답이라는 생각이다. 어떤 조건 때문에 누군가를 사랑하는 사람은 그 조건이 변하거나 사라지면 사랑하는 마음도 변하거나 사라지기 때문이다. 그러나 조건 없이 사랑하는 경우, 그 사랑을 변화시킬 외부적인 변수는 없다. 조건을 따지고 사랑하는 사람을 우리는 '속물'이라고 생각한다. 사람에 대하여 진정성을 갖지 않고 관계를 형성하기 때문이다. 대가를 바라는 관계는 대가가 없거나 기대한 만큼의 대가가 없을 경우, 지속되기 어렵다. 부하 직원을 가르치는 목적에서도 이와 유사하다.

상사가 부하 직원을 가르치는 목적은 무엇일까? 물론 조직의 성장과 발전, 그리고 성과를 위해서다. 처음 부하 직원을 가르칠 때에는 그런 목적일 수밖에 없다. 조직은 명확한 업무적 목적으로 관계가 형성되기 때문이다. 그러나 상사는 부하 직원들과 관계를 형성하고 업무를 공유함에 있어 진실함이 있어야 한다. 함께 근무하는 동료의 관계에서 한발 나아가 가르침을 나누는 관계로 발전해 가기 위해서 상사는 부하 직원을 진심으로 대해야 한다. 가르치는 목적이 단순한 성과 달성에 머무를 것이 아니라, 그를 넘어 부하 직원의 진정한 성장으로 진화되어야 한다. 가르침을 통해 부하 직원의 역량을 높이는 것은 물론, 동기를 자극하여 자발적으로 업무에 집중하게 만듦으로써 자아성장의 발판을 도모할 수 있기 때문이다.

누군가를 독려하고, 긍정적인 자극을 주며, 돕는다는 것은 분명 성숙한 사람만이 할 수 있는 가치 있는 행동이다. 그럼 그 성숙한 관계는 누가 먼저 구축해야 하는가? 앞서도 언급한 것처럼 더 많이 경험하고 나누어 줄 것이 상대적으로 더 많은 사람, 즉 상사가 먼저 만들어 나가야 한다. 반복하지만 당신이 부하 직원을 가르치는 목적은 그들의 진정한 성장과 발전을 위해서다. 그리고 그들의 성장은 당신의 성과와 상당히 밀접한 관계를 맺고 있다. 그러므로 그들이 당신을 통해 성장한다면 당신의 업무 성과는 물론 평판과 이미지는 좋아질 수밖에 없다. 이는 관리자인 당신에게 상당히 고무적인 일이다. 마치 테레사 수녀께서 유명해지는 것을 목적으로 선한 일을 한 것은 아니지만, 선한 일들로 인하여 유명해진 것과 마찬가지 이치라고 볼 수 있다.

조직의 생리에 의해서 조직원들 각자의 목적과 성과를 무시할 수는 없다. 그러나 가르침이란 개념 자체가 자로 잰 듯 수치화되거나 투자한 시간과 노력이 100% 동일한 결과로 나오는 행위가 아니므로, 좀 더 성숙한 비전이 필요하다. 앞서도 설명한 바와 같이, 가르침은 상대방의 신뢰를 얻지 못하면 어떠한 노력에도 원하는 결과를 기대할 수 없다. 그만큼 감정의 교류에 많은 부분이 연계되어 있다. 그렇기에 부하 직원이 가르치는 상사의 진정성을 느끼지 못하면 효과적인 가르침을 기대할 수 없다.

가르침이나 신뢰, 친절함, 사랑 등 무형의 감정적 가치는 주는 사람이 아닌 받는 사람이 결정한다. '얼마만큼을 주었느냐'가 중요한 것이 아니라 '얼마만큼을 받았느냐'가 중요하다는 의미이다. 이런 까닭으로 감정적인 교류에 있어 주는 사람은 '을'의 입장에 설 수밖에 없다. 이는 우리가 레스토랑에 갔을 때, 종업원이 제공하는 서비스 품질 정도는 그 종업원이 얼마나 많이 배웠느냐가 아니라 고객이 얼마나 만족하게 느꼈느냐에 달린 것과 마찬가지 개념이다. 그러므로 가르침에 있어서도 '고객만족'이라는 개념을 기억할 필요가 있다.

굳이 표현하자면, 상사는 서비스를 제공하는 종업원이고 부하 직원은 서비스를 받는 고객이라고 할 수 있다. 따라서 상사가 가르치는 내용이 얼마나 방대하고 정교한지보다 부하 직원이 얼마나 효율적이고 활용 가능한 가치를 받았는지가 더더욱 중요하다.

청출어람 시켜라

‘청출어람’이라는 단어를 상사로서 두려워한다면 진정한 부하 직원의 성장을 기대하기 어렵다. 아니, 반드시 ‘청출어람’ 시키겠다는 각오가 있어야 부하 직원이 성공적으로 가르칠 수 있다. 부하 직원이 어떤 측면에서 당신을 뛰어넘는 인재로 성장한다면, 그는 당신을 평생 잊지 못할 리더 혹은 멘토로 기억할 것이다. 이때 부하 직원이 당신을 뛰어넘는 것이 두려운가? 결론적으로 말하자면, 당신은 절대 두려워할 필요가 없다. 당신이 부하 직원을 성장시키는 동안 당신의 실무역량과 관리역량이 함께 성장하기 때문이다. 게다가 가르치는 역량 또한 성장할테니 걱정은 기우이다.

관리자로서 당신의 역량은 매일 성장할 수밖에 없다. 어쩌면 누구도 따라오지 못할 범주 내에 도달할지도 모른다. 가르치는 영역에 국한해서 볼 경우, 부하 직원은 이제 겨우 당신의 역량에 도달했을 테지만, 당신은 이미 다른 분야의 역량을 쌓고 있다. 그리고 그 분야를 다시 부하 직원에게 가르칠 수 있다. 이미 당신과 부하 직원은 좁힐 수 없는 역량의 거리를 두고 있다. 때에 따라서는 그 거리가 더욱 넓어질 수도 있다. 물론 당신이 정체되지 않고 꾸준히 개발을 한다는 전제하에서 말이다. 하지만 대부분 뛰어난 리더들은 그런 걱정을 하지 않을 정도로 자기개발에 열심히 임한다.

미즈키 아키코의 저서 〈퍼스트클래스 승객은 펜을 빌리지 않는다〉라는 책에는 그에 대한 이유가 나와 있다. 16년간 국제선 1등석 객실을 담당한 전직 스튜어디스인 저자는 성공한 기업인들을 살펴본 결과, 그들 사이에서 몇 가지 공통점을 발견하였다. 그중 하나가 끊임없는 자기개발이다. 비행 시간 동안 커피 한 잔을 두고 8권의 책을 독파한다든지, 남다른 메모 습관을 갖고 있다든지 하는 노력은 철저한 자기관리와 개발에 의한 습관이다.

당신이 부하 직원의 성장을 사심 없이 돕는 상사라면, 이미 자신의 관리와 개발도 함께 경주하고 있을 것이다. 그렇지 않더라도 가르치는 것 자체가 최고의 자기개발이므로 당신은 부하 직원의 성장을 두려워할 필요가 없다. 이번에는 부하 직원의 입장에서 생각해 보자. 당신의 열정과 노력으로 부하 직원이 당신의 역량을 넘어설 만큼 실력이 성장했다고 가정해 보자. 부하 직원은 당신을 어떻게 생각할까? '그저 그런 상사'로만 여기겠는가? 당신은 그 부하 직원에게 잊히지 않는 존재로 각인된다. 성공한 사람의 인생에 영향을 미친 위대한 사람이 될 수 있다는 말이다. 성공한 사람 뒤에는 언제나 성공에 영향을 준 위대한 멘토들이 있다. 축구선수 박지성에게는 히딩크 감독이 있듯이 좋은 직원에게는 훌륭한 멘토 상사가 있다. 당신이 바로 그 멘토의 반열에 오를 수 있다.

또한 성공한 인재에게 막대한 리더십을 보일 수 있다. 이는 비단 해당 부하 직원에게 국한되지 않는다. 부하 직원을 훌륭한 인재로 양성한 당신은 다른 누군가에게도 리더십을 보일 수 있다. 당신의 성공한 인재개발 스토리는 당신에게 배우고 싶은 누군가의 욕구를 자극할 것이다. 이런 욕구는 당신에 대한 존경으로부터 나온다. 이제 성공한 인재개발 스토리는 당신의 가치를 높여 주는 꼬리표가 될 것이다. 그러므로 진정으로 부하 직원의 청출어람을 꿈꾸고 그들의 성공을 도와주어라. 그것이 당신의 성공을 돕는 지름길이 될 것이다.

당신의 가치관에 따라 살아가라

몇 해 전 겨울, 구두뒤축이 닳아서 회사 근처의 구두 수선점을 찾았다. 1평 남짓한 공간에 구두수선에 쓰이는 물건들이 빼곡히 자리하고, 나른함을 달랠 작은 TV 한 대 정도 있는 광경이 여느 구두 수선점과 다르지 않았다. 구두를 맡기고 잠깐 앉아서 기다리는데, 유독 사장님의 단정한 머리가 눈에 띄었다.

“사장님, 헤어스타일이 멋지세요. 이런 말씀 드리면 좀 외람되지만 상당히 단정하세요. 사실 그렇지 않은 사장님들께서 더 많으신 게 사실이거든요."

칭찬의 말을 건네며 실례가 아닐까 조심스러운 나에게 구두 수선 사장님께서 해 주신 말씀이 나를 놀라게 했다.

"저는 이 일을 20년째 하고 있습니다. 이 일을 하면서 아이들도 다 학교 보냈죠. 남들이 볼 때엔 하잘것없는 일처럼 보이겠지만, 저에게는 전부입니다. 그런데 어떻게 아무 준비 없이 이 자리에 앉아서 손님을 맞겠어요? 열심히 하겠다는 저의 의지가 손님들께 전달될 수 있도록 항상 옷가지와 머리 매무새에 신경을 씁니다. 이 일에 대한 저만의 가치관이죠."

그 말씀을 듣고 나자, 이곳에서 신발을 고치고 있는 나 자신이 굉장히 극진한 대우를 받고 있는 듯한 느낌이 들었다.

이처럼 가치관이란 어떤 일에 대한 마음가짐, 자세에서 비롯된다. 말 그대로 자신이 가치 있다고 생각하는 것을 '가치관'이라고 한다. 사람들은 자신의 가치관에 부합한 일을 할 때 진심과 열정을 다한다. 자신의 가치관에 따라 구두 뒤축을 갈아 주시는 사장님이 나의 신발에 얼마나 신중을 가하고 열정을 다해 대하셨을지는 미루어 짐작할 수 있다. 가르치는 사람에 있어서도 가치관은 무척 중요하다. 대하는 대상이 사물이 아니라 무한한 가능성과 다양한 감정을 가진 '사람'이기 때문이다.

가치관을 가지고 있는 사람은 삶의 모든 면에서 흔들림이 없이 행동한다. 그리고 가치 있다고 판단되는 일을 헌신적으로 실천해 나간다. 그들의 행동은 일관되며, 말과 행동에 어긋남이 없다. 우리 눈에 비친 다른 사람들의 모습은 그들이 평소에 행한 크고 작은 행동들을 토대로 만들어진다. 상사로서 가르치지 않는 동안에도 가치관에 따라 행동하는 것은 그 사실만으로도 주변 사람들을 고무시키기 충분하다. 나에게 열정과 충성심을 강조한 상사가 마지못해 일하는 모습을 보이는 순간, 우리는 그 상사의 이율배반적인 모습에 진정한 의도와 동기를 의심하게 된다. 반면 상사가 본인의 가치관에 부합하는 삶을 살며, 평소 그의 말과 행동이 일치한다고 생각해 보자. 그 사실만으로도 부하 직원의 동기를 자극하기에 충분하다.

이렇게 가치관에 따라 살아가는 것은 누군가에게 보여 주기 위함인가? 그렇지 않다. 〈미움받을 용기〉의 저자 기시미이치로와 고가 후미타케는 인정욕구를 버림으로써 진정 행복한 삶을 살 수 있다고 말한다. 즉 인정받으려는 욕심에서 벗어나 본인의 가치관에 따라 살아가는 것이 행복으로 갈 수 있는 길이라는 것이다. 자신의 가치관에 부합한 삶을 산다는 것은 누구나 원하는 매력적인 삶이다. 게다가 당신의 자아실현을 가능하게 하는 삶이니 마다할 이유가 없다. 그뿐인가? 리더십을 얻고 존경까지 받을 수 있으니, 상사로서의 삶을 살고 있는 당신이 가치관에 맞게 살아야 할 이유는 충분하다.

결과는 공유하고 성과는 감사하라

회사생활을 하면서 조직원들이 힘들어하는 이유 중 하나는 조직 내에서 '소모품'으로 전락해 버린 상실감을 느낄 때이다. 나의 존재가치를 느끼지 못하고 소모되어 소멸될 위기감을 느끼기 때문이다. 과연 내가 이 조직에 얼마나 필요한 존재일까? 지금 이 일에 얼마나 많은 기여하고 있는 걸까? 또한 지금 하는 일이 나의 미래에 어떤 영향을 미치는 걸까? 지금 함께 하고 있는 이 사람들에게 있어 나는 어떤 의미일까? 이런 무수한 '물음표'를 달고 살아가고 있다. 그 질문에 스스로 별다른 가치가 없는 사람이라는 생각이 들면 조직원은 언제 갈아치워질지 모르는 소멸에 대한 불안감을 느낀다. 그리고 이런 부정적 감정은 업무에 있어 소극적인 결과를 초래한다. 따라서 상사는 이런 부하 직원의 생각과 에너지를 가치 있고 생산적인 열정으로 바꾸어야 한다.

그들의 존재가치를 입증하기 위해서는 첫 번째로 부하 직원의 업무결과는 항상 공유한다. 결과가 긍정적이라면 공개적인 칭찬을 통해 자존감을 높여 줄 필요가 있다. 원하는 성과를 위해 당신은 그들을 끊임없이 코칭 하고 역량을 향상시켜 주도록 한다. 업무의 결과가 당신이, 부하 직원이 그리고 조직이 원하는 방향으로 나타날 수 있도록 하기 위함이다.

이때 해당업무의 주체자는 상사가 아닌 부하 직원이다. 그러므로 간혹 그들의 역량보다 더 큰 업무를 맡았어도, 성공적으로 업무를 완수할 수 있도록 당신이 필요에 따라 개입하는 것이 좋다. '개입'이라고 표현했지만 명확하게 가르치고, 적절한 시점에 코칭을 하며, 지속적인 동기부여를 잊지 말라는 의미이다. 업무 수행 시 당신으로 인해 그들의 역량이 향상되고 전문 지식을 습득하게 된다면, 그들은 스스로의 성장에 만족감을 느낄 것이다. 이런 성공 스토리를 모든 조직원들과 공유하는 것은 부하 직원의 사기진작에 긍정적인 영향을 미칠 뿐만 아니라 자신감을 심어 주는 데 결정적인 역할을 한다.

두 번째로는 그 부하 직원의 성과에 감사의 마음을 표하도록 한다. 물론 업무를 성공적으로 완수하게 된 견인차는 당신이지만, 그 성과는 부하 직원의 것으로 돌려주도록 하자. 여기서 칭찬의 기술을 잠깐 이야기하자면, 칭찬은 되도록 많은 사람들 앞에서 공개적으로 하는 것이 좋다. 그리고 그 즉시, 칭찬내용을 구체적으로, 진정한 감정을 담아 하도록 한다. 간혹 '대충' 칭찬하다 보면 안 하느니만 못한 결과를 초래하기도 한다. 정말 안타까운 일이 아닐 수 없다.

포장마차에서 두 명의 남자가 술을 마시고 있었다. 실연을 당해 힘들어하는 친구와 술 한 잔 하면서 위로해 주는 장면이다. "괜찮아. 파이팅!"이라고 말하면서, 정작 지나가는 예쁜 여자에게 한눈을 판다. 그러자 광고의 두 남녀 주인공이 나와서 "대충 위로하지 말고 근거를 대라, 근거를!"이라고 한다. 이 광고의 제목은 '영혼 없는 위로'다. 여기서 말하는 '영혼'은 진정성을 의미한다. 틀에 박힌 구태의연한 말 대신에 그 사람에게만 해당하는 말, 그래서 이유가 있고 근거가 있는 말을 의미한다. 앞서 말한 칭찬의 기술 또한 이와 맥락을 같이한다. 진정성을 담은 칭찬은 상대방을 움직이는 힘이 있다. 자존감을 높여 주는 힘이 있으며, 열심으로 일에 임하도록 만드는 힘이 있다.

반면 꾸지람은 개별적으로 하는 것이 좋다. 물론 목적에 따라 칭찬을 개별적으로 할 수도 있으며, 꾸지람을 공개된 장소에서 하는 경우도 있을 수 있다. 하지만 예외적인 상황을 제외하고는 전자와 같이 하는 것이 좋다. 부하 직원이 어느 상사에겐 부하 직원이지만 또 다른 부하 직원에겐 상사일 수 있으며, 신뢰할 만한 동료일 수 있기 때문이다.

무엇보다 업무수행에서 가장 중요한 '신뢰'와 '자신감 확보'

는 상당히 예민한 부분임을 잊지 말자. 이때에도 칭찬과 마찬가지로 그 내용에 진정성을 갖고 꾸짖어야 한다. 그렇지 않으면 한낱 잔소리로 치부되기 쉽기 때문이다. 혹은 '나를 싫어해서 또 꾸짖는구나!'라고 오해하기 쉽다. 칭찬이든 꾸지람이든 상대방의 행동에 대한 피드백을 줄 때에는 진심을 담아 당신의 마음을 전달하지 않으면, 원하는 행동의 결과를 기대할 수 없다. 또한 원하는 관계 또한 기대할 수 없다.

다시 본문으로 돌아와서, 상사는 부하 직원의 성과–물론 상사가 직·간접적으로 개입하여 순수하게 부하 직원만의 성과는 아니겠지만–를 칭찬함에 인색하지 않도록 한다. 칭찬을 받는 부하 직원은 그 성과가 본인만의 것이 아님을 알지만, 많은 도움을 준 상사의 칭찬에 그 상사에 대한 깊은 신뢰와 감동을 느끼게 된다. 이것이 부하 직원의 자발적인 충성심을 유도함은 물론, 존경까지 유발하는 요소임을 기억할 필요가 있다.

우리는 부하 직원의 결과를 상사의 것으로 가로채지 않는 것만으로, 그 상사는 진실하다고 착각해서는 안 된다. 얼마 전 케이블 TV에서 방영되었던 드라마 〈미생〉에는 여러 유형의 상사들이 나온다. 그중 부하 직원의 성과를 가로채고 부하 직원을 이용만 하려는 상사가 있다. 그 밑에서 일하는 한성율이라는 신입사원은 사사건건 부딪히는 상사 때문에 힘들어한다. 그리고 급기야는 상사를 상사로 인정하지 않는다. 무엇 하나 배울 것이 없기 때문이다. 업무력부터 처세의 방법까지, 어느 것 하나 본받고 싶지 않았다. 반면 장백기의 사수는 살갑게 부하 직원을 대하지는 않지만, 시의적절한 코칭을 통해 부하 직원을 성장시킨다. 부하 직원의 외국어 발음 하나까지 코칭한다. 이처럼 진정한 상사라면 부하 직원의 성과를 항상 예의주시하여 원하는 바에 도달할 수 있도록 가르쳐야 한다. 그리고 그 성과에 대해서는 공개적으로 칭찬하도록 한다.

상기의 두 가지 방법이 바로 상사가 성과를 관리하는 방법이고, 동시에 부하 직원의 능력을 개발시켜 주는 방법이다. 상사인 당신은 그 노고를 부하 직원의 것으로 생각하고 감사하라. 그렇지만 당신 주변의 모든 사람들은 알고 있다. 그 성과는 상사인 당신으로부터 나왔다는 것을 말이다. 칭찬받아 마땅한 사람은 바로 당신이라는 것을 말이다.

청자중심의 소통 (Communication)

다르다는 것은 틀린 것이 아니다

개와 고양이가 만나면 왜 그렇게 으르렁대는지 독자들은 알고 있는가? 그것은 그들의 소통방법이 다르기 때문이다.

처음 만났을 때, 개는 반갑다고 꼬리를 흔들며 인사를 한다. 하지만 고양이에게 꼬리를 흔드는 것은 경계와 싸움을 의미한다. 고양이는 기분이 좋으면 꼬리를 다리 사이에 집어 넣어 기쁨을 표현한다. 하지만 이 행동이 개에게는 적대감의 의미로 받아들여진다. 개는 반가움과 복종의 의미로 배를 보여 주지만, 고양이가 배를 보이는 것은 싸움에서 유리한 위치를 차지하기 위한 의미이다. 또한 개가 꼬리를 빳빳하게 수직으로 든 모습은 공격과 방어의 의미이지만, 고양이에게는 반가움과 기쁨의 표현이다. 이뿐만이 아니다. 개가 발을 들어올리는 행동은 함께 놀자는 의미이지만, 고양이에게는 거절의 표현이다.

의사표현이 이렇게나 다르니, 개와 고양이가 으르렁대는 것은 당연한 일이다. 그렇지만 이렇게 다른 의사 표현을 하는 개와 고양이가 친하게 지낼 수 있는 방법이 하나 있다. 바로 어릴 때부터 함께 자라게 하는 것이다. 서로에 대한 편견이 없을 때 소통의 시행착오를 통해 서로 다른 행동양식을 이해하게 만드는 것이다. 다른 행동을 보이는 것이 자신을 싫어해서가 아니라, 소통방법이 다르다는 것을 인정하면서 상대방을 이해할 수 있다. '저 개는 정말 상식적으로 이해를 못하겠어. 이상한 애야.'라고 생각하는 것이 아니라 자신과는 표현 방식이 조금 다르다고 인정하도록 훈련시키는 것이다.

이런 소통의 장애는 우리의 관계에 있어서도 크게 다르지 않다. 언어를 사용하는 우리 인간들에게도 수많은 개와 고양이의 언어가 있다. 심지어 같은 말과 행동을 하면서도 저마다 다르게 이해하고 받아들인다. 문제는 상대방의 의도까지 다르게 받아들인다는 데 있다. '저 사람이 저렇게 말하는 의도는 분명이 나를 싫어해서일 거야.', '저 사람이 저렇게 행동하는 의도는 분명 문제가 있는 행동일 거야.'와 같이 개와 고양이의 소통을 하는 경우다. 나의 생각과 경험치에서 벗어난 것은 틀린 것으로 단정지어 버린다. 결국 상대방과 소통하려는 의지를 꺾어 버리고 긍정적인 관계형성을 물거품으로 만드는 결과를 가져온다.

사회적 동물로서 외부와의 관계가 단절된 삶이란 외롭고 고립된 삶을 의미한다. 외부의 자극이 없으면 성장이나 발전을 가져오기 어렵다. 개와 고양이가 어릴 적부터 같이 자라면서 고정관념이 형성되기 이전에 서로의 다름을 인정한 것처럼, 우리도 상대방의 다양성과 다름을 인정하는 것이 소통의 첫걸음임을 잊지 말자. 이는 단지 외롭지 않은 삶을 위해서가 아니라 서로의 건강한 성장을 위해 필요하다. 다양성을 인정하고, 나와 다른 것이 결코 틀린 것이 아니라는 열린 관점은 변화에 빠르게 대응하므로 성공을 쟁취하는 중요한 열쇠가 될 것이다.

너에 대해 말하기(You message)에서 나에 대해 말하기(I message)로

미운 다섯 살이라고 했던가? 첫째 아이가 다섯 살이 되면서 그 전에는 보이지 않던 말과 행동을 시작했다. 예를 들자면,

가만히 잘 놀고 있는 동생을 느닷없이 때려서 울리는가 하면, 자신의 물건에 지나친 집착을 보이는 등의 행동을 하기 시작한 것이다. 그럴 때 마다 "넌 왜 동생을 때리니? 이러면 나쁜 아이야. 이제 그럴래, 안 그럴래?"라고 혼을 내면, 한두 번은 귀담아 듣는 듯하다가 얼마 후 또다시 같은 상황이 반복된다. 화가 나서 또 야단을 치면 아이는 필자가 말해도 들은 척 하지 않고, 심지어 다른 곳으로 가 버리거나 다른 대화를 시도한다.

답답한 마음에 자문을 구해 보니, 아이의 감정을 인정하고 이해하면서 '너의 잘못이 아닌 엄마의 잘못'을 말해 보라고 한다. 속는 셈치고 시도해 보기로 했다. 또 아이가 동생을 때리고 있었다.

"아들, 엄마는 네가 동생을 때려서 속상해. 왜 때렸는지 엄마한테 말해 줄래?"

"동생이 내 장난감을 쓰러뜨렸어요."

"그래서 동생을 때린 거구나. 많이 속상했겠다."

"내가 얼마나 열심히 쌓아둔 건데……. (훌쩍)"

"그랬구나. 하지만 동생은 아직 어려서 그걸 몰랐나 봐. 엄마가 동생을 잘 가르쳐 주지 못해 그런 것 같아. 엄마를 용서해 줄래?"

예상치 못한 나의 말과 행동에 다소 놀란 듯한 아이가 눈을 깜박이며 대답한다.

"네, 용서해 줄게요."

"하지만 형이니까 동생이 그럴 때엔 때리는 거보다 엄마를 대신해서 가르쳐 보는 게 어때? 그러면 동생은 형을 더 멋지다고 생각할 거야. 그게 더 형다운 거야."

놀랍게도 아이와의 대화는 성공적으로 마무리되었다. 심지어 존댓말도 꼬박꼬박 쓰며 대답한다. 결국 '문제는 너에게 있는 거야!' 라는 'You message'에서 '내가 좀 더 살펴주지 못해서 네가 그랬구나'라는 'I message' 로 전환하면서 아이의 마음을 열게 된 값진 경험이었다.

이 세상의 그 누구도 손가락질을 하면서 나에게 고압적으로 말하는 사람에게 호의적이지는 못할 것이다. 상대가 아이라고 해도 상황은 마찬가지이다. 이유인즉슨 You message는 문제를 나에게서 찾는 것이 아니라 상대방에게서 찾으려 하므로 변명과 책임회피를 동반하게 되기 때문이다. 상대방에게 문제가 있다고 전제하기 때문에 상대방의 변화를 요구하기 마련이다. 상대방을 변화시키기 위하여 많은 증거와 논리를 찾아서 들이밀게 된다. 이성의 설득을 위하여 감성에 생채기를 내는 경우도 빈번하다.

반면, 문제의 원인과 해결안을 내 안에서 찾으려는 의도가

I message 화법이다. 사실 이 방법이 더 쉽고 빠르게 변화를 끌어낼 수 있다. 왜냐하면 변화의 주체이자 대상이 바로 '나 자신'이기 때문이다. 설득을 위한 증거와 논리를 찾을 필요가 없다. 그러므로 증거와 논리를 찾는 시간과 열정을 절약할 수 있다. 우리의 옛 속담에 "손바닥도 마주쳐야 소리가 난다."는 말이 있다. 관계에 있어서 단 한 사람만의 문제는 없음을 빗댄 속담이다. 대부분 관계 속에서 생긴 문제에는 경중의 차이가 있겠지만 한 사람에서 비롯된 소통의 장애는 드물다.

'너만 잘못됐어.'라는 말 자체가 잘못됐다는 말이다. '너도 잘못했지만 이런 의미에서는 나도 잘못했어.'라고 인정하는 용기가 필요하다. 성숙된 관계일수록 I message는 상대방에게 많은 울림을 준다. 문제의 시작을 나에게서 찾는 모습에서 상대방이 부끄러움과 미안함을 느끼면서 화자의 인간됨에 머리를 숙이기 때문이다.

I message이든 You message이든 그 목적은 관계에서 비롯된 문제를 해결하기 위함이다. 그렇지만 어떤 메시지 전달방법이 감정의 상처를 야기하지 않고 성과를 기대할 수 있을지는 위에서 언급한 필자의 어린 아들과의 대화를 참고하기 바란다.

You message는 비난받을 여지가 많으나, I message는 비난받을 일이 거의 없다. 스스로 자기 반성을 하는 성찰의 의지가 길기 때문이다. 만약 You message로 화자가 100% 옳은 이야기를 하더라도, 상대방에게 "그래, 너 잘났다"의 인상을 줄 수 있다. 그리고 그 순간부터 원만한 관계를 기대하기란 쉽지 않다는 것을 우리 모두는 잘 알고 있지 않은가? 의견을 전달할 때 어떤 방법을 선택해야 하는지는 굳이 말하지 않아도 알 것이라고 생각한다.

듣고, 듣고 또 들어라

전 세계 IT계뿐 아니라 사람들의 라이프스타일을 바꾸어 놓은 혁신의 아이콘 고(故) 스티브잡스의 이야기를 해 보려 한다. 그는 픽사에서 근무하면서 감성과 스토리의 중요성을 깨닫는다. 그리고 다시 애플로 돌아왔을 때, 예전과는 확실히 다른 행보를 보인다.

그의 변화 중 가장 주목할 만한 부분은 경청에 대한 태도이다. 과거 독선적이라고 평가 받던 그는 자신을 CEO(Chief Executive Officer; 최고경영자)가 아닌 CLO(Chief Listen Officer; 최고경청자)라고 자처하였다. 경청의 중요성을 절감한 태도 변화라 볼 수 있다.

故 이병철 회장은 아들 이건희 회장에게 경영의 중요 덕목으로 '경청'을 휘호로 주었다. 그리고 몇 십 년 후, 이건희 회장

역시 그의 아들 이재용 부회장에게도 리더로서 '경청'을 당부하였다고 한다. 우리 몸에 귀가 두 개인 반면 입이 하나인 이유는 두 번 듣고 한 번 말하라는 의미라고 한다. 그만큼 경청은 중요하지만, 실천하기에는 많은 어려움이 따른다.

그렇다면 이번에는 경청에 좀 더 집중하여 생각해 보자. 경청은 심도에 따라 4단계로 구분될 수 있다.

가장 낮은 단계는 '배우자 경청'의 단계로, 집중하여 듣지 않고 들리는 대로 듣는 상태를 말한다. 아내가 퇴근 후 TV를 보는 남편에게 말한다. "요즘 대화를 안 하는 부부들이 그렇게 많대요. 어떻게 그럴 수 있지? 그렇죠, 여보?" 그러자 남편은 "뭐라고?"라며 되묻는다. 김이 빠진 아내는 입을 다물어 버린다. 이 에피소드에서처럼 들으려는 의도가 전혀 없는 경청 수준을 '배우자 경청단계'라고 말한다. 주로 이런 경청태도를 보이면 화자는 존중받고 있다고 느끼지 못하여, 앞의 아내처럼 대화가 단절되고 만다. 표면적으로는 대화를 하는 듯 보이지만, 정서적인 교감이 전혀 이루어지지 않았기 때문이다.

두 번째 단계는 '소극적 경청'의 단계로, 겉으로는 듣는 척하지만 속으로는 다른 생각을 하거나 대화에 전혀 집중하지 않는 단계이다. 마치 조회시간에 지루한 교장 선생님의 말씀을 듣는 학생들과도 같다. 어쩔 수 없이 경청의 자세를 취하고는 있지만, 생산적이지는 못하는 수준이다. 피상적인 대화가 주를 이루며, 결국 대화는 빨리 종결되는 경향을 보인다.

다음으로 설명할 세 번째 '적극적 경청'의 단계는 적극적으로 상대방의 말에 주의를 기울이고, 적절한 맞장구와 공감을 표현하는 경청수준을 말한다. "아~ 그래요? 속상하셨겠어요."라며 상대방에게 경청하고 있음을 표현한다. 이 정도의 수준은 일반적으로 서로가 대화에서 진지하게 임하고 있음을 느끼게 해 준다. 화자와 청자가 모두 대화에 집중하고 있으므로 지속적인 대화가 가능한 수준이다.

마지막 네 번째는 심도 깊은 경청의 수준으로, '맥락적 경청'의 단계이다. 이 단계는 공감의 표현 수준을 넘어서 문맥 뒤에 숨겨진 상대방의 의도까지 경청하는 수준이다. 아내가 거울을 보며 얘기한다 "여보, 나 살 좀 붙은 거 같지 않아?" 이때 맥락적 경청을 하는 남편은 "글쎄. 당신 전혀 그렇게 보이지 않는데? 오히려 오늘따라 내 눈엔 더 예뻐 보이네."라며 아내가 듣고 싶어 하는 의도를 대화에 활용할 것이다. 거울 앞에 선 아내는 남편에게 살이 3kg 쪄서 뚱뚱해져서 어쩌냐는 걱정의 말이 아닌 '전혀 그렇게 보이지 않다'라는 말을 듣고 싶어 질문한 것이기 때문이다.

또 다른 사례를 들어 보자. 여자 친구가 이사를 했다. 문을 닫으니 페인트칠 냄새 때문에 머리가 아프고, 그렇다고 문을 열자니 창 밖의 소음과 먼지로 기침이 난다. 이때 여자 친구가 남자 친구에게 묻는다.

"자기야, 문을 닫으면 페인트칠 냄새 때문에 머리가 아프고, 문을 열자니 소음과 매연 때문에 괴로운데 어떻게 하지?"

이 질문에 맥락적 경청을 한 남자 친구의 올바른 대답은 무엇일까?

여자 친구의 이마를 짚으며 "괜찮아? 병원 가 봐야 되는 거 아니야?"이다. 여자친구의 물음은 문을 열 것이냐, 말 것이냐이지만 문맥에 숨겨진 의도는 '남자 친구의 관심'이었기 때문이다. 몇 해 전 케이블 드라마에 소개된 에피소드였지만, 맥락적 경청의 중요성을 단적으로 나타내 주는 좋은 사례이다.

앞서 살펴본 4가지 경청의 단계에서 '맥락적 경청'은 상대방의 신뢰를 얻을 수 있고 관계가 친밀해진다는 장점이 있다. 하지만 '맥락적 경청'을 하기 위해서는 사전에 상대방에 대한 관심과 정보가 전제되어야 한다. 전후 사정의 이유를 알고 있어야 맥락적인 의도를 파악할 수 있기 때문이다. 가르침에 있어서도 맥락적 경청은 상당히 중요한 키워드이다. 가르치는 사람이 부하 직원의 업무상 어려운 점과 잘하는 점, 그리고 바라는 점을 잘 파악하고 있다면, 소위 '맞춤식' 교육이 이루어진다. 현대의 마케팅도 대중적 마케팅(Mass Marketing)에서 개별적 마케팅(Individual Marketing)으로 변모하면서 그 효과가 증대되지 않았던가?

맞춤형 소통과 가르침으로 형성된 관계의 시너지는 상당히 높다. 맥락적 경청의 소통과 가르침의 소통의 효과는 밀접하게 연결되어 있다. 왜 그 많은 리더들이 '경청'을 중요한 덕목으로 꼽았는지 이해가 되는 부분이다. 그리고 당신이 왜 가르침으로 소통해야 하는지도 설명해 주는 부분이다.

적절한 침묵은 많은 메시지를 전달한다

Kiss로 유명한 오스트리아 화가 구스타프 클림트는 공백공포증이 있었다. 그래서 그의 그림을 보면 화폭의 가장자리까지 빼곡히 그림과 색감으로 메워져 있음을 알 수 있다. 그에 반해 동양화에서는 종이 위에 그림이 없는 부분도 '공백'이 아닌 의미를 내포한 작품의 한 부분으로 인정하고 있다. '여백의 미'라고 표현되면서, 그림의 사물이 의미를 갖고 있듯이 아무것도 채워지지 않은 공간도 의미가 있다고 해석된다. 이는 마치 음악에서 가락 중간중간에 흐르는 침묵이 감상하는 사람에게 생각할 수 있는 여유를 주는 것과도 같다.

이런 '여백'은 작가의 철학과 감상하는 자의 철학이 함께 숨쉬게 만들어 준다. 어떤 사람들은 이 여백에서 또 다른 작품의 영감을 받기도 한다. 혹은 작가가 의도하지 못했던 또 다른 가치를 발견하기도 한다.

이런 개념은 가르침에도 동일하게 적용된다. 우리가 회사나 조직에서 부하 직원을 가르칠 때에는 가르치는 사람의 철학과 정보만을 강요하지 않는다. 가르침을 받아들이는 사람이 자신의 것으로 소화하기 위한 '여백'을 제공하는 것이 필요하다. 그 '여백'이 바로 적절한 '침묵'이다. 그 침묵은 시간적인 여백이 될 수도 있으며, 공간적인 여백이 될 수도 있다. 중요한 것은 가르침을 받는 사람이 자신의 것으로 받아들일 수 있도록 적절한 시공간을 확보해 주어야 한다는 점이다.

적절한 침묵은 몰라서 혹은 귀찮아서 답을 피하는 것과는 상당한 차이점을 보인다. 정보를 전달하거나 기술을 전수할 경우에도 정해져 있는 답만을 강요해서는 안 된다. 청출어람(靑出於藍)이 되기 위해서는 배우는 사람의 해석하는 방식과 자세를 존중하는 자세를 갖추어야 한다. 가르치는 사람이 미처 생각하지 못한 부분을 간파할 수도 있으며, 시대에 따라 진화한 정보와 가치의 차이가 존재할 수도 있기 때문이다.

이런 과정을 통해 상사와 부하직원은 '가르치는 행위'로 인해 서로가 발전할 가능성이 무궁무진하다는 점을 기억하자.

적절한 침묵은 이러한 관점에서 가르치는 상사에게도 필요한 부분이다. 부하 직원에게 반드시 필요한 부분임은 당연하다. 침묵이라는 여백을 통해 부하 직원은 자신의 목소리와 생각을 또렷이 인지할 수 있다. 이런 과정을 통해 그들은 자발적 사고와 문제해결 능력을 갖춘 '자발적인 인재'로 거듭날 수 있다. 내적 필터 과정을 통해 드디어 '부하 직원'에서 '인재'로 거듭나게 된다. 자발적인 인재로 변모하게 되면, 상사가 가르치지 않은 메시지까지 습득할 수 있는 '맥락적 학습'이 가능해져, 견고한 전문가로의 성장을 기대할 수 있게 된다.

아는 것을 많이 말해 주는 것보다 어려운 일은 '알고 있는 것을 말하지 않고 기다리는 것'이다. 가족이나 가까운 사람이 운전연수를 하는 동안 옆 좌석에 앉아 연수를 도운 경험이 있다면, 그 마음을 잘 이해할 것이다. 어눌한 운전자를 보면서 많아지는 잔소리를 참고, 감정적으로 격해지는 자신을 억누르는 것은 생각보다 상당한 인내심을 요한다. 그 인내심은 초보 운전자 스스로 잘 해낼 때까지 지속되어야 하므로 꽤나 어려운 일이다. 가르치면서 침묵하는 어려움은 운전연수 중 표현하고 싶은 감정을 억제하는 것과 비슷하다.

사실 운전연수를 받는 동안 조수석에서 지나치게 잔소리를 하고 윽박지르는 것은 초보 운전자에게 그다지 도움이 되지 않는다. 오히려 잔소리에 주눅이 들어 자신감을 상실하는 경우가 더 많다. 다시 한번 생각해 보자. 나의 가족이 운전을 더 잘하게 연수를 도와주는 방법이 무엇인지를. 윽박지르는 것이 과연 가족을 위한 일인지, 아니면 답답한 감정을 억제하지 못하는 나 자신을 위한 것인지 한번 돌이켜볼 필요가 있다. 진정으로 상대방을 위한다면 근본적인 문제점이 어디에서 야기되는지 당사자가 알 수 있도록 코칭 하는 것이 옳다. 그리고 다시 행동으로 표현할 시간을 인내해 주는 것이 도움이 된다.

물론 상대방이 올바른 해결방안에 도달하는지에 대해 예의주시하는 것을 잊어서는 안 된다. 가령 예기치 못한 위험한 상황과 맞닥뜨리게 된다면, 즉각적으로 저지해야 한다. 조직 내에서 이런 때를 가늠할 사람은 상사이다. 부하 직원이 언젠가 상사 없이도 위기상황을 감당할 수 있을 때까지 지속적으로 관리해야 한다. 더 나아가, 그 부하 직원이 또 다른 부하 직원을 올바르게 가르칠 수 있는 사람이 될 만큼 성장시키도록 하자. 이것이 그들을 가르치는 궁극의 목표이기 때문이다.

하나의 인재가 또 다른 인재를 성장시키는 '가르침의 대물림'이 건강한 조직문화로 자리잡는다면, 이런 조직에서는 누구나 인재가 될 수 있을 것이고, 지속적으로 인재로 훈련받을 수 있을 것이다. 그리고 성장을 희망하는 비전 있는 사람들이 선호하는 조직이 될 것이다. 그럼 결국에는 시장에서 경쟁력 있는 기업으로 우뚝 서게 될 것이다.

거울뉴런, 거울효과

인간의 뇌에는 '거울뉴런(Mirror neurons)'이라는 것이 존재한다. 이 뉴런은 상대방의 행동이나 말을 따라 하는 기능을 가지고 있어, 이와 같은 이름을 갖게 되었다. 마치 거울을 보면서 행동하듯이 상대방이 하는 행동을 자신도 모르는 사이에 비슷하게 따라 하는 기능이다. 아이들이 밥을 먹으면 밥을 먹여 주는 자신도 따라서 입을 벌리거나, 어린아이가 웃는 모습을 보면서 무의식적으로 따라 웃는 행동이 좋은 예이다.

이때 행동의 주체자는 자신과 비슷한 행동을 하는 타인을 보면서 동질감을 느끼게 된다. 바로 비언어로 공감하고 소통하는 효과를 얻는다. 그러므로 원활한 소통을 위해 거울효과를 학습하는 것은 관계 증진에 있어 효과적이다.

가르칠 때에도 정보의 내용이나 기술 등은 상당히 중요하다. 그렇지만 가르치는 사람의 말투, 자세, 됨됨이 그리고 가치관 등이 이보다 더 앞서 있다. 가르칠 때에는 서로간에 수많은 정서와 감정이 쉼 없이 오가게 된다. 그러면서 부하 직원은 업무에 대한 상사의 자세와 태도 등을 학습하며, 본인이 유사한 상황에 직면하게 되면 거울효과처럼 상사처럼 처리하게 된다. 상사가 긍정적인 자세로 업무에 임하는지, 그렇지 않은지 조차도 학습하게 된다. 성인의 경우에는 자신의 의지에 따라 적합한 사고방식과 자세를 취사선택할 수 있다.

이는, 부하 직원이 업무의 학습과 함께 상사의 됨됨이까지 가늠할 수 있음을 의미한다. 상사가 업무적 지식이 많은 사람이면서, 됨됨이도 본받을 수 있는지도 가늠한다. 바로 이 과정에서 부하 직원은 상사에 대해 '존경'의 감정을 느끼게 된다.

대부분의 상사는 부하 직원으로부터 존경받기를 원한다. 하지만 존경의 가치부여는 철저하게 부하 직원의 영역이다. 존경은 의도된 단발적인 행동으로 형성되는 것이 아니다. 오랜 시간 지켜본 경험의 결과이며, 일관된 가치관의 검증을 통한 결과이다. 주목할 부분은 누군가에게 형성된 존경의 가치는 구전을 통해 다른 사람들에게도 전달된다는 점이다. 그리고 구전된 그 가치는 상당히 높고 견고하다. 그 존경은 상사의 평판으로 다시 부메랑이 되어 되돌아온다.

"애들 앞에서는 찬물도 함부로 못 마신다."는 말이 있다. 이 말처럼 가르침을 받는 사람은 상사에 대한 존경과 신뢰가 형성되면, 의도적으로 그 상사의 모든 부분을 모방하려 한다. 그리고 무의식적으로도 상사의 말투, 자세, 태도, 가치관을 모방한다. 그러므로 상사는 '일만 잘 가르치면 되지.'라는 안일한 생각에서 벗어나 부하 직원에게 긍정적인 영향력을 행사하는 중요한 존재로 거듭나도록 노력해야 한다.

스틱(STICK)하게 메시지를 전달하는 방법

강의를 하다 보면 어렵고 철학적인 주제일수록, 강의 시간이 길수록, 오후 시간일수록 많은 학습자들이 졸거나 산만해지는 모습을 보인다. 강사들은 그럴 경우, 학습자의 자질을 탓하기 쉽다. 하지만 학습자가 강의에 집중하지 않는 것에 대한 책임을 굳이 따지자면 '강사 탓'이라고 단정하고 싶다. "중요한 것은 '당신이 무엇을 말하는가'가 아니라 '청중이 무엇을 듣는가'이다."라고 레드 아우얼바흐(보스턴 셀틱스)는 말했다. 일반적으로 소통하는 이유는 화자의 필요성 때문인 경우가 많다.

물론 청자에게 도움을 주기 위함이라는 대의가 있겠지만, 소통의 과정을 살펴보면 화자의 말을 잘 전달하는 과정이다. 여기서 갑과 을의 개념을 한번 더 도입해 보자면, 갑은 가치를 결정짓는 사람, 즉 청자이다. 그러므로 갑의 눈높이에 맞게, 그리고 그들이 추구하는 가치를 반영하여 전달하는 것이 좋다. 그들의 언어로 그들의 비전을 담아 가르쳐야 더 집중하고 더 많이 기억할 것이기 때문이다. 칩 히스, 댄 히스 형제는 〈

스틱(Stick)!〉이라는 책에서 이런 청자의 니즈를 분석하여 효과적으로 메시지를 전달하는 여섯 가지 방법을 밝혔다. 그 여섯 가지 가치들은 단순성, 구체성, 신뢰성, 의외성, 감성 그리고 스토리이다.

우리의 뇌는 오감을 통해 수집되는 수많은 정보를 모두 저장하지 않는다. 가치 있다고 판단되는 정보만을 선별하여 장기기억 저장고에 저장한다. 말하는 사람의 입장에서는 어느 것 하나 불필요하거나 중요하지 않은 정보는 없다. 그렇지만 받아들이는 사람의 입장에서는 그 많은 정보를 다 기억하기란 쉽지 않다. 따라서 화자는 전달하고자 하는 내용의 경중을 구분하여 말하는 것이 좋다. 스틱의 여섯 가지 메시지 전달 가치는 가르침에 있어서도 동일하게 적용되므로 한번 되짚어 보자.

첫 번째로, 가르치고자 하는 정보는 가급적 단순하게 전달하여 청자인 부하 직원이 쉽고 명료하게 저장할 수 있도록 돕는 것이 서로에게 유익하다. 회사들의 로고가 복잡하지 않고 단순 명료한 것도 이처럼 받아들이는 사람의 기억을 돕기 위함이다. 복잡한 내용을 한번에 전달하기보다는 반드시 기억해야 할 내용 위주로 전달하도록 한다.

두 번째로, 구체적인 제시를 통해 추상적인 개념이 아닌 구체적인 이미지로 전달하는 것이 좋다. 우리의 뇌는 많은 정보를 숫자나 글이 아닌 하나의 이미지로 기억한다. 그러므로 구체적인 색깔과 크기, 장소를 전달한다면 부하 직원은 선명한 이미지로 내용을 기억할 수 있다. 이때, 가르치는 사람이 가르치는 내용을 정확하게 이해하고 있다면, 구체적으로 설명할 수밖에 없다. 다시 말하면, 구체적으로 전달하지 못한다는 것은 말주변이 없기 때문이라기보다는 내용을 완벽하게 이해하지 못하였거나, 논리의 근거가 부족한 경우가 더 많다.

세 번째로, 신뢰성을 높이기 위해 출처가 분명한 자료를 제시하거나 구체적인 수치와 신뢰할 만한 기사 등을 활용하는 것이 효과적이다. 이는 가르치는 사람의 신뢰도와는 별개로 얼마나 관련자료를 성실히 준비했느냐를 판단하는 기준이 되기도 한다. 준비를 많이 할수록 설명도 쉽고, 부하 직원의 이해도 돕는 것은 자명한 일이다.

네 번째로, 의외성을 활용하는 것이 좋다. 진실한 정보라 할지라도 인간이 기억력은 상당히 주관적이고 비이성적이기 때문에 생각만큼 오래 기억하지 못한다. 가령 어떤 기억은 오랜 시간이 지나도 지속되는 경우가 있다. 반면 어떤 기억은 바로 몇 시간 전의 일임에도 기억나지 않는 경우도 있다. 왜 이렇게 차이가 있는 것일까? 그 이유는 각인의 정도가 다르기 때문이다. 오랫동안 각인되게 하기 위해서는 깜짝 놀랄 만한 의외성을 주는 기술도 필요하다. 반전이 있는 영화의 결말은 오랜 시간이 지나도 기억하고 있는 것과 같은 이치다.

다섯 번째는 바로 '감성'이다. 앞서 이야기한 바와 같이 사람의 기억은 이미지로 저장된다. 그 이미지는 건조한 정보의 나열보다는 마음에 울림을 주는 감성에 더 민감하게 반응한다. "가르치는 것은 감성이 아니라 객관적인 정보가 아니냐?"고 물어보는 독자가 있을지도 모르겠다. 그렇다면 우리가 일하는 환경을 생각해 보자. 근무하면서 나의 감성과 감정을 배제하고 근무할 수 있을까? 물론 그렇지 않다. 우리는 객관적인 업무를 수행하지만, 사람과 사람 간의 감성이 그 업무 속에 그대로 노출되어 있다. 상사와 좋은 감정상태를 유지하고 있을 때 업무 효율이 높아지고, 그렇지 않을 때에는 마지못해 했던 경험이 있다면 아마 쉽게 이해할 것이다. 그러므로 업무와 감성의 상관성을 명심할 필요가 있다.

마지막 여섯 번째는 가장 탁월한 힘인 '스토리'이다. 벽화 〈최후의 만찬〉은 산타마리아 델레 그라치에 수도원 성당에 레오나르도 다빈치가 약 3년에 걸쳐 완성한 작품이다. 그림 속에는 예수와 12제자의 모습이 담겨 있다. 여기까지는 그다지 특이하지 않은 사실의 나열이다. 그러나 레오나르도 다빈치는 이 그림을 마지막으로 더 이상 예수의 얼굴을 그리지 않았다고 한다. 그 이야기를 한번 들여다보자.

다빈치는 〈최후의 만찬〉 그림의 의뢰를 받고 인물을 스케치하기 위해 예수의 얼굴과 흡사한 느낌의 사람을 찾아다녔다. 오랜 기간 찾던 중 선하고 자비로운 모습의 19살 소년을 만나게 되고, 그 소년을 모델로 예수를 그렸다. 그 후 11명의 제자를 모두 그렸으나 예수를 밀고한 가롯 유다의 모델은 찾지 못했다. 모델이 될 인물을 찾아 6년을 헤맸지만, 결국 찾지 못했다. 고민하던 다빈치는 야비하고 음흉한 가롯 유다의 모델을 찾아 로마의 지하 감옥까지 가게 되었다. 그리고 그곳에서 다빈치가 생각한 음흉한 외모의 한 사형수를 만나게 되고, 그를 모델로 가롯 유다를 완성하였다. 그림을 완성한 후 자리를 뜨려는 순간, 사형수가 다빈치에게 말을 걸었다.

"저를 기억하지 못하십니까?"

다빈치는 극악무도한 사형수를 알 리 만무했다. 전혀 모른다고 답하자, 그 사형수는 다빈치의 그림 속 예수를 가리키며 말했다.

"6년 전 저 그림 속 예수의 모델이 바로 나였소."

이 이야기를 듣고 레오나르도 다빈치가 느꼈을 충격은 충분히 짐작이 가능하다. 그리고 그가 왜 더 이상 예수를 그리지 않았는지도 짐작할 만하다. 자, 이제 이 이야기를 들은 당신은 〈최후의 만찬〉 그림을 볼 때면 그저 '이 그림이 그 유명한 명화구나!'라고 넘기지는 못 할 것이다. 그 비하인드 스토리를 떠올리며 다빈치의 충격과 놀라움을 공감할지도 모른다.

이처럼 스토리는 기억을 오래 지속시키는 힘이 있다. 당신이 부하 직원을 가르칠 때도 스토리를 입혀 접근하면, 부하 직원은 좀 더 기억을 잘할 뿐만 아니라 동기부여를 통해 업무의 효율성도 높일 수 있다. 그러므로 스토리가 부하 직원의 비전이나 미래상과 결부되어 있다면 더욱 효과적일 것이다. 비전을 담은 스토리는 부하 직원의 상상력을 자극하고 감성을 움직여 삶에 열정을 불어넣는다. 가르치는 것은 상대방의 성장을 가장 큰 목적으로 한다. 그러므로 자발성을 유도하고 열정을 자극한다면 가르치는 성과의 반 이상을 달성했다고 보아도 무방하다. 회사나 조직 내에서 동기부여나 기분전환을 위한 워크샵이나 아웃도어 프로그램을 시행하는 이유가 바로 이런 연유에서다.

그러므로 능력 있고 존경받는 상사라면, 혹은 그런 상사가 되고 싶다면, 부하 직원이 진정 희망하는 비전을 바라보라. 그리고 현재의 열정상태를 파악하라. 그들을 시시각각 자극하여 고무시키는 것이 당신이 해야 하는 가장 중요한 일임을 잊지 않기를 바란다. 앞서 언급한 바와 같이 각 상황에 맞는 면담 등을 통해 부하 직원의 마음을 읽는 데 많은 노력을 기울여야 한다. 가르침은 가장 적극적인 소통 방법 중 하나임에 틀림없다. 그리고 가르치는 상사 역시 함께 성장할 수밖에 없는 상생의 관계임에 분명하다. 서로를 위한 가르침의 관계를 성공적으로 이어 나가야 하는 당위성을 기억하기 바란다.

도우려는 마음 (Help)

도와주는 자(Helper) 이상이 되어라

'긍휼(矜恤)'이라는 단어의 뜻은 '불쌍히 여겨 돌보아 줌'이라는 사전적 의미가 있다. 그래서 예전 왕이나 신과 같은 절대권력자가 국민이나 신도들을 위하는 마음을 표현할 때 많이 사용되어 왔다. 물론 상사가 절대권력자는 아니다. 하지만 부하직원의 실력과 삶을 대하는 자세까지 변화시킬 수 있는 능력을 발휘한다는 점을 감안할 때, '긍휼'의 마음으로 부하 직원을 대하는 것이 바람직하다.

부하 직원을 성장시키는 목적은 상사가 없어도 스스로 문제를 해결하고 업무를 운영하는 자발적 인재로 배출하는 데 있다. 그 과정에서 부하 직원은 자아실현의 기회를 얻을 수 있다. 그들은 일의 의미를 깨달으므로 일 자체를 즐기면서 성장할 수 있다. 그와 비례하여 조직 측면에서는 능동적인 인재들로 인해 생산성이 높아지고 이윤이 증대되는 효과를 기대할 수 있다. 이런 선순환의 조직을 만들기 위해 상사는 부하 직원을 도우려는 순수한 의도가 기본으로 장착되어 있어야 한다.

인재들을 움직이는 가장 큰 힘 중 하나는 상사의 순수한 의도이다. 부하 직원의 진정한 성장과 그들를 도우려는 순수한 의도 말이다. 힘든 일을 대신 해 주려는 마음보다는 자립하도록 돕고 지원해 주려는 마음이 우선되어야 하다. 이러한 마음을 〈부하의 능력을 열두 배 키워주는 마법의 코칭〉의 저자 에노모토 히데타케는 다음과 같이 비유했다.

한 사람이 길을 걷다 웅덩이를 보지 못하고 빠졌을 때 그 사람을 헬기를 이용해서 구조해 주는 것은 '헬프(Help)'이다. 그렇지만 그 사람이 사다리를 타고 위로 오르려 할 때 사다리가 흔들리지 않도록 아래에서 사다리를 잡아 주는 것은 '서포트(Support)'다. 이 두 행동의 가장 두드러진 차이점은 웅덩이에 빠진 사람의 노력이다. 그 사람의 능력과 의지를 최대한 실현할 수 있도록 제반 사항을 도와주는 것이 진정으로 돕는 것이다.

상사가 부하 직원을 돕는 마음도 이런 서포트와 다르지 않다. 대신 해 주는 것보다는 스스로의 능력으로 극복할 수 있도록 돕는 것이 진정한 도움이다. 그리고 여기에서 '스스로의 능력으로 극복한다'는 의미는 자신감을 갖추어 준다는 의미를 내포한다. 이는 향후 비슷한 문제가 발생하였을 경우에도 해결해 나갈 능력이 배양됨을 의미한다. 스스로 성취의 습관이 쌓이면 또 다른 누군가를 인재로 성장시키는 역할도 감당할 수 있다. 조직에서 원하는 인재는 스스로 판단하고 해결해 나가는 '스스로 인재'임을 기억할 때, '서포트'하는 것이 얼마나 중요한 일인지 기억할 필요가 있다.

감성의 치유보다 근본적인 문제해결을 통한 현실의 치유

"다 잘될 거야."

어려움에 처한 사람에게 가장 흔히 건넬 수 있는 위로의 말이다. 하지만 이 위로의 말은 말 그대로 위로 외에는 별다른 힘이 없다. 그 위로를 받고 당사자가 다시 심기일전할 수 있는 기회를 가질 수 있을지는 모르나, 그 말 자체는 다른 물리적인 힘을 가지고 있지는 않다. 말 자체로는 문제를 해결하지는 못한다는 의미이다.

당신이 부하 직원의 문제점을 잘 아는 상사라면, 그리고 부하 직원이 또다시 비슷한 문제로 넘어지지 않기를 바라는 상사라면, "다 잘될 거야."라는 뻔한 위로의 말 대신 근본적인 문제해결 방법을 가르쳐야 한다. 그것이 진정 부하 직원을 돕는 일이기 때문이다. '다 잘될 거야.'라는 메시지는 '다시 일어서. 넌 할 수 있어!'라는 감성적 독려의 역할을 한다. 물론 이런 동기부여도 상당히 필요하다. 하지만 그 실제적으로 문제를 해결하도록 도와야 한다. 당장 부하 직원에게 필요한 것은 밑도 끝도 없는 긍정의 위로가 아니다. 왜 그런 일이 일어났는지 원인을 분명하게 직시하는 시각과 용기, 그리고 올바른 대처방안이다. 무엇보다 같은 실수가 되풀이되지 않도록 방지해 줄 수 있는 시스템적인 팔로우 업(Follow up)이다. 강하게 키우겠다고 윽박지르는 것이 능사가 아니듯, 안타깝다고 대신 해주는 것 또한 능사가 아니다. 어쩌면 윽박지르는 것보다 더욱 잘못된 육성방법일 수도 있다.

TV 프로그램에서 육아 멘토의 이야기를 들은 기억이 있다. 아이가 잘못한 것이 있을 때 "왜 그랬냐?"며 화를 내고 윽박지르면, 아이는 잘못된 부분을 절대 부모에게 보이지 않는다고 한다. 그리고 그런 행동습관은 차후 아이에게 음성적인 행동으로 나타날 소지가 다분하다고 경고한다. 그렇다고 해서 잘못된 것을 묵인하거나 이해만 하라는 이야기가 아니다. 그럴수록 아이는 소위 버릇이 없는 아이가 되거나 모든 것을 부모에게 의존하는 수동적인 아이가 되기 십상이다.

따라서 아이가 잘못된 행동을 보일 경우 '왜 그랬는지' 이유를 물어본 후 아이의 마음을 이해해 주는 것이 우선이라고 충고한다. 아이의 마음을 공감해 주므로 아이와 소통을 시작할 수 있다고 한다. 하지만 잘못된 원인에 대하여는 분명히 인지시키고 개선할 수 있도록 도와야 한다. 이때 대응방법은 지속적이고 일관적이어야 한다. 명확하게 잘못된 부분을 알려 주고 아이 스스로 개선할 수 있도록 옆에서 지도해야 한다고 강조한다.

어린아이의 잘못된 점을 개선하는 방법은 부하 직원을 육성함에 있어서도 크게 다르지 않다. 우선 실수하여 불안한 부하 직원의 마음을 이해하고 공감함으로써 마음의 문을 열도록 한다. 그렇지만 잘못된 부분에 대해서는 명확하게 지적한다. 그리고 문제의 근본적인 원인을 찾도록 유도한다. 때에 따라서는 함께 찾을 수도 있다. 그러나 문제의 원인은 당사자인 부하 직원이 가장 정확히 알고 있는 경우가 많다. 또한 문제점이 야기된 전후 사정 또한 부하 직원이 더 정확히 알고 있으므로 스스로가 찾아내도록 돕는 것이 효율적이다.

그럼에도 불구하고 문제점과 해결안을 찾지 못하는 경우가 있다. 구체적으로 어떤 부분이 문제를 야기했는지 알지 못하는 경우가 많기 때문이다. 부하 직원은 상사에 비해 경험과 노하우가 부족하다. 그러므로 상사는 헬퍼(Helper)로서 부하 직원이 문제점을 직시하고, 원인에 접근하도록 지도해야 한다. 시의적절하게 코칭 하고 때론 엄격하게 질책하여 부하 직원이 해결안에 근접하도록 돕는다.

누차 강조하지만, 돕는다는 것은 문제를 직접 해결해 주는 단순한 의미가 아니다. 감성적으로 눈물로 감싼다는 의미는 더더욱 아니다. 돕는다는 것은 부하 직원이 스스로 문제점에 접근하게 만들고, 근본적인 원인을 찾도록 만드는 것임을 명심하자. 그러므로 다양한 내 · 외부 자극을 통해 그들이 스스로 해결방안을 모색하는 것에 집중해야 한다.

하지만 아무리 돕기 위한 선의의 의도라 할지라도, 상대방의 문제점에 대하여 말하는 것은 상당히 불편한 일이다. 이는 부정적인 감정을 전달해야 하기 때문이다. 그러므로 누군가의 문제점에 대하여 말할 때에는 전달하려는 말의 내용뿐 아니라 '말하는 방식'에도 각별히 주의해야 한다. 때에 따라선 말하는 방법 때문에 오해를 불러일으킬 수도 있기 때문이다.

당신이 부하 직원의 문제점에 대하여 피드백을 주고 개선안을 찾도록 독려하는 것도 이와 같은 맥락에서 이해할 수 있다. 메시지도 중요하지만, 말하는 방식으로도 가르치는 사람의 의도가 전달된다. 질책하고 책임을 묻기 위함이 아니라, 부하 직원이 인재로 성장하기를 기대하고 있다는 의도가 말하는 방식으로 전달된다. 이런 선의의 의도는 긍정적인 변화를 유발할 수 있음을 기억하길 바란다.

부하 직원은 언젠가 당신 없이 혼자 서야 되는 때가 온다. 당신이 없어서 어쩔 수 없이 홀로 서는 부하 직원의 모습보다는 당신이 지켜보는 가운데 당당히 혼자 우뚝 서 가는 부하 직원의 모습을 보는 것이 당신에게 더 위안이 되지 않을까? 그 '언젠가'에는 속도의 차이는 있겠지만, 그 시기는 반드시 온다.

환상의 커플

가르치는 것은 앞서도 언급했듯이 단순히 지식과 기술을 전수하는 행위만을 의미하지 않는다. 부하 직원이 업무를 대하는 자세와 태도에까지 영향을 미치는 것이다. 가르침은 문화적 측면이 강하기 때문에 주변에 전염되는 특징을 가지고 있다. 이러한 특징 때문에 상사로서 부하 직원을 가르친다는 것이 상당히 조심스럽다. 조화롭게 가르치는 관계가 지속되기 위해서는 서로간의 신뢰 형성이 가장 우선적으로 요구된다. 부하 직원이 상사를 대함에 있어 의심이 없고, 그러므로 상사의 행동과 생각을 가감 없이 받아들이려는 마음이 바로 신뢰를 기반으로 하기 때문이다. 상사 역시 부하 직원의 성장에 관심을 갖고 대하려는 마음과 파트너십으로 서로의 성장을 도모할 수 있으리라는 신뢰를 가져야 한다. 상사와 부하 직원은 직급의 상하관계가 아닌 그 자체가 완벽한 파트너십을 이룰 때 진정한 가르침의 효과를 기대할 수 있다.

사람은 저마다 각기 다른 강점과 약점, 장점과 단점을 지닌다. 또한 살아온 환경과 경험에 따라 현상을 바라보는 관점이 다르고, 접근하는 방식이 다르기 마련이다. 결국 그들의 관계는 '원투원 매니지먼트(one to one management)'의 성격이 강하다. 그래서 개별적이고 다양한 면담의 방법을 통해 부하 직원을 파악하는 노력이 필요하다고 앞서 언급한 바 있다. 그렇지만 상사인 당신도 직접 다 가르칠 수 없는 순간이 온다. 그들이 성장하는 만큼 당신도 상위 리더로 성장할 것이기 때문이다. 책임질 업무가 많아지고 즉각적으로 의사를 결정해야 할 업무가 많아질 것이다. 그러므로 가르치는 것도 위임해야만 한다.

누군가를 가르치는 것을 가르쳐라. 상사가 가르치는 중요한 목적 중 하나는 그 부하 직원이 또 다른 누군가의 '티처'로 성장하는 것이다. 당신이 부하 직원을 가르치고, 그가 또 다른 누군가를 가르치는 선순환의 문화는 서로가 서로를 가르치고, 스스로 학습하는 조직으로 진화해 나가도록 도울 것이다. 이런 학습 조직은 일단 노하우의 축적과 전달이 업무의 일부분으로 지속되기 때문에 생산성이 다른 조직에 비해 높을 수밖에 없다. 이처럼 끊임없이 성장할 수 있는 조직문화는 조직원들이 타 조직으로 이탈하는 현상을 막아 준다. 이직률이 낮은 조직은 생산성이 높아질 수밖에 없다. 이는 다시 부메랑처럼 유연한 조직문화를 견고하게 만들어 주는 데 영향을 미친다.

'가르치는 사람'으로 만들기 위해 가르치는 것을 생각해보자. 상당히 복잡하게 들리는 이 작업은 한 번에 두 사람을 가르칠 수 있다는 매력적인 이점이 있다. 가령 B에게 업무를 가르치도록 A에게 미션을 주었다고 가정해 보자. 당신이 A라면 어떤 준비를 할까? "부담되게 왜 이런 일을 시키나?" 하고 볼멘소리를 할 수도 있다. 하지만 생각해 보자. 능력이 없는 사람에게 다른 사람을 가르치라고 요청할 수 있을까? 즉, 가르침을 위임받았다는 것은 능력을 인정받았다는 방증이다. 자신을 인정한 사람에게 더욱 인정받고 싶고, 신뢰받고 싶은 것이 사람의 마음이다. 상사에게 인정받은 그는 상당히 고무될 것이 분명하다. 그리고 자신의 능력을 제대로 보여 줄 수 있는 기회를 잘 활용하고 싶을 것이다. 이런 이유로 그는 즉시 가르칠 준비를 할 수밖에 없다. 잘 가르치기 위해 B에게 가르칠 업무를 먼저 공부할 것이다. 그리고 나름의 가르칠 방법을 고민하여 시뮬레이션 해 볼 것이다. 그리고 예상질문을 선별하여 준비할 수도 있다.

자, 이런 준비과정을 거치면서 A에게는 어떤 변화가 일어날까? 그렇다. 그는 분명 그 분야를 더더욱 심도 있게 공부하므로 전문성이 증대될 것이다. 반복되는 학습으로 인해 자신감 또한 높아질 것이다. 이런 스스로의 성장만으로도 상사는 이미 A를 인재로 성장시킨 것이다. 물론 상사가 A 혼자 알아서 하라며 방관했다면, 상기와 같은 결과를 얻지 못했을 것이다. A와의 주기적인 대화를 통해 교육 준비는 어떻게 진행되고 있는지, 도울 점은 무엇인지를 파악해야 한다. 한번에 긴 시간 동안 코칭 하는 것이 아닌, "짧은 시간 동안 자주 그리고 지속적"으로 관심을 갖는다는 점이 핵심임을 명심해야 한다.

이번에는 B의 경우를 생각해 보자. B는 배우는 입장이기 때문에 배움에 최선을 다할 것이다. 이때 B의 태도에 영향을 미치는 것이 바로 A의 열정과 태도이다. 이때 상사는 B가 효율적으로 잘 이해하고 있는지, 배움에 있어 어려운 점은 없는지 지속적으로 관심을 가질 필요가 있다. 역시 가르치는 것을 위임한 상사는 A뿐 아니라 B와도 짧지만 잦은 대화와 질문 등을 활용하는 것이 좋다.

이런 일련의 확인과정을 '팔로우 업(Follow up)'이라고 한다. 확인의 과정은 부하 직원이 무엇을 잘하는지, 그리고 무엇이 더 필요한지 적시에 알 수 있다는 장점이 있다. 그리고 확인하는 존재로 인해 A와 B의 행동에 건강한 긴장감을 줄 수 있다. 물론 지나친 간섭은 효과를 감소시킬 수 있으므로 적절한 완급조절이 필요하다. 가르침을 위임할 경우, 끝까지 A에게 모든 권한과 책임을 주는 것이 효과적이다. 그렇지만 치명적으로 잘못된 부분은 너무 늦기 전에 올바른 방향으로 갈 수 있도록 코칭 하도록 한다. 그런 경우에도 절대 A가 가르치는 도중에 끼어들거나 B가 보는 앞에서 A를 혼내는 행동은 삼간다.

인재개발과정에는 위험하고 부담스러운 관계가 될 확률을 갖는 동시에 따스하고 힘이 되는 관계가 될 확률도 갖고 있다. 이런 여러 감정과 상황이 얽혀 있는 관리이기에 A와 B를 함께 성장시키고 상사인 당신도 함께 성장하기 위해서는 인간적인 관계와 이성적인 가르침의 양 날을 현명하게 잘 다룰 수 있는 역량이 요구된다.

중요한 것은 A가 B를 가르치는 것을 위임한 것은 단순히 일을 준 것이 아니라는 점이다. A의 역량도 증대하는 것은 물론, B의 역량도 함께 증대시키는 일이다. 그러므로 A와 B 모두에 대한 지속적이고 따뜻한 관심이 인재개발의 핵심 요소라고 할 수 있다. 당신의 노력에 따라 A와 B의 역량이 판이하게 달라질 수 있음을 기억하기 바란다.

어떻게 가르쳐야 하는가?

1단계: 준비(Prepare)
2단계: 시연(Present)
3단계: 관찰(Observe)
4단계: 피드백(Feedback)
5단계: 평가(Evaluate)
6단계: 팔로우 업, 확인(Follow up)

피폽-에프
(PPOFE-F)

가르침이라는 것은 학교나 학원 같은 조직에만 국한되어 일어나는 현상이라고 생각하기 쉽다. 그러나 사실 회사나 조직에서 오히려 더 빈번하게 일어난다. 그리고 조직 내에서의 가르침은 업무에만 국한되지 않는다. 조직문화를 포괄하고 있으므로 생각보다 훨씬 광범위하다. 실제로 가르침이 원만하게 이루어지지 않으면 새로운 구성원은 적응이 어렵다는 느낌을 받게 된다. 당연히 업무의 성과는 기대만큼 달성하기 어렵다.

독자들도 잘 알다시피 융화되지 못하는 조직원에게는 이직의 가능성이 상대적으로 높다. 조직에 있어 이직률이 높다는 것은 적신호이다. 생산성과 효율성은 물론, 팀워크를 저해하기 때문이다. 조직의 관리 측면에서도 이런 현상은 비용과 시간을 갉아먹는 결과를 초래한다. 개인의 입장에서 볼 경우, 개인의 시간과 열정, 그리고 긍정적 감정을 소모하는 비생산적인 일이 아닐 수 없다. 그러나 안타깝게도 조직 내의 상사는 가르치는 것에 서툴다. 입사하면서부터 가르치는 것을 체계적으로 배워 본 적이 없기 때문이다. 오랜 시간을 통해 스스로 터득하였다 하더라도, 효과적으로 부하 직원과 소통하는 방법을 알지 못해 헤매는 경우도 허다하다.

그러나 무엇보다 큰 문제점은 가르치는 것이 상사의 역할(Role)이라는 사실을 인지하지 못한다는 데 있다. 그들은 누군가로부터 체계적으로 업무와 처세에 대해 배워 본 적이 없다. '이제 성인인데, 자기가 알아서 배워야지.'라는 생각이 지배적이다. 이 말은 사실 맞는 말이다. 스스로 주체성을 갖고 자발적으로 배워야 하는 것은 성인으로서 갖춰야 하는 주요 덕목임에는 분명하다. 만츠(Manz)와 심즈(Sims)는 저서 〈Super leadership〉에서 부하들을 리더로 육성해 주는 뛰어난 코치의 역할을 수행하는 리더를 '슈퍼 리더(Super leader)'라고 칭하였다. 그러면서 스스로가 셀프 리더가 되어, 다른 사람들도 스스로를 셀프 리드할 수 있도록 만들라고 충고한다. 가르치는 상사는 부하 직원이 스스로 자립하고 성공할 수 있도록 성장시킨다는 점에서 슈퍼 리더와 상당히 닮아 있다.

현실적으로 상사인 당신은 많은 업무와 미팅으로 항상 바쁠 것이다. 이렇게 바쁜데 누군가를 가르친다는 것은 사치라고 생각이 들지도 모른다. 그러나 가르치면서 당신의 선의는 리더십으로 부하 직원에게 그대로 적용된다. 결론적으로 말하자면, 가르칠 시간이 없는 것이 아니다. 아니, 가르칠 시간은 반드시 만들어 내야 한다. 당신이 성공하기 위해선 가르치는 것을 우선순위에 두어, 어떻게 해서든 의도적으로 그 시간을 만들어 내야 한다는 사고의 전환이 필요하다.

이제 당신은 가르쳐야 할 당위성을 느끼고, 시간을 할애할 마음의 준비까지 마쳤다. 이제 가르칠 준비가 되었다고 생각한다. '그런데 어떻게 가르쳐야 되지?'라는 원천적인 질문에 부딪친다. 업무의 정보와 지식을 전달함과 동시에 감성적 설득을 함께 동반하라고 했는데, 어떻게 해야 하는 걸까? 당신이 당황하는 것은 당연하다. 앞서도 얘기했지만 아직 누군가에게 가르치는 법을 제대로 배워 본 적이 없기 때문이다. 아니, 누군가가 당신에게 제대로 가르쳐 주지도 못했기 때문이다. 이제부터 그 방법을 알아보도록 하겠다.

인재를 개발하는 담당자는 인재 개발 시 정보와 문화적 가치를 전달한다. 그리고 그 과정에서 배움의 당위성과 동기부여에 더 많은 노력을 기울인다. 그 이유는 배우는 사람이 주체의식을 갖고 자발적으로 교육에 임해야 하기 때문이다. 가르치는 사람이 정확하게 정보를 전달할 뿐만 아니라 부하 직원에게 동기부여의 가치까지 조성할 수 있도록 단계를 설명하겠다.

가르치는 단계는 아래의 총 여섯 가지로 구분하였으며, 이 책에서는 이 단계의 앞 자를 조합하여 PPOFE-F(피폽-에프)라고 부르기로 한다. 김 대리와 이풀입 씨의 에피소드를 통해 각각의 단계를 이해해 보자.

1단계: 준비
(Prepare)

첫 번째 도전

입사 5년차인 구매팀 김 대리는 팀장님으로부터 신입사원인 이풀입 씨에게 수발주를 가르치라는 지시를 받았다. 팀장님은 부하 직원의 양성에는 남다른 철학을 가지고 계셔서 바쁜 와중에도 신입사원의 교육만큼은 본인이 직접 맡으셨다. 그런데 어쩐 일인지 이번에는 김 대리에게 그 업무를 지시하셨다. 팀장님이 말씀을 안 하셨지만, 그동안의 성실과 노고를 인정받은 것 같아 김 대리는 왠지 모르게 뿌듯하다. '믿고 맡겨 주신

만큼 열심히 해 봐야지!' 다짐을 하지만 의욕도 잠시, 무엇을 어떻게 가르쳐야 할지 막막하기만 하다.

다시 기억을 더듬어 김 대리가 신입사원이었을 때 어떻게 배웠는지 하나씩 짚어 보기로 했다. 대학교에서 무역학을 전공했지만 실무에서 사용하는 단어나 과정들이 학부 때 배웠던 것과는 상당한 차이가 있었다. 외국 업체들과 영어로 이메일(E-mail)을 보내는 것부터 시작해서 수발주 단위의 차이, 그리고 환율에 따른 단가 관리 등 모든 것이 두렵고 낯설기만 했다. 그리고 무엇보다 회사의 조직문화와 특장점 등을 잘 파악하지 못하니, 어떤 부분에 초점을 맞추어 업무를 수행해 나가야 하는지 궁금한 것 투성이였다. 그 당시 김 대리는 무엇이든 열심히 할 자신은 있었지만, 구체적으로 무엇을 어떻게 해야 할지는 막막하기만 했던 기억이 있다.

'그래, 처음 입사해서는 회사의 전반적인 것이 궁금할 거야. 그리고 담당 업무에 관련된 모든 것들도 궁금하겠지? 내가 신입사원이었을 때 궁금했던 것을 중심으로 시작해야겠다.' 김 대리는 그때의 경험을 떠올리며 풀입 씨에게 회사의 조직문화와 특장점을 먼저 설명한 후, 담당할 업무와의 연관성을 중심으로 부연설명 하기로 마음먹었다. 물론 신입사원 오리엔테이션에서 회사의 역사와 비전 등을 배웠겠지만, 구매팀에서 가장 집중해서 생각해야 할 것이 무엇인지를 회사의 비전과 함께 설명해 주기로 한 것이다. 이런 설명이 풀입 씨가 업무의 당위성을 이해하고 타 팀과 협업함에 있어 도움이 될 것이라고 판단한 까닭이다.

그리고 전체적인 업무의 큰 그림을 먼저 그려 주고, 그 속에서 풀입 씨가 담당할 업무의 중요성에 대해서도 어필할 계획이다. 큰 목표를 알아야 풀입 씨의 업무 목표를 정확하게 인지할 뿐만 아니라, 우리 팀이 공통으로 목표하는 바를 정확히 이해할 수 있을 것이라는 생각에서였다. 이런 목표의 일관성은 풀입 씨가 우리 팀의 일원으로 동일한 비전을 바라보는 데 도움이 될 수 있다고 판단했다. 이것이야말로 우리 팀의 일원으로 팀워크를 형성하는 첫걸음일 것이라고 조심스레 생각했다. 이렇게 회사의 비전과 팀의 비전을 그려 준 후 수발주하는 방법을 가르친다면, 업무의 흐름을 파악하는 데 무리가 없다고 생각한 김 대리는 풀입 씨를 부르려는데, 때마침 팀장님께서 오셨다.

가르침을 위한 출발점

"김 대리, 이풀입 씨 교육은 잘되고 있나?"

"네, 팀장님. 아직 교육을 시작하지는 못했고요, 일단 어떻게 가르칠까 구상만 했습니다. 가르치는 계획을 마쳐서 지금 막 부르러 가려던 참입니다."

"그래? 어떤 식으로 가르칠 생각인데?"

팀장님의 물음에 김 대리는 그간 구상한 내용을 설명 드린다.

"아주 좋은 구상이군, 그래. 그런 준비가 교육의 첫 단계이지. 그런데 김 대리, 혹시 예전에 자네가 우리 팀 막내로 들어왔을 때, 내가 자네를 가르쳤던 거 기억나나?"

"그럼요, 팀장님이 그때 저에게 잘 가르쳐 주신 덕분에 제가 업무에 적응하기 얼마나 수월했는지 모릅니다. 지금도 감사하게 생각하고 있습니다." 새삼 그때 기억에 김 대리는 자신도 모르게 고개를 숙여 인사를 드렸다.

"그랬나? 그때 내가 자네 가르치는 것 때문에 얼마나 스트레스를 받았었는지 모르지? 항상 가르치기 전에 확신이 서지 않았지. 그래서 내가 찾은 방법이 무엇이었는지 아나? 그날 가르칠 내용을 그 장소에 가서 미리 시뮬레이션(Simulation)해 보는 거였네. 시뮬레이션을 해 보면 머릿속으로만 구상했던 것과는 달리 예측하지 못한 문제점을 발견하게 되지. 그래서 가르칠 때 예상되는 문제점이나 질문에 미리 대비하여 준비할 수 있다네. 그리고 자연스럽고 효율적인 동선의 확보와 준비물 등도 미리 챙길 수 있지. 예를 들자면, 자네가 오늘 준비한 내용 중에서 회사의 역사와 비전, 그리고 그에 맞는 우리 팀의 역할과 특징을 설명하기 위해서는 어떤 준비가 필요하겠나?"

"글쎄요, 회칙과 회사홍보영상, 그리고 우리 팀의 조직도와 JD(Job description) 등이 아닐까요?"

"그렇다면 어디서 가르칠 생각인가?"

팀장님의 계속된 질문에 김 대리는 잠시 머뭇거렸다. 사실 어디서 가르칠지는 생각하지 못했기 때문이다.

"제 책상에서 가르치는 게 좋을까요? 아니면…… 아, 자료가 좀 많으니 회의실을 사용하는 게 좋을 것 같아요."

김 대리는 머릿속으로 교육하는 장면을 그려 봤다. 김 대리의 책상에 나란히 앉아서 풀입 씨를 교육하는 모습과 회의실에서 자료를 보고 교육하는 모습을 그려 보니, 아무래도 넓은 회의실이 낫겠다는 판단이 섰다.

"그럼 회의실 예약상황을 확인해 보고 미리 스케줄링 할 필요가 있겠군. 그리고 자료 대여도 가능한지 먼저 확인해 보고."

팀장님은 김 대리의 옷매무새를 한번 훑어보고는 다시 질문을 이어 갔다.

"자네는 어떤 복장으로 가르칠 생각인가? 잘 알겠지만, 신입사원들에게는 처음 만나는 선배가 그 회사와 그 팀의 이미지를 대변한다고 해도 과언이 아니네. 마치 새끼 오리들이 알에서 깨어나서 처음 보이는 사물을 엄마로 인지하듯이 말일세. 자네로 인해 우리 팀의 이미지가 결정된다고 생각해도 무리가 아니지."

김 대리는 팀장님의 질문을 받자 부끄러운 생각이 들었다. 사실 다음 주 프레젠테이션 준비로 면도도 못하고 옷도 소매를 둘둘 걷어붙이고 있었기 때문이다. 말씀을 듣고 유리창을 힐끔 쳐다보니, 머리도 약간 헝클어져 상당히 피곤해 보이는 자신의 모습이 보였다. 이런 모습으로는 신뢰를 줄 수 있다고 생각하기 어려웠다.

"팀장님 말씀을 들어 보니, 그렇습니다. 제가 신입사원이었을 때 선배가 업무를 가르쳐 준다고 불러 놓고서는 이것저것 준비가 안 되어서 동분서주하는 모습을 보면 신뢰도 떨어지지만, 산만해서 내용에 집중할 수가 없었거든요."

김 대리는 과거 자신이 교육을 받던 당시를 떠올렸다. 팀장님은 항상 반듯하고 준비된 모습이었음이 기억났다. 그때는 '원래 깔끔하신 분이신가 보다' 싶었지만, 지금 생각해 보면 팀장님이라고 해서 그때 바쁜 일이 없었겠는가? 그렇지만 미리 준비한 노력 때문에 그런 모습을 유지할 수 있었음을 알 수 있었다.

"그래. 그래서 머릿속으로만 시뮬레이션 하는 것과 실제로 현장에서 준비된 자료를 가지고 시뮬레이션 해 보는 것과는 상당한 차이가 있다네. 가르치는 것의 출발점은 상호 간의 신뢰 형성이라고 할 수 있지. 후배가 자네의 자질과 의도, 성실함을 의심한다면, 가르치는 것은 시간과 열정의 낭비가 되기 싶다네. 후배는 자네가 얼마나 많이 준비하였는지 그 성실성을 보고 자네의 좋은 의도를 판단하게 되지. 후배를 위한 자네의 노력에 감동하고 그래서 신뢰하게 되면, 자네의 가르침을 모두 받아들이려고 하지. 이는 비단 지금 가르치는 것에만 영향을 주지 않는다는 점을 기억하길 바라네. 향후 자네가 그 친구를 이끌어야 할 때, 자연스럽게 리더십으로 발휘될 수 있다는 점을 말이지. 그러니 가르친다는 것이 얼마나 훌륭한 기회인가? 리더십을 발휘하기 위해 무수한 기회를 만들 필요가 없으니 말일세. 게다가 자네에게도 그간 알고는 있었지만 잠시 잊었던 내용을, 이론적으로 심도 있게 정립할 수 있는 기회가 될 테니 자네의 성장을 위해서도 좋은 기회가 될 거네. 가르치기 전 준비하는 것은 그 교육의 가장 중요한 비중을 차지한다네. 어쩜 그 가르치는 업무의 성패를 좌우한다고 해도 과언이 아니지. 그만큼 중요하다네. 첫인상이 중요하다는 것은 자네도 익히 잘 알고 있겠지? 사실 가르친다는 것은 누군가의 생각과 삶에 직접적으로 관여하는 것이기 때문에 우리의 생각보다도 신중을 기해야 되는 행위라네."

김 대리는 가르친다는 것이 단순히 업무를 전수하는 귀찮은 작업이라고 생각했는데, 팀장님의 이야기를 들어 보니 생각보다 훨씬 의미 있는 작업이라는 생각이 들었다. 후배의 생각과 비전에 영향을 주는 일이라는 점에서 상당히 매력적이라고도 생각됐다. 그뿐만이 아니라 삶에 대한 태도에까지 영향을 미친다고 하니, 조금 겁이 나기도 했다. 하지만 가치 있는 일임에는 분명했다. 팀장님은 김 대리의 마음을 읽었는지 한번 웃어 보이며 말을 이어 나갔다.

"대부분의 사람들은 가르치는 과정에서 상사가 주도권을 갖고 있다고 생각하지만, 실상은 그렇지 않아. 오히려 반대이지. 가르침의 가치는 바로 부하 직원이 결정짓기 때문이라네. 가르침이 좋은지, 도움이 되었는지에 대한 판단권은 오롯이 부하 직원이 가지고 있지. 그렇기 때문에 가르치는 상사의 자질과 역량 등을 알게 모르게 평가할 수밖에 없다네. 이 평가에서 합격점을 받으면 부하 직원의 진정한 존경과 감사한 마음을 받을 수 있지. 바꿔 말하면, 합격점을 받지 못한 상사는 힘들게 가르치고 나서도 존경은커녕 감사도 받지 못해. 서로 마지못해 가르치고 배우는 입장을 벗어나지 못하지. 이게 뭐가 중요하냐고 생각할지 모르지만, 조직에서의 존재감은 타인들이 만들어 준다는 걸 기억했으면 하네. '평판'이라고 불리기도 하지. 이 평판은 스스로가 만들지 못해. 타인이 만들어 주지. 그래서 인사평가를 하거나 중요업무를 맡길 때, 평판을 활용하는 이유가 여기에 있지. 이런 과정을 통해 상사의 리더십이 형성되어 부하 직원을 자연스럽게 이끌어 갈 수 있는 문화가 형성되는 걸세. 그러니 이 얼마나 중요한 과정인가?"

팀장님의 말씀을 들어 보니 일리가 있었다. 되돌아보면, 자신도 마음속으로 무시하는 상사들이 있다. 그들의 특징을 생각해 보니 잘 알지도 못하면서 거들먹거리거나, 무엇인가를 물어봤을 때 시원하게 답도 못해 주면서 권위의식에 사로잡힌 사람들이었다. 하지만 진정 실력이 있는 상사들은 명료하고 정확했으며 군더더기가 없다. 인격적으로도 평소 하는 말과 행동에 다름이 없었다. 그래서 자연스럽게 그 상사를 존경하게 되었다. 지금의 팀장님도 그런 분 중 한 분이시다.

"솔직히 저는 지금까지 부하 직원을 가르치는 것은 귀찮은 일이라고만 생각했습니다. 그리고 '본인들이 알아서 배워야지, 다 떠먹여 줄 수는 없잖아.'라고 생각한 것도 사실입니다. 그런데 팀장님 말씀을 들어 보니, 가르치는 것도 소통의 한 방법이라는 생각이 듭니다. 소통은 한쪽만 노력해서는 안 되고 서로의 교류를 통해 형성되는 것이니, 부하 직원의 일방적인 노력만을 강요해서는 안 될 것 같아요."

김 대리는 지금까지 가르치는 것에 안일했던 자신이 창피하게 느껴졌다. 고해성사를 하고 나니, 마음 한구석이 조금은 후련해지는 듯하다.

피폽-에프(PPOFE-F)

김 대리의 고백을 듣고 마음이 흡족했는지 팀장님은 크게 한번 웃으셨다.

"하하. 그렇게 생각을 했다니, 이제 준비가 된 것 같군. 이제부터 가르치는 6단계를 설명해 주지."

생각지 못했던 팀장님의 대답에 김 대리는 어안이 벙벙했다. 어쩌면 자기가 그렇게 궁금했던 것을 이 시점에 정확히 이야기해 주실 수 있을까? 신기하기만 했다. 김 대리는 팀장님의 이야기를 하나라도 놓칠세라 꼼꼼하게 적을 준비를 마쳤다. 김 대리가 노트할 준비를 마칠 때까지 기다린 팀장님은 말을 이어 나갔다.

"나는 이 단계들을 '피폽-에프(PPOFE-F)'라고 부르네. 눈치챘겠지만 이 단어는 각각의 6단계의 앞 자를 조합해서 만든 단어일세.

첫 번째 단계가 자네가 지금까지 작업한 Preparation, 즉 준비의 단계라네. 알려 주지도 않았는데 자네가 잘 알아서 시작했지.

두 번째가 Presentation 단계이지. 이 단계에서는 그냥 말로만 설명해 주지 않고 필요에 따라 시연을 해 주는 게 좋아.

세 번째는 Observation 단계로, 시연해 준 것을 교육생이 실행하도록 하는 단계이지. 이때 가르치는 사람은 자세히 관찰해야 하네. 교육생이 어느 정도 이해했는지, 무엇이 잘못되었는지 이 단계에서 파악해야 되기 때문이야.

네 번째는 Feedback 단계로, 잘못된 부분에 대하여 피드백해 주는 단계를 말하네. 대부분 상사들은 이 6가지 단계 중 이 단계에만 많은 집중을 하지만, 사실 이 단계는 교육생이 스스로 답을 찾을 수 있도록 코칭의 성격으로 진행되는 것이 바람직하지.

다섯 번째 단계는 Evaluation 단계로 지금까지의 교육에 대한 평가를 실시하는 단계지. 필요하다면 앞서의 단계로 다시 넘어갈 수도 있다네. 많은 상사들이 여기에서 마무리하는 경우가 많지만, 업무를 하면서 가장 중요한 것은 바로 다음에 이어지는 단계이지.

여섯 번째이자 마지막 단계는 Follow up 단계로, 배운 업무를 현장에서 잘 활용하고 있는지를 확인하는 단계라네. 현장에서 활용하지 못하는 지식과 정보는 아무런 의미가 없어. 만약 부하 직원이 잘 활용하지 못하고 있다면, 무엇이 문제인지, 개선시키기 위한 현실적인 방법이 무엇인지를 파악해야 하지. 개인적으로 나는 이 단계가 없으면 그동안의 가르침은 무용지물이라고 생각한다네. 이 마지막 단계가 그만큼 중요해. 교육의 애프터서비스(After Service)라고 생각해도 좋네. 비슷한 개념이기 때문이지."

가르치는 단계가 있다는 것을 처음 들은 김 대리는 조금 현기증이 났다. 사실 피폽-에프가 어려운 개념은 아니었지만, 한번에 바로 기억하기란 쉽지 않았기 때문이다. 그리고 팀장님의 말씀을 들으니, 더더욱 후배를 가르치는 일이 부담되기만 한다. 대충할 수 없는 일이구나 싶었지만, 언제까지 후배육성을 미룰 수는 없는 노릇이다. 당장 내년이면 과장진급 대상자가 되기 때문이다. 만약 내가 팀장이라도 된다면, 그땐 인재를 양성하고 관리하는 것이 하나의 중요한 업무가 될 것임은 팀장님을 봐서 충분히 짐작할 수 있었다. 차라리 그때 가서 후회하느니 지금 연습하는 셈치고 해 보자 싶은 마음이 든다.

"진행하면서 어려운 점이 있으면 언제든 말하게. 내가 인재양성에 얼마나 많은 신경을 쓰는지는 김 대리도 잘 알 거라 생각하네. 그런 중요한 일을 다른 사람도 아닌 김 대리가 맡아줘서 얼마나 든든한지 몰라. 김 대리라면 잘해 주리라 믿네.

수고하게."

폭풍과도 같이 피폽-에프를 개괄적으로 설명해 주시고 팀장님은 자리를 뜨셨다. 그리고 언제나 그러셨던 것처럼 어깨를 두드려 주시는 것도 잊지 않으셨다. 팀장님의 말씀을 들으니 막연하기만 했던 업무가 조금은 방향을 잡은 것 같아서 자신감이 생긴다. 그리고 나에게 중요한 업무를 믿고 맡겨 주셨다는 생각을 하니, 남다른 자긍심도 생긴다. '기왕이면 팀장님보다 더 후배를 잘 가르쳐서 내가 팀장님을 존경하는 것처럼 나도 존경을 받았으면 좋겠다'는 욕심도 생긴다.

팀장님 말씀처럼 첫인상이 중요하듯 준비하는 첫 단계가 정말 중요하다는 생각이 든다. 그리고 준비에는 어느 정도의 시간이 걸린다는 것도 깨달을 수 있었다. 회의실을 대여하는 것, 보여 줄 자료를 수집하는 일, 그 자료 중 어떤 부분을 보여 줄지 미리 계산해 두는 일, 교육을 위해 나 자신의 용모를 준비하는 일 등이 모두 준비해야 할 사항이구나 싶다. 그리고 가급적으로 교육생의 수준에 맞는 말투와 자세로 대화한다면, 좀 더 친근감을 보일 수 있을 것이라는 생각도 들었다. 준비할 것이 한두 가지가 아니지만, 해 볼 만한 일이라는 생각이 든다. 가르치는 일이 조금은 만만하게 생각되자, 얼굴에 미소가 번지는 것이 느껴진다.

Preparation : 준비, 대비

에피소드에서 살펴본 바와 같이 가르치는 첫 단계는 Preparation, 즉 준비 단계이다. 준비는 교육의 성공여부를 결정짓는 핵심단계라고 해도 과언이 아니다. 심리학 용어 중에는 '초두효과(Primacy effect)'라는 것이 있다. 먼저 제시된 정보가 나중에 들어오는 정보보다 인상 형성에 더 큰 비중을 차지한다는 이론이다. 우리의 뇌는 많은 정보를 처리해야 하기 때문에 한 가지 정보에 오랫동안 집착하지 않는다. 그래서 처음 형성된 인상을 바탕으로, 후에 들어오는 정보들을 짜맞추는 방향으로 정보를 처리해 간다. 그래서 한번 형성된 첫인상이 쉽게 바뀌지 않는 것이다.

가르침에 있어서도 마찬가지다. 가르침의 관계를 처음 형성하는 준비단계에서 형성된 첫인상은 가르치는 동안 일관적으로 지속된다. 심지어 가르침의 관계가 종료된 이후에도 연속된다. 준비를 어느 정도 했느냐에 따라 상대방을 존중하는 마음의 정도가 다르게 전달된다. 그 과정에서 형성된 신뢰와 감사는 긍정적인 첫인상으로 각인된다. 직급의 상하관계 이전에 서로 간의 따뜻한 기류가 형성되는 계기를 만들 수도 있다. 이는 서로가 자발적으로 교육에 임할 수 있는 동기로도 작용된다.

그렇다면 구체적으로 어떤 사항을 준비해야 하는지 다음의 리스트를 참고해 보자.

1) 교육 스케줄

교육 스케줄은 크게 두 가지를 계획하는 것이 좋다. 로드맵과 세부 스케줄이다.

우선적으로 교육의 방향성과 목적을 명확하게 만들어 주는 로드맵(Road map)을 작성한다. 이는 교육의 등대역할을 하면서 교육생에게 지표를 제공하는 역할을 한다.

두 번째로는 교육 세부 스케줄을 작성한다. 이는 구체적인 시간과 과목, 장소 등을 계획하고 기록하는 역할을 한다.

상기의 두 가지 교육 스케줄은 모두 가르치는 사람이 임의로 작성하는 것보다는 부하직원과 미리 협의 후 결정하는 것이 바람직하다. 이 스케줄링부터 부하 직원이 개입되면서 그들이 수동적인 자세가 아닌 적극적이고 주체적인 자세로 임하는 계기를 제공하기 때문이다. 가르침의 주도권은 그와 관련된 무언가를 결정하는 데서부터 시작된다. 그러므로 그들의 일정 등을 고려하여, 처음부터 그들을 참여시키는 데 초점을 맞추는 것이 좋다.

2)교재

교재로 활용할 책이나 자료를 미리 공지한다.

만약 교재가 아닌 프린트 아웃 등이 있다면, 미리 전달하여 교육생이 스스로 학습을 준비하도록 독려한다. 필요에 따라 전일 예습을 요청하므로 교육의 효율을 높이는 것도 좋다.

3)교육재료

가르침의 효율성을 높이기 위한 참고 자료 등을 미리 준비하고 동선에 맞게 배치시킨다.

책이나 문서일 경우, 미리 해당 챕터를 찾아 표시해 두면 시간의 절감 효과뿐 아니라 면밀한 이미지를 통해 신뢰도를 높일 수 있다.

4)교육목적과 진행방법

가르침의 목적과 진행방법을 미리 알려 준다.

교육의 목적을 알려 주는 것은 교육뿐 아니라 연계된 업무의 방향성을 알려 주는 중요한 역할을 한다. 목적을 미리 알려 준 부하 직원과 그렇지 않은 부하 직원의 학습 결과는 상당한 차이를 보인다. 이는 부하 직원이 그 결과에 스스로 다다를 수 있는 동기부여를 자극하기 때문이다.

또한 중간중간 부하 직원의 학습성과에 대한 객관적인 평가를 수시로 가능하게 한다. 진행방법을 사전 공지하는 것은 부하 직원에게는 미리 준비할 수 있는 기회를 제공한다. 그리고 조직과 상사가 체계적으로 진행하는 이미지를 전달하므로 전반적인 신뢰도를 높일 수 있다는 장점이 있다.

5)가르치는 자의 자세

가르치는 상사는 헬퍼(Helper)로서 교육생의 성장을 위하려는 자세와 마음가짐이 중요하다. 부하 직원의 성공이 곧 상사 자신의 성공이고, 회사의 성공이라는 '승-승-승'의 마인드를 갖고 교육에 임하도록 한다. 이러한 마인드 셋(Mind set)은 가르치는 관계 속에서 지속적으로 나타나므로 무형의 가치를 창출하는 데 핵심적인 역할을 한다.

"신은 사람의 중심을 보지만 사람은 사람의 겉모습을 본다."는 말이 있다. 이는 사람의 마음은 눈에 보이는 외모로 표현된다는 말이다. 그만큼 외적 이미지를 통해 형성되는 신뢰도가 크다는 것을 알 수 있다. 그러므로 전문가로서 올바른 용모복장을 갖추는 것은 상당히 중요하다.

효과적인 소통을 위하여는 올바른 소통의 도구를 활용하는 것이 좋다. 부하 직원의 눈높이에 맞는 단어와 문장을 구사하도록 노력하는 것이 좋다는 이야기다. 예를 들어, 신입사원의 경우 전문용어를 지나치게 사용한다면, 이해를 저해하는 것은 물론 위화감마저 조성할 수 있다. 지난해 케이블 TV에서 〈미생〉이라는 드라마가 방영되었다. 그 드라마의 주인공인 장그래는 무역영업에 대하여 아는 것이 전무한 신입사원으로 등장한다. 그런 그 앞에서 상사들은 전문용어로 대화를 나눈다. 이때 장그래가 이런 혼잣말을 한다. '분명 우리나라 말을 하는데 나는 하나도 알아들을 수가 없다.'라고 말이다. 이해를 못하는 것은 차치하고, 그는 이방인이 된 것 같은 이질감을 떨쳐버릴 수 없다. 그러므로 상사는 자신에게는 익숙한 단어일지라도 신입사원의 입장을 고려하여 이해하기 쉬운 단어로 표현해야 한다. 필요에 따라 전문용어를 사용했다면, 반드시 부가설명을 통하여 이해도를 높이도록 한다.

그리고 어투는 신뢰감을 형성할 수 있도록 은어나 속어 등의 사용은 자제하며, 인신공격이나 인격모독에 해당하는 내용은 주의하도록 한다. 사실 가르치는 내용보다는 전달하는 자세와 감정상태에 따라 부하 직원의 존경과 감사 등의 가치가 형성되므로 신중을 기하도록 한다.

6)Q & A

사전에 예상되는 질문을 선별하고 그에 대한 답변을 준비하도록 한다. 그럼에도 불구하고 교육생의 질문에 즉시 답하지 못하는 경우에는, 당황하거나 얼버무리지 말고 답변을 약속한다. 상사는 경험이 많은 선배이지, 만물박사가 아니기 때문이다. 그러나 반드시 기억할 것은 약속을 지켜야 한다는 사실이다. 앞서도 언급한 바와 같이 지금 당장 답을 말해 주지 못하는 것은 문제가 되지 않는다. 그러나 답변에 대한 약속을 지키지 못하는 것은 문제가 된다. 단지 그 순간을 모면하기 위해 “다음 번에 알려 주겠다.”라고 하는 것은 교육생의 신뢰를 한순간에 무너뜨리는 위험한 행위임을 꼭 기억하도록 한다.

매 과정 종료 시마다 질의의 시간을 갖도록 한다. 종료 시가 아니더라도 교육생이 충분히 이해되지 않았거나 의구심이 생겼다고 느껴졌을 때에는 망설이지 말고 질문을 유도한다. 간혹 이해도가 낮다고 생각될 때에는 반대로 상사가 주요질문을 던짐으로써 각인해야 할 내용을 명확하게 인지시키도록 한다. 이런 질의의 문화를 준비단계에서 형성하는 것은 부하 직원을 가르침의 주체자로 참여시키는 계기를 만드는 기회라는 점을 잊지 않도록 한다.

2단계: 시연 (Present)

가르친다는 선의의 의도

지난 주 금요일에 김 대리는 풀입 씨에게 회사의 비전과 목표를 달성하기 위한 구매팀의 역할과 업무 등을 회의실에서 설명해 주었다. 그리고 앞으로 교육이 어떻게 진행이 될지 로드맵도 함께 그렸다. 세부일정에 관해서는 언제가 좋을지 풀입 씨의 의견을 적극 반영하여, 스케줄까지 확정 지었다. 회의실에서 가르치기 전에 시뮬레이션을 해 본 것이 가장 큰 도움이 되었다. 역시 팀장님의 말씀을 듣기 잘했다 싶다.

그리고 드디어 오늘이 첫 교육일이다. 본격적으로 수발주에 대하여 알려 주어야 하므로 어제 퇴근 전 오늘 가르쳐 줄 서류를 미리 준비해 두었다. 오늘은 실제 업무를 살펴보면서 설명하는 것이 효과적일 것으로 생각되어, 김 대리 자리에 앉아 노트북과 송장 등을 보며 설명할 계획이다. 그래서 풀입 씨를 위한 의자 하나를 준비하고, 지난달 송장과 거래 명세서, 계산서 등을 파일철에서 꺼내어 월별로 준비해 두었다. 팀장님께서 말씀해 주신 바와 같이 두 번째 단계인 Presentation, 즉 시연을 할 생각이다. 그때 어디선가 활기찬 인사소리가 들린다.

"김 대리, 요즘 수고가 많지? 풀입 씨는 잘 따라오고 있지?"

팀장님께서는 항상 부하 직원과 이야기하실 때에는 눈을 맞추신다. 언제나 느끼지만 그 모습이 참 따뜻하다.

"안녕하십니까, 팀장님. 네, 풀입 씨는 잘하고 있습니다. 그런데 제가 잘 가르쳐야 하는데, 그게 문제입니다."

멋쩍게 웃는 김 대리에게 팀장님은 환하게 웃어 보인다.

"지난주 회의실에서 풀입 씨에게 업무 가르치는 모습을 멀리서 잠깐 봤었네. 풀입 씨의 고무된 표정을 보니 자네가 얼마나 많은 준비를 했는지 느껴지더군."

"별말씀을요. 팀장님께서 코칭해 주신 대로 한 것뿐입니다. 오늘은 두 번째 단계인 시연 단계를 계획하고 있습니다. 나름 준비한다고 했는데, 조금 떨리기도 하고 긴장이 됩니다.”

팀장님의 칭찬을 들으니 왠지 모르게 기분이 으쓱해진다.

“가르치는 것은 자네가 진심으로 후배를 양성하겠다는 좋은 의도에서 출발한다고 볼 수 있어. 신기하게도 이런 의도는 말하지 않아도 고스란히 상대방에게 전달되지. 그리고 좋은 인재일수록 이런 것에 더욱 민감하게 반응한다네. 가르치는 과정은 가르치는 사람과 배우는 사람의 극도로 제한적인 관계 속에서 이루어지는 것이니, 어쩌면 당연한 것일 수도 있지.”

김 대리도 자신이 신입사원이었을 때를 떠올려 봤다. 그때 팀장님이 개인적인 시간까지 쪼개어 자신을 가르치셨던 노력이 매우 감사해서, 수년이 지난 지금까지도 기억하고 있다. 말씀대로 선의의 의도는 말하지 않아도 또렷이 전달되는 것임에 분명했다.

“저는 진심으로 풀입 씨가 인재로 성장하길 바랍니다. 사실 이기적인 마음이겠지만 그래야 저도 좀 편해지고 소홀했던 다른 업무에도 집중할 수 있기 때문이기도 합니다. 요 근래 인력이 부족하여 업무가 좀 가중되다 보니 제가 의도한 바대로 업무를 완벽히 수행해 내지 못하는 경우들이 종종 있었거든요. 그리고 저도 좀 힘들었고요. 그렇지만 그 이유가 아니더라도 정말 열심히 하고자 하는 풀입 씨의 눈빛을 보면, 하나라도 더 알려 줘서 우리 팀의 든든한 조력자로 성장시켜 주고 싶습니다."

김 대리는 인원이 부족하여 고생했던 지난 몇 달간을 떠올리며 대답했다.

"허허, 알고 있네. 자네의 열정과 순수한 의도는 제3자인 나에게도 느껴지니, 당사자인 풀입 씨는 당연히 느끼고 있을 거야. 그러니 풀입 씨는 자네 덕에 더욱 노력할 것이 분명하고!"

"그래서 제가 더 부담입니다. 교육받는 친구는 저렇게 준비가 잘되어 있는데, 혹시 제가 그 기대를 충족시켜 주지 못 할까 봐서요."

요 며칠 동안 고민한 부분을 팀장님에게 털어놓으니 왠지 마음이 홀가분하고 편안해지는 느낌이다. 풀입 씨가 열심히 하면 할수록, 이상하게 가중되는 부담감을 쉽게 떨쳐 버릴 수 없었다.

"자네 책상에 준비되어 있는 자료들을 보니, 그런 걱정은 기우일 것 같군. 항상 지켜보고 있을 테니 나의 도움이 필요하면 언제든지 얘기하게. 그럼 수고!"

팀장님은 역시 힘을 실어 주시고 가셨다. 응원을 들으니 자신감이 솟는 것 같다.

풀입 씨는 약속 5분 전에 노트할 준비를 마치고 단정한 모습으로 자리에 다가왔다. 상냥하고 밝게 인사하는 것도 잊지 않았다. 역시 밝은 인사는 모두를 즐겁게 한다. 밝은 모습을 보니, 오늘 교육도 즐겁게 진행될 것 같은 기분 좋은 예감이 든다.

체험적으로 보여 주기

"안녕하세요, 대리님."

풀입 씨가 밝게 웃으며 인사한다.

"어서 와요, 풀입 씨. 아직 많은 것이 낯설고 어렵죠?"

팀장님이 그러셨던 것처럼 김 대리도 몸을 돌려 풀입 씨에게 눈을 맞추며 인사한다.

"아니에요. 선배님들께서 많이 도와주셔서 이제는 적응을 많이 했어요. 이젠 제가 열심히 해서 힘이 되어 드리는 일만 남았습니다."

역시 싹싹하고 붙임성 있는 후배다.

"하하. 그 말을 들으니 기분이 좋은데요? 지난 금요일에는 우리 회사의 비전과 우리 팀의 역할, 그리고 담당자들의 역할 등을 알려 드렸는데, 잘 기억하고 있죠? 풀입 씨도 잘 알고 있겠지만 구매팀에서 수발주 업무는 가장 핵심이자 기본이라고 할 수 있습니다. 자, 그러면 오늘은 본격적으로 수발주에 대해 배워 봅시다. 이 내용은 실제 문서와 서류를 보면서 하는 것이 좋을 것 같아서 조금 좁지만 제 자리에서 했으면 해요.

괜찮죠?"

"그럼요. 감사합니다."

"자, 이 의자에 앉아요. 일단 지난 금요일에 간단하게 설명해 준 것처럼 우리 회사는 음식을 판매하는 회사입니다. 하지만 우리의 레시피를 보시면 아시겠지만, 식자재의 50% 이상이 수입을 통해 충당되고 있는 실정이에요. 그리고 식자재이다 보니 유효기간이 그리 길지 않은 경우들이 많습니다. 그렇다면 풀입 씨 생각에는 어떻게 발주를 하는 것이 좋을 것 같아요?"

지루하게 모든 것을 설명하는 것보다는 질문을 통해 생각할 기회를 주는 것이 좋을 것 같아, 풀입 씨에게 질문을 던져 봤다. 풀입 씨는 약간 당황하는 듯했지만 이내 신중한 표정으로 대답을 했다.

"제 생각에는 말씀하신 것처럼 유효기간이 짧은 식자재이기 때문에 지나치게 많은 양을 발주해서는 안 될 것 같아요. 조금 번거롭더라도 자주 발주를 해서 신선한 자재들을 공급할 필요가 있다고 생각됩니다."

원하던 답을 들으니 김 대리는 짜릿한 기쁨마저 들었다.

"풀입 씨가 정확하게 알고 있네요. 맞습니다. 가장 기본적으로 재고량을 최소화하여 신선함을 유지해야 하죠. 만약 그렇지 못하게 되면 고객들에게 신선하지 못한 음식을 판매하게 되고, 최악의 경우에는 판매하지도 못하고 버리게 되는 경우까지도 초래됩니다. 이는 회사로서 큰 손실이 아닐 수 없어요. 식자재는 사실 돈입니다. 만 원짜리를 이 뒤편에 쌓아 두면 누구나 돈이라고 생각해서 잘 관리하죠. 하지만 자재를 쌓아 두면 돈이라고 생각하지 못하는 경우들이 많아요. 하지만 다시 한 번 말하지만, 모든 자재는 돈입니다. 그러므로 각별히 관리에 신경 써야 합니다.

서두에도 얘기했지만, 우리의 자재들은 수입에 많이 의존하고 있어요. 그러므로 매 순간 변화하는 환율을 민감하게 신경써서 발주해야 합니다. 물론 각 자재들의 거래업체는 메인 업체가 있으나, 더블벤더(Double vender) 체제로 운영되므로 유사시에는 대체할 수도 있어요. 이는 업체들 간의 선의의 경쟁을 유발하여 품질과 단가를 관리하는 하나의 방법이기도 하죠. 하지만 예민한 부분이니 업체들과의 관계가 원만히 유지될 수 있도록 잘 관리해야 합니다."

여기까지 설명하고 김 대리는 의자를 고쳐 앉았다. 그리고 마우스를 클릭하여 노트북의 자재 폴더를 열었다.

"여기에 보이는 업체들이 우리 납품업체들입니다. 현지화(Localization)되어 있는 자재들도 있지만 상당수가 외국의 업체들과 직거래하고 있음을 알 수 있어요. 여기 엑셀에 업체들의 국가와 지역, 담당자들의 연락처들이 있습니다. 혹시 지금까지 질문 있나요?"

너무 많은 이야기를 한 게 아닌가 싶어 김 대리는 풀입 씨의 표정을 살폈다.

"아니요. 아직 없습니다."

초롱초롱한 눈으로 보석이라도 보는 듯 반짝이는 풀입 씨가 의자를 바짝 당겨 앉으며 대답한다.

"수발주를 배우기 전에 우선되어야 할 것이 바로 재고관리에 대한 개념입니다. 하지만 이 부분은 조금 시간이 걸리는 이론적인 부분이라 다음 주에 하기로 계획하였어요. 그러니 오늘은 바로 우리 회사의 수발주 방법에 대해 알아보겠습니다."

"네, 대리님. 제가 메모 좀 하겠습니다."

최선을 다해 임하는 풀입 씨가 고맙기까지 하다.

"수발주는 구매업무의 가장 핵심입니다. 일단 현재의 재고상태를 확인한 후, 다음 달 예상 사용량을 예측하여 발주합니다. 우리는 'OXO'라는 발주 시스템을 사용하고 있어요. 이 아이콘을 클릭해서 들어가면 로그인 할 수 있습니다. 여기에 있는 '인벤토리(Inventory)'키를 누르면 지금까지 각 매장에 출고되고 남은 잔량이 자동 계산됩니다. 그리고 예상 매출을 여기에 입력하면 각 자재 별 필요량이 산출되죠."

엑셀의 각각의 셀에 클릭을 하면서 하나하나 설명해 주었다.

"이렇게 예상 매출값을 입력하면, 그에 따른 예상 사용량이 바로 이 셀에 나타납니다. 자, 내가 한번 임의의 매출값을 입력 해 볼게요."

김 대리는 백 만원 단위로 매출값을 높이며 입력해 보였다.

"이렇게 숫자가 변하는 것이 보이죠? 그러면 자동으로 예상 매출대비 필요량이 산출돼요. 이 값에서 현 재고량을 차감하면 필요량이 산출됩니다. 이 값이 우리가 발주해야 하는 양이에요."

풀입 씨는 최첨단의 기계를 대하는 듯 두 눈에 놀라움이 가득했다. 그 모습이 예전 자신이 신입사원일 때를 보는 것 같아 친근하게 느껴졌다.

"뭔가 최첨단 같은 느낌이 들죠? 이런 값의 산출은 OXO시스템을 통해 자동 계산됩니다. 그 원리는 다음 주에 재고관리를 알려 줄 때 다시 설명해 줄게요.

그런데 지금까지 입력한 예상 매출값은 말 그대로 예상의 값입니다. 모든 사항을 고려하지 않은 대략의 값이지요. 그래서 우리는 현재의 동향, 특별한 일정 등의 특이사항을 고려하여 이 값을 조정해야 합니다. 만약 현재 A제품이 프로모션 중이라면, A제품에 들어가는 자재의 양은 같은 매출값이라 하더라도 더 많은 양이 필요하겠죠. 그러므로 A제품에 들어가는 자재들은 과거의 데이터를 토대로 추가로 발주하도록 합니다. 이런 관리가 바로 우리가 해야 하는 중요한 업무인 거죠. 혹시 지금까지 질문 있나요?"

풀입 씨는 약간 복잡한 표정을 지으며 대답한다.

"이해가 되지 않는다기보다 좀 생소하고 낯설어서인지 복잡하게 생각됩니다. 한 번 정도 제가 실제로 해 보면 이해에 도움이 될 것 같아요."

역시 도전정신이 뛰어난 후배이다. 김 대리는 개념정리를 위해서라도 다시 한 번 요약하여 설명해 주면 이해가 빠를 것 같다고 생각했다.

"물론 실제로 풀입 씨가 해 봐야죠. 하지만 처음이라 단어도, 컴퓨터 화면도 상당히 낯설 거예요. 제가 요약하여 다시 한 번 설명드릴께요."

김 대리는 다시 한 번 노트북 화면을 보며 내용의 핵심단어와 내용 위주로 요약설명 하였다.

위의 에피소드에서 본 바와 같이 두 번째 시연 단계에서 기억해야 할 사항들을 다음과 같이 정리해 보겠다.

1)해당 내용을 시연한다

시연을 보일 때에는 직접 그 장소에서 보여야 효과가 높다. 다른 곳에서 시연을 보이면 장소에 대한 부연설명으로 교육의 몰입도가 낮아진다. 그리고 기기나 장비, 혹은 부자재 등을 직접 보여 주므로 이해도가 높아진다. 그리고 동시에 각종 자재들의 이름과 사용방법까지 알려 줄 수 있으므로 시간을 효율적으로 사용할 수 있다. 이때 자재나 장소, 업무와 관련된 에피소드나 히스토리가 있을 경우 함께 설명하면, 그 스토리로 부하 직원의 흥미와 기억에 도움을 줄 수 있다.

2)동기부여를 위한 교육의 목적과 이유를 설명한다

가르치고 있는 업무가 회사나 고객에게 미치는 영향을 설명한다. 이는 해당 업무의 필요성과 가치를 역설하는 데 중요한 역할을 한다. 그리고 배우는 업무가 팀에서 차지하는 비중을 설명하므로 팀워크를 높일 수 있다. 이런 동기부여는 업무연계성과 몰입도를 높여 능동적인 교육자세를 기대하게 해 준다.

3)절차의 안전요소와 중요성 설명

가르침에 필요한 기자재 사용 시 예상되는 위험요소와 사용상의 주의사항을 설명한다. 이는 잠재적인 불안요소를 해소할 수 있으므로 반드시 필요한 절차이다. 또한 기자재의 오남용을 방지하도록 알린다. 그리고 올바른 활용 절차를 설명하여 활용도를 극대화하도록 한다.

4)매 단계의 설명 및 시범

시작 시점에서 로드맵을 그려 준 것과 동일한 맥락으로 총 단계의 설명과 함께 현재 어느 단계를 진행하고 있는지를 알려 준다. 이는 교육생의 몰입도를 높여 주며 각 단계별 유기성을 이해하는 데 도움을 준다. 이를 위해 "총 몇 단계로 구성되어 있으며, 지금은 몇 번째 단계를 하고 있어요."라고 중간중간 알려 주는 것이 좋다. 이런 말은 체계적이고 조직적인 가르침을 가능하게 한다.

5)절차 요약 설명

모든 설명이 끝나면 내용을 요약 정리하여 교육생의 이론적인 정리를 돕도록 한다. 앞서 에피소드에서 김 대리가 마지막으로 핵심단어와 내용 위주로 정리해 준 것과 같이 정리한다. 이는 부하 직원에게 애매하거나 어려운 내용을 쉽게 정리하여 활용도를 높일 수 있다는 장점이 있다.

3단계: 관찰 (Observe)

소리 내어 말하기의 힘

김 대리는 수발주 시스템 활용에 대하여 풀입 씨가 얼마나 이해했는지, 그리고 얼마나 활용할 수 있는지 궁금했다. 그래서 직접 해 볼 수 있는 기회를 주기로 했다. 예전에 팀장님께서 자신에게 가르쳐 주시고 시연을 시키실 때 어떻게 했었는지 기억을 더듬어 보았다.

'분명 내가 얼마나 이해를 잘했는지 확인을 하셨을 텐데…….' 생각을 되짚어 보니, 팀장님은 단지 시연만을 요구하신 것이 아니셨다는 사실이 기억났다. 그랬다. 시연을 하면서 팀장님께서 설명하신 내용을 김 대리가 다시 설명하도록 요구하셨었다. 마치 누군가에게 다시 가르치는 것처럼 하길 원하신 것이었다. 상당히 당혹스러운 요구였다고 생각했다. 그러나 설명하면서 모호했던 내용이 머릿속에서 정리되는 듯한 신기한 경험을 한 기억이 있다. '나도 한번 활용해 볼까?' 김 대리는 그때의 기억을 떠올리며 팀장님의 방법을 활용해 보기로 마음먹었다.

"풀입 씨, 이제 지금까지 설명한 내용을 직접 시연해 보시겠어요?"

김 대리의 말에 풀입 씨는 '올게 왔구나' 하는 표정이었다.

"그런데 그냥 시연만 하는 것이 아니라 나에게 단계별로 설명하면서 해 보세요. 아까 내가 풀입 씨에게 설명했던 것처럼요. 마치 풀입 씨가 나를 가르친다고 생각하고 한번 해 보세요."

당황하는 풀입 씨의 표정이 보였다.

"설명을 하면서요? 제가요?"

눈빛이 약간 흔들리더니 이내 다시 정돈된 표정으로 대답한다.

"네, 대리님. 제가 대리님께 배운 대로 설명과 함께 시연해 보겠습니다. 제가 기억 못하는 것이 있으면 다시 설명을 부탁

드려도 괜찮을까요?"

당찬 풀입 씨의 눈빛과 태도가 왠지 기분이 좋다.

"물론이죠. 저는 풀입 씨가 어느 정도, 그리고 어떻게 이해했는지를 파악해서 그에 맞는 재교육을 해 드릴 계획입니다. 안심하고 한번 해 보세요."

그러자 풀입 씨는 컴퓨터 화면에서 폴더를 여는 첫 단계부터 차근차근 설명하며 시연하기 시작했다.

세 번째 단계인 관찰의 단계에서 주의할 점이 무엇인지, 다음을 참고하기 바란다.

1)부하 직원이 교육목적을 설명하도록 한다

이는 부하 직원의 동기부여를 견고히 하는 목적이 있다. 그러므로 단계를 설명하는 것과 동일한 맥락으로 교육의 목적도 설명하도록 독려한다. 스스로가 동기부여를 명확히 하는 것은 교육의 당위성과 현장 적용 도를 명확히 하는 데에도 중요한 역할을 한다.

2)절차를 설명하며 시연하도록 한다

단순히 절차를 익히는 수준에서 벗어나 방법과 주의사항 등을 소리 내어 말하는 훈련을 통해 모호한 부분이 정리되도록 돕는다. 눈으로 읽는 것과 입으로 소리 내어 읽는 것 사이에는 이해와 몰입에 있어서 차이가 존재한다. 눈으로 볼 때에는 의문이 들지 않았던 논리와 당위성이 소리 내어 읽어 가면 무엇인가 부자연스러움을 깨달을 수 있다. 왜냐하면 글자 하나하나를 곱씹어서 읽기 때문이다. 그러므로 절차와 방법 등을 소리 내어 말하다 보면, 부하 직원이 무엇을 기억하고, 무엇을 놓치고 있는지를 확인할 수 있다. 이는 부하 직원에 적합한 맞춤형 교육이 가능하게 돕는다.

3)시범 후 절차를 요약 설명하도록 한다

부하직원 스스로 배운 내용을 정리하게 한다. 교육 종료 후 그들이 스스로 복습하는 것도 좋지만, 가르치는 과정에서 완전하게 학습하도록 돕는 것이 더욱 좋다. 그날 배운 것을 그 자리에서 완전히 익히고 정리할 수 있는 여건을 조성해 주어야 한다.

4단계: 피드백
(Feedback)

스스로를 되돌아보다

풀입 씨는 김 대리의 생각보다 많은 내용을 기억하고 있었다. 게다가 충분히 이해한 내용을 설명할 때엔 풍부한 예시를 통해 상대방의 이해를 도왔다. 반면 이해가 충분하지 못한 부분이나 잘못 이해하고 있는 부분에 있어서는 얼버무리거나 내 눈치를 살피며 '이것이 맞나요?'라는 눈빛을 던졌다. 하지만 전반적인 부분은 충분히 이해하고 있다는 판단이 들었다. 만약 시연만을 하였다면 풀입 씨의 이해도를 이 정도로 면밀히 파악하지는 못했을 것이라고 생각하니, 팀장님의 노하우에 감탄사가 절로 나왔다.

설명과 함께 시연을 마친 풀입 씨는 과연 자신이 잘 이해했는지, 부족한 부분은 무엇인지, 그리고 혹시 칭찬받을 만한 부분은 없는지 상당히 궁금해 할 것이라고 김 대리는 생각했다. 김 대리는 관찰한 결과를 풀입 씨에게 알려 줘야 하는데 어떻게 전달하는 것이 효과적일지 고민했다. 일목요연하게 잘 잘못을 알려 줄까? 아님, 상처받을지도 모르는 부분은 우회적으로 설명할까? 팀장님께서는 어떻게 하셨었지? 김 대리는 지난날 팀장님이 자신에게 코칭 하셨던 방법을 가까스로 기억해 냈다.

팀장님은 직접 말하기보단 당사자가 직접 말하도록 유도하시는 것을 좋아하셨다. 그렇다고 우유부단하게 돌려서 말씀하지는 않으셨다. 다만 문제점을 직시하는 길을 스스로 가도록 도우셨다. 그래서인지 질문법의 대화를 즐기셨다. 그 당시에는 "직접 말하시지 뭐 이리 시간을 끄시며 자꾸 말을 시키실까?"라고 답답하게 생각한 적도 있었다. 하지만 지금 생각해 보면 더 오래 기억하고 동기를 부여해 주시기 위한 방법임을 이해한다. 김 대리 자신도 팀장님의 질문에 직접 답한 것들은 오래 기억하는 편이었으니까 말이다.

"풀입 씨, 한번 해 보니까 어떤가요?"

긴장을 풀어 주고자 가볍게 대화를 시작했다.

"생각보다 어려웠습니다. 그냥 대리님께서 하시는 것을 볼 때에는 다 기억하고 한번에 할 수 있을 것 같았는데, 막상 제가 직접 설명하면서 하려고 하니 어느 폴더에 어떤 내용이 있었는지조차 기억해 내기 쉽지 않았습니다. 하지만 설명을 하면서 시연을 하니, 혼재되어 있던 내용들이 제 머릿속에서 스스로 자리를 찾아 가는 느낌이 들어서 좋았습니다."

조근조근 말하는 풀입 씨를 보니 적응을 잘하는 듯 보였다. 그리고 김 대리의 가르치는 방식에도 큰 불만이 없는 것 같아 내심 안심되었다.

"그랬군요. 그렇다면 스스로 평가한다면 어느 부분이 부족했다고 생각합니까?"

이 질문을 하자, 약간 굳은 표정으로 풀입 씨가 입술을 뗀다.

"사실 수발주의 전반적인 프로세스를 제가 완벽히 숙지하지 못하고 있었다는 생각이 많았습니다. 그래서 전월 재고량이 금월의 기초량이 되는 것부터 헷갈리기 시작했습니다. 그리고 금월 사용량과 발주량의 상관관계에 대한 기본적인 로직(logic)이 탄탄하지 못해서, 세부적인 산출법에서는 그냥 공식을 외우듯 대입하였다는 생각입니다. 그러나 신기하게도 이 부분은 제가 직접 입으로 소리 내어 설명하면서 자연스럽게 저 자신에게 설득이 되었습니다. 그래서 후반에는 세부적인 산출법에 집중할 수 있었습니다. 그래서 이 시간 이후부터는 기본적인 로직과 예상 사용량을 계산하는 산출법을 집중적으로 공부할 생각입니다."

놀라웠다. 풀입 씨는 본인이 부족한 것이 무엇인지 정확히 알고 있었다. 그리고 그에 따른 보완사항까지도 준비하고 있었다. 스스로 학습하는 것이 이렇게 능동적이고 적극적인 결과를 가져올 줄은 미처 예상하지 못했다.

한 번 더 보여 주기

"풀입 씨, 스스로의 평가에 있어서 상당히 객관적으로 잘 파악하고 있어서 놀랐습니다. 풀입 씨 말처럼 전반적인 큰 그림을 그리는 데 있어서 조금의 어려움이 있었던 것으로 생각이 되네요. 그러나 바로 수정한 것으로 보아 이해하는 데 무리는 없었던 것으로 판단됩니다. 그런데 발주량이 약간 맞지 않았죠? 그 이유는 발주량을 계산하는 순서에서 A와 B의 순서를 반대로 하였기 때문에 실제로 발주해야 하는 양과 차이가 발생한 겁니다. 여기를 잘 보세요. 처음 하시는 분들이 풀입 씨처럼 이 부분에서 많이 어려워하긴 합니다. 다시 한 번 보여 드릴게요."

김 대리는 풀입 씨가 실수한 부분을 다시 한 번 보여 주며 주의할 것을 당부했다.

"자, 다시 한 번 직접 해 보세요. A와 B의 순서가 바뀐 것은 풀입 씨 말처럼 전반적인 로직에 대한 이해가 부족하여 발생한 것입니다. 그러니 이 부분은 기본적인 내용의 숙지를 통해 자연스럽게 해결되리라 생각됩니다. 또한 앞서 언급한 바와 같이 사용량에 대한 산출법은 기본적인 공식이 있기는 하지만, 가장 중요한 것은 그 당시의 외부 트렌드와 내부적인 제품 판매 현황 등 직 · 간접적으로 영향을 미치는 사항들의 민감한 반영입니다. 아직 우리 회사의 조직문화나 흐름을 파악하지 못했을 테니, 그런 부분에 있어서는 조금 더 시간이 필요할 거라고 생각됩니다. 여기 최근 3개월간의 자료와 전년 동기간의 자료들이 있어요. 참고해서 트렌드를 분석하여 보고해 주시기 바랍니다."

김 대리는 풀입 씨에게 수발주 추이를 파악할 수 있는 최근 자료를 건넸다. 물론 김 대리가 다 정리해서 한번에 알려 주는 것이 빠를지도 모른다. 그러나 스스로 자료를 찾아보고 비교하면서 학습하는 것이 업무 파악에 현실적인 도움이 될 것이라는 신념 때문에 숙제로 남겨 뒀다.

"이 자료의 분석에 대한 의견은 언제쯤 저에게 알려 줄 수 있나요?"

단순히 던져만 주는 숙제로 흐지부지 끝나지 않도록 지속적인 관심을 보여 주고 싶었다. 그리고 다음 미팅의 일정은 풀입 씨가 선택하게 하므로 이 교육에 주도적인 자세로 임하게 해 주고 싶었다.

"이번 주 금요일까지라면 가능할 것 같습니다."

조금 빠듯하지 않을까 싶은 일정이었지만, 풀입 씨의 의견을 충분히 받아들이기로 했다.

"좋아요. 그럼 금요일에 저에게 이야기해 줬으면 좋겠군요. 참고로 자료는 멋지게 정리하지 않아도 됩니다. 다만 이해할 수 있을 정도면 충분합니다. 이 말을 하는 이유는 서류를 만드는 시간도 아껴서 내용에 더 집중하고 고민하길 바라기 때문입니다. 그리고 그날 오늘 실수한 산출방법까지 다시 확인할 테니 준비해 주기 바랍니다. 혹시 질문이나 하고 싶은 말 있나요?"

시종일관 눈을 반짝이고 귀를 기울이던 풀입 씨는 조근조근 이야기했다.

"우선 정말 감사합니다, 대리님. 이렇게 자세히 알려 주시고 잘못된 부분을 지적해 주시니 얼마나 저에게 많은 신경을 써 주시고 계시는지가 느껴집니다. 그래서 정말 말뿐이 아닌 행동으로 더 잘해야겠다는 생각이 들어요. 그리고 설명하시고 저에게 다시 한 번 해 볼 수 있는 기회를 주셔서 더 빨리 이해하고 기억할 수 있게 되었어요. 금요일까지 열심히 준비해서 성장한 모습을 꼭 보여 드리겠습니다."

김 대리는 기대하지도 않았던 감사하다는 말을 들으니 무척이나 뿌듯했다. 당연히 선배인 내가 해야 하는 일이라 생각하면서도 조금은 귀찮다고 생각했었는데, 이렇게 고마워하니 그런 마음을 가졌던 것이 미안하게만 느껴졌다. 더욱 놀라운 것은 나름 준비한 나의 노력이 풀입 씨에게 커다란 동기부여가 되고 있다는 사실이었다. 그러고 보니 예전 팀장님께서 김 대리에게 업무를 가르쳐 주실 때에도, 팀장님의 열정으로 인해 더 열심히 해야겠다고 다짐했던 기억이 떠올랐다. 열심히 하라는 열 마디의 말보다 한 번 더 준비하고 관심을 가져 주는 모습이 상대방의 마음을 움직인다는 것이 새삼스럽게 느껴졌다.

"열심히 해 주는 모습에 내가 더 고마운걸요? 준비하면서 도움이 필요하거나 궁금한 것이 있으면, 언제든 문의하세요. 풀입 씨의 성장이 저의 가장 큰 목표니까요."

이상하게도 풀입 씨의 고무된 모습이 김 대리에게도 더 잘 가르쳐야겠다는 동기를 자극하고 있었다. 좋은 선배로의 모습을 보이고자 좀 더 공부하고 노력해야겠다는 다짐을 굳히는 즐거운 경험이었다.

네 번째인 피드백(Feedback) 과정에서 주의를 기울일 사항에는 어떤 것이 있는지 정리해 보자.

1)질문을 통한 교육 수행 정도 검토

부하 직원이 스스로 학습결과를 평가하도록 한다. 이때 피드백은 직접 주기보다는 스스로 찾을 수 있도록 질문을 활용하는 것이 좋다. 질문을 통한 소통법은 가르치는 사람이 직접 답을 주는 수동적인 방법이 아니다. 교육받은 사람이 스스로의 학습을 성찰과 반성을 통해 검증하고 답을 찾아내는 방법이다. 그러므로 좀 더 적극적이고 능동적인 방법이다. 자기주도적인 학습을 위해서는 유용한 방법이므로 성인학습에 적합하다.

질문을 통한 피드백은 스스로의 평가를 기본으로 하기 때문에 자발적인 개선이 쉽다는 장점이 있다. 그러므로 피드백을 주기 이전에 스스로가 전반적인 평가를 내려 보고, 문제점을 찾아보는 작업이 효과적이다. 때에 따라서는 문제에 대한 해결안까지 도출해 보도록 독려할 수도 있다.

2)부하 직원이 표준대로 진행하지 않은 부분은 반복시연을 요구한다

만약 시연한 부분이 잘못되었을 경우, 피드백 후 즉각적으로 다시 시연하도록 요구한다. 피드백만을 준 후 "다음에는 수정하도록 하세요."라고 하기보다는 즉각적으로 수정하고 표준대로 반복하도록 요구한다. 실수나 잘못된 습관은 의도적으로 수정하여 반복하지 않는 이상 단순한 행위도 바뀌지 않는다. 그러므로 설명 후 즉각적인 수정시연을 요구하는 것이 효과적이다. 반면 앞서 세 번째 관찰(Observe) 단계에서는 잘못된 부분이 있어도 중간에 끊지 않고 모든 시연이 종료될 때까지 관찰한다. 그러나 피드백 단계에서는 관찰단계에서 발견된 문제점을 즉각적으로 지적하고 개선안을 함께 제시하도록 한다. 피드백 단계는 잘못된 부분을 수정, 개선하는 것이 목적이기 때문이다. 피드백을 즉각 주지 않고 추후로 미루는 것은 개선의 효과를 낮추는 가장 주된 이유이다.

3)교육생을 칭찬한다

칭찬을 통해 부하 직원에게 관심을 가지고 있다는 것을 알린다. 만약 실수한 부분이 없이 완벽히 수행하였다면 칭찬을 아끼지 않는다. 그리고 구체적으로 칭찬한다. 예를 들어, 그냥 "잘했어!"라고 말하지 않고 "입고량을 계산할 때 입고된 모든 항목을 꼼꼼하게 확인하며 계산한 점, 정말 잘했어요. 이 부분에 대해서 완벽히 이해했군요."라는 식의 구체적인 칭찬을 한다.

반면 몇 차례의 지적에도 불구하고 개선되지 않거나 태도에 문제점이 있을 경우에도 구체적으로 꾸짖는다. 구체적으로 지적하지 않으면 어떤 부분이 잘못된지 알지 못하기 때문이다. 이는 결국 개선하지 못하는 결과를 낳게 되고, 이런 과정이 반복되면 상사와 부하 직원은 의도하지 않은 오해로 불신하게 될 수도 있다. 지적을 할 경우에는 서로의 감정이 상할 수 있기 때문에, 감정을 상하게 하는 주관적인 대화보다는 객관적이고 구체적인 지적이 필요하다.

이처럼 구체적으로 피드백을 하는 이유는 단 하나다. 잘못된 부분을 즉각 개선하고 잘한 부분은 더 잘될 수 있도록 관리하기 위함이다. 그러므로 칭찬과 꾸지람 등 피드백의 모든 사항은 구체적으로 전달하도록 한다. 구체적이어야 객관적일 수 있고, 객관적이어야만 성과 향상을 보증할 수 있다. 그리고 성과가 향상되어야 상사와 부하 직원 간의 건강한 관계가 유지될 수 있다.

5단계: 평가
(Evaluate)

평가를 위한 준비

풀입 씨와 약속한 금요일은 빨리 다가왔다. 김 대리는 잘 가르쳐 주는 것만큼 중요한 것이 정확하고 객관적인 평가라고 생각했다. 객관적인 평가가 있어야만 다음 단계로 나갈 수 있기 때문이다. 과거 자신의 경험을 뒤돌아보면, 선배들 중에는 팀장님처럼 열성적이고 효과적으로 가르쳐 주시는 분이 계신 반면, 주먹구구식으로 가르쳐 주고 무엇이 잘되었는지, 어떤 보완이 필요한지 조차도 알려 주지 않은 선배들도 계셨다. 그런 선배와 일을 할 때에는 무엇을 더 보완해야겠냐고 물어보아도 속 시원히 말해 주는 사람은 거의 없었다. 간혹 대답을 해도 즉흥적으로 "이것도 잘 못됐고, 저것도 맘에 안 들고……."식의 주관적인 대답만 돌아올 뿐이었다. 그러나 이마저도 상사에 따라 달랐다. 그럴 때면 어떤 평가를 신뢰해야 할지 난감했던 적이 한두 번이 아니었다. 도대체 어떻게 개선점을 찾아야 할지 혼란스러웠던 기억이 있다.

그때의 기억을 떠올리며 김 대리는 적어도 풀입 씨에게는 그런 무책임한 선배가 되지는 말아야겠다고 다짐했다. 주관적인 주먹구구식의 평가는 하지 않겠다고 다짐했다. 그러자 '어떻게 평가해야 하는가?'라는 물음이 계속 머리를 맴돌았다. '객관적이라는 말은 그 누가 평가해도 의심할 수 없고 정확하다는 것을 의미하는데…….' 마침 책상 위에 있던 자를 만지작거리던 김 대리의 머릿속이 밝아지는 듯했다. 길이를 재기 위해 사용하는 자! 그랬다. 풀입 씨의 업무 성과의 길이를 재기 위한 자를 활용하면 된다. 누구나 공감할 수 있는 객관적인 툴(Tool)을 이용하면, 경험과 감만으로 평가하지 않을 수 있다. 객관적인 평가를 위해서는 객관적인 평가기준과 도구가 필요한 것이다. 여기까지 생각한 김 대리는 객관적인 평가도구가 무엇이 있는지 재빠르게 생각해 봤다.

그런데 이런 생각이 들었다. 아무리 자가 객관적인 툴이지만, 이 자를 사용할 줄 모른다면 아무 의미가 없지 않을까? 아무리 객관적인 기준과 도구가 있다고 해도 평가할 자질이 부족한 사람이라면 그 평가결과를 신뢰할 수 있을까? 이러한 의문이 들자, 풀입 씨의 성과평가를 고민하던 김 대리는 '나는 과연 자질을 갖춘 사람일까?' 하고 느닷없이 자신의 평가자질을 반성하게 되었다.

하지만 그런 것까지 감안하고 팀장님께서 나에게 이 일을 위임하셨다는 생각을 하니, 갑자기 책임감과 자긍심이 밀려온다. 그러나 스스로가 물어봤을 때에도 자신 있게 대답할 수 있을까? 반추해 보니 김 대리는 조금 부끄러웠다.

"그래, 이번 계기를 통해서 나도 매뉴얼을 찾아 공부하고 다시 정리해 보는 계기로 삼아야겠어."

신기하게도 가르친다는 것은 다른 누군가를 가르치는 것이지만, 그만큼 스스로도 학습하고 성장할 수 있는 좋은 기회구나 싶었다. '아, 그래서 팀장님께서 가르치는 것이 상대방과 자신 모두에게 성장을 위한 좋을 기회라고 말씀하신 거구나!' 김 대리는 팀장님의 그 깊은 뜻을 조금이나마 이해할 수 있을 것 같다. 더 이상 풀입 씨와 약속한 평가의 날은 풀입 씨의 퍼포먼스만을 평가하는 시간만이 아니었다. 김 대리 자신의 업무능력을 재평가 받는 시간이기도 했다. 이런 생각이 들자, 김 대리는 조금 떨리기까지 했다.

평가자도 재평가 받는 떨리는 순간

잠시 후 풀입 씨는 상기된 표정으로 김 대리 책상 앞으로 다가왔다.

"대리님, 시간 괜찮으세요? 오늘 평가를 위해 나름대로 열심히 준비했습니다."

김 대리는 풀입 씨에게 의자에 앉기를 권하며 입을 뗀다. 그리고 풀입 씨가 들고 있는 자료를 내려다보며 말했다.

"풀입 씨, 지난 시간 동안 많이 고민하고 준비한 것이 느껴지네요. 그럼 한번 보도록 할까요? 지난번처럼 설명과 함께 시연을 보여 주세요. 그리고 지난 시간에 지적받은 부분에는 조금 더 세부적인 설명을 부탁합니다."

풀입 씨는 지난번보다 훨씬 풍부해진 이해와 설명으로 시연을 했다. 그리고 지적 받았던 부분에 있어서는 분석자료를 토대로 추가설명을 하는 것도 잊지 않았다. 다소 떨고 있는 것이 사실이었지만 그럼에도 흔들리지 않고 차근차근 설명을 이어나갔다. 풀입 씨는 설명을 마치며 김 대리를 쳐다본다. 마치 숙제를 마친 어린아이가 선생님의 말씀을 기다리는 것처럼 잔뜩 긴장된 표정이다.

"풀입 씨, 제가 알려 드린 것을 완벽하게 모두 이해했군요. 정말 열심히 했다는 것이 증명되었어요. 특히 지난번 지적한 부분에 있어서는 개념부터 차근차근 설명했는데, 그 부분이 인상적이었어요. 지금 당장 다른 후배직원을 가르쳐도 좋을 정도예요. 그리고 지난번 숙제로 내준 트렌드에 대한 분석내용을 예측 발주량에 반영한 것도 정말 좋았습니다."

칭찬을 들은 풀입 씨는 고무된 표정이 역력했다. 그리고 어떤 다짐의 표정도 읽혔다.

"이제 남은 것은 배운 것을 잘 기억하고 실무에서 그대로 활용하는 것이에요. 많은 사람들이 교육과 실무를 별개의 것으로 여기는 경우가 많습니다. 그래서 아무리 가르쳐도 개선이 쉽지 않죠. 풀입 씨는 지금 개념부터 하나씩 이해하며 업무를 배웠습니다. 이것을 실무에 잘 활용하도록 하세요. 정말 잘하는지 제가 끊임없이 간섭할 겁니다."

웃음으로 마무리한 김 대리에게 풀입 씨는 환한 미소로 답했다.

"감사합니다, 대리님. 정말 잘 가르쳐 주시고 인내심을 갖고 저를 지켜봐 주신 결과입니다. 그리고 잘잘못을 정확히 알려 주셔서 제가 흔들리지 않고 잘 배울 수 있었습니다. 말씀대로 실무에도 잘 반영하고 업무에 도움을 드리는 팀원이 되도록 노력하겠습니다. 감사합니다."

대단한 일이 아니라고 생각했지만 저렇게 기뻐하고 뿌듯해하는 풀입 씨의 모습을 보니 김 대리 또한 매우 벅찬 기분이다. 그리고 왠지 모를 사명감 같은 것이 솟구쳤다. '정말 유능한 후배들이 더 많이 입사할 텐데, 그들을 유능한 인재로 육성하려면 내가 더 많이 공부해야겠어.'라고 생각했다.

다섯 번째 평가의 단계에서 기억해야 할 사항에는 어떤 것이 있는지 다음을 살펴보자.

1)기자재를 사용하여 객관적으로 실시한다

교재 혹은 평가시트를 활용하여 객관적으로 평가한다. 객관적인 평가를 위해서는 객관적인 도구를 이용하는 것이 좋다. 상사의 한순간의 감정이나 가르치는 사람이 알고 있는 한도 내에서 평가를 하는 것은 주관적 평가일 확률이 높다. 이런 평가 결과는 신뢰성을 확보하기 어렵기 때문이다. 심지어 인사고과에는 교육의 달성 여부가 상당한 비중을 차지한다. 그러므로 객관적인 평가는 필수적이다.

이뿐만 아니라 다른 누군가가 재평가를 하더라도 동일한 결과를 줄 수 있는 방법은 객관적인 평가도구를 활용하는 것이다. 예를 들자면, 교육 시 활용했던 교재와 초시계, 자, 온도계, 계산기 등의 교보재를 활용하여 평가하길 권한다. 매뉴얼화된 평가시트가 있다면, 그것을 활용하는 것도 좋다.

2)평가할 능력이 있는 사람에 의하여 평가한다

만약 평가의 위임이 필요할 경우, 검증을 하도록 한다. 가르치는 것도 능력이 충분한 사람이 해야 하지만, 평가는 더더욱 그 능력이 검증된 사람만이 해야 한다. 이유는 평가 시 어디에서 무엇이 잘못되었는지 즉각적으로 피드백해 줄 수 있어야 하기 때문이다. 단순히 평가리스트에 O, X를 매기는 것은 의미가 없다. 평가는 당락을 결정짓는 하나의 과정이 아니라 잘못된 사항을 파악하고 개선시키는 과정이기 때문이다. 재교육의 여부까지 판단하는 중요한 단계이므로 반드시 그 업무를 통달한 전문가가 평가하도록 한다.

3)필요에 따라 1단계부터 다시 실시한다

평가결과에 의해 재교육이 필요하다고 판단되는 단계부터 다시 반복한다. 심도에 따라 단계는 선별하여 실시하는 것이 좋다. 만약 개념과 목적부터 숙지하지 못하고 있다면, 처음부터 다시 진행하도록 한다. 부하 직원이 알고 있는 정도에 따라 몇 번째 단계부터 진행해야 할지 평가 결과를 보면서 교육생과 함께 결정하는 것도 좋은 방법이다.

4)평가에 대하여 교육생과 면담한다

만약 결과가 만족스럽다면 구체적으로 칭찬을 하며, 그렇지 못하다면 구체적으로 지적한다. 어느 단계에서 어떻게 잘못되었는지를 구체적으로 알려 준다. 무엇보다 그 결과에 대한 근본적인 원인을 부하 직원과 함께 찾은 후, 다음 단계의 향방을 결정하는 것이 중요하다.

재차 강조하지만, 평가의 단계는 당락을 결정짓는 것이 아니라, 문제점을 파악하여 즉각적인 개선을 도모하는 데 목적이 있다. 교육적인 각인의 효과를 높이기 위해서 평가자가 잘잘못을 다 말해 주기보다는 교육생이 스스로 문제점을 파악하도록 환경을 조성하는 데 집중하도록 한다. 그리고 그에 대한 원인과 해결안을 찾도록 코칭 하는 것에 집중이 더욱 요구된다.

6단계: 팔로우 업, 확인 (Follow up)

배우는 것과 실행하는 것의 차이

풀입 씨는 매사에 열심히 임하는 모습이다. 하지만 보이는 열정적인 모습과 실제로 업무를 올바르게 진행하고 있는지는 별개의 문제다. 김 대리는 예전 팀장님과 한 이야기가 떠올랐다. "가르치고 난 후 실무에 잘 반영하고 있는지 확인하지 않으면, 가르치는 것은 의미가 없다"는 말씀을 또렷이 기억하고 있다. 그 당시에는 크게 와 닿지 않은 말씀이었지만, 풀입 씨를 가르치고 난 후 정말 현업에서 잘 반영하고 있는지 가르친 사람으로서 자못 궁금했다. 만약 그렇지 않다면 무엇이 문제인지도 알고 싶었다. 무엇보다 김 대리 본인이 가르친 내용이 실무와 동떨어진 것은 아닌지 의구심이 들기도 했다.

그래서 풀입 씨 뒤에서 넌지시 업무를 지켜보기도 하고, 풀입 씨가 한 발주업무는 리포트를 받아 점검하기도 하였다. 그런데 지켜본 결과, 풀입 씨가 발주를 하는 물량이 몇 주 동안 전혀 변화가 없이 동일한 양을 발주하고 있음을 알 수 있었다. 트렌드의 변화를 전혀 반영하지 못하고 있다는 생각이 들었다. 김 대리는 풀입 씨와 면담을 하기로 마음먹었다. 하지만 정식 면담을 하기에는 부담을 많이 느낄 것 같아, 자연스러운 자리에서 편하게 이야기를 꺼내고 싶었다. 업무 중인 풀입 씨 곁으로 다가선 김 대리는 조심스럽게 말을 건넸다.

"풀입 씨, 요즘 업무 익히느라 바쁘죠? 잠깐 커피 한 잔 할까요?"

김 대리는 가져간 커피를 풀입 씨에게 전하며 벤치로 자리를 옮겼다. 그리고 그간 풀입 씨가 배운 것과 실무와의 차이점이 무엇인지 자연스럽게 물어봤다. 어떻게 하면 풀입 씨에게 더 도움이 될지 가급적 편안한 분위기에서 두런두런 이야기를 나누었다.

"대리님께 배울 때에는 기본적인 내용만 잘 기억하면 될 줄 알았는데, 실무를 하다 보니 변수들이 생각보다 더 많았습니다. 그래서인지 기본조차 헷갈리고 헤매기 일쑤였어요. 사실 요즘 제가 발주하는 방법이 대리님께 배웠던 것과는 차이가 있다는 것도 며칠 전 영업 팀의 이주임님이 말씀해 줘서 깨달았어요. 열심히 하겠다는 마음만으로는 잘 안 되는 것 같습니다."

흔들리는 그의 목소리 속에서 그간 풀입 씨가 얼마나 힘들었을지 느낄 수 있었다. 하지만 안쓰럽다고 그냥 넘겨서는 안 되는 일이었다. 풀입 씨 본인을 위해서도 더더욱 그러했다.

"그랬군요. 풀입 씨 말대로 배우는 것과 실제로 업무를 집행하는 데에는 다소 차이가 있어요. 풀입 씨가 헷갈리고 힘들어한 것은 당연한 거예요. 하지만 이제라도 그 이유를 알았다니 조금은 쉽게 개선할 수 있겠군요."

김 대리의 관심에 풀입 씨의 마음이 조금 풀리는 것이 느껴졌다.

"그래서 기본 숙지가 더욱 중요하게 느껴졌습니다. 다음 주에는 각 지역별 발주 트렌드와 경쟁업체의 동향을 더 공부해야겠다고 생각했습니다."

예상대로 풀입 씨에게는 이론과 실무 사이에서 많은 혼돈과 어려움이 따랐다. 그렇지만 긍정적인 천성 때문인지 어떻게 해결해야 하는지도 잘 알고 있었다. 기본을 다시 익히고 트렌드를 더 공부하겠다는 말을 들을 때에는 기특하기까지 했다.

"그래요, 풀입 씨 말처럼 기본이 되는 이론을 완벽하게 이해하고 있으면 변수들은 다루기 쉬워지죠. 그리고 주변 동향을 파악하면 예측하는 시야가 더 깊어질 테고요. 이 부분에 대해서는 자료를 좀 더 준비해 둘게요. 풀입 씨에게 도움이 될 겁니다. 나도 꾸준히 풀입 씨 업무를 챙길 테니, 힘든 점은 망설이지 말고 말해요."

김 대리는 풀입 씨에게 팀원으로서 지속적인 관심을 가지고 있다는 인식을 전하고 싶었다. 그것이 부하 직원을 사랑하는 방법이고 성장시키는 방법이라고 생각했다. 이런 지속적인 관심은 분명 풀입 씨에게 큰 힘이 될 것이다. 김 대리가 신입사원일 때 팀장님께 그런 든든함을 느꼈기 때문에 김 대리는 확신했다.

드디어 리더가 되다

김 대리는 풀입 씨에게 수발주 업무를 가르쳤지만, 정작 더 많이 배우고 성장한 사람은 자신이라는 생각이 들었다. 그리고 입사 후 처음으로 '리더'가 되었다는 느낌을 받았다. 처음으로 누군가에게 '리더십'을 발휘했다고 생각했다. 리더, 리더십 등의 단어는 팀장이나 경영자들의 단어라고 생각했지, 자신과 같은 중간 관리자는 상관없는 단어라고 생각했었다. 하지만 사실은 김 대리도 한 팀의 팀원이자 누군가의 리더였던 것이다. 그것을 한 번도 깨닫지 못했었지만, 풀입 씨를 가르치면서 비로소 느끼게 되었다. 그동안 억지로 읽어 왔던 리더십 관련 서적들의 글귀들이 머릿속을 어지럽게 지나다니는 듯하다.

'그래, 오늘 집에 가서 리더십 서적을 다시 읽어 보자. 분명 나에게 필요한 내용들이 있을 거야.' 이런 생각을 하자, 김 대리의 마음은 무엇이라 설명할 수 없는 흥분으로 가득 찼다. 새삼 자신이 회사의 중요한 인재라는 생각마저 들었다. 자신도 모르게 '주인의식'이라는 단어가 떠올랐다. 그렇다. 그런 느낌이 김 대리의 가슴을 설레게 했다. 앞에 놓여 있던 업무들을 생각하니, 마치 처음으로 대해 보는 흥미로운 프로젝트 같다는 생각이 들었다. 어제까지만 해도 매일 반복되는 일상의 한 업무였는데, 의식이 '리더'로 바뀌면서 흥미롭고 재미있는 도전으로 느껴졌다. 언젠가 또 후배들에게 가르칠지도 모르니, 하나를 하더라도 원론부터 재대로 알고 해 보자는 생각이 들었다. 이런 마음이 생기고 열정이 샘솟는 것이 정말 신기했다.

왠지 그전보다 한 단계 올라섰다는 느낌이다. 물리적으로 승진한 것이 아니라, 나라는 사람의 업무력이 성장했다는 자긍심이다. 학생이던 시절, TV를 보며 멋진 커리어를 자랑하던 주인공을 막연히 동경하던 때가 있었다. 그런데 지금 자신의 모습이 그 주인공의 모습과 흡사하다는 생각도 들었다. 정말 신기한 경험이었다. 단지 후배 한 명을 가르쳤을 뿐인데, 이런 변화가 자신에게 일어난다는 것이 즐거웠다. '그래서 팀장님은 부하 직원 가르치는 일을 사랑하시고 많은 애정과 시간을 쏟으셨구나!' 가르치는 일은 누군가를 알려 주고 성장시키는 것뿐 아니라 나 자신이 더 알아 가고 성장해 가는 과정이라는 확신이 들었다.

그러나 팀장님께서는 잘 가르치는 것만을 강조하지 않으셨다. 지난번 대화에서 이런 말씀을 하셨다. "가르치고 나서 확인하지 않으면 가르친 의미가 없다."고 말이다. 얼마나 잘 활용하고 있는지, 어려워하고 있는 점은 없는지 확인하라고 말씀하셨다. 이 말의 이면에는 본인이 가르치는 방법에 문제가 있지는 않았는지를 점검해 보라는 의미도 내포되어 있었다. 실무에서 활용이 안 되는 것을 가르치는 것은 시간낭비이자 감정의 낭비이며, 열정의 낭비다. 서로에게 무의미한 형식적인 절차일 뿐이다. 말 그대로 '교육을 위한 교육'으로 끝나 버릴 지루한 작업이다.

어쩌면 많은 사람들이 그런 이유로 가르치는 것을 귀찮아하고 교육받는 것을 부담스러워 하는 것일지도 모른다. 배워 봤자 그때뿐이라는 얘기를 스스럼없이 하는 것일지도 모른다. 그래서 회사 내에서 교육을 받든, 외부에서 교육을 받아 오든 그것을 잘 활용하도록 확인(Follow up)하는 것이 상사의 업무라는 생각이 든다. 인재에게 투자한 바를 잘 활용하지 않는 것은 일종의 직무유기라는 생각이 들었다.

성장된 인재들로 인해 회사가 동반 성장하는 것은 생각만 해도 가슴 설레는 일이다. 부하 직원을 가르치고, 스스로도 변화되는 이런 작은 성장들이 모여 팀과 회사를 성장시키는 동력이 된다는 사실을 깨달으니 놀랍게 여겨졌다. 이를 문화로 정착시켜 상사로서의 업무(Role)로 규정하여 관리한다면, 이보다 더 생산적인 일은 없을 것이라고 생각했다. 그리고 이런 생각이야말로 '리더'로서 갖게 되는 생각이라 여겨졌다. 이제 정말 리더로 성장했다고 스스로가 생각하니 가슴이 벅차 올랐다.

마지막 확인(Follow up)단계에서 집중해야 할 사항을 다시 정리해 보자.

1)주기적으로 면담한다

간헐적 면담을 통해 부담스럽지 않게 확인하는 것도 좋은 방법이다. 부하 직원이 상사가 자신의 업무를 점검하고 있다는 생각보다는 지속적으로 관심을 갖고 서포트 해 준다는 느낌이 들 정도로 확인하는 것이 좋다. 확인을 위한 면담의 목적이 잘못한 부분을 질책하려는 것이 아니라, 잘못하고 있거나 어려워하는 점을 도와주기 위함임을 염두에 두고 진행한다.

2)현장적용 정도를 확인한다

현장적용 정도가 낮다면 이유를 파악하여 재교육이나 또 다른 교육을 진행한다. 가르치는 목적은 부하 직원이 제대로 배워서 업무에 효율적으로 활용하게 만드는 것이다. 그러므로 문제점이 무엇인지를 파악하여 근본적인 해결안을 모색하는 것이 바람직하다.

원인이 부하 직원 내부에 있는지, 환경이나 동료 등 외부에 있는지를 면밀히 분석하여 적합한 코칭이나 재교육을 실시하도록 한다. 그러므로 가급적이면 가르친 사람이 직접 면담을 통해 파악하는 것을 권한다.

3)부하 직원 스스로 업무의 활용도를 평가하도록 한다

스스로 점검하는 것은 주인의식을 높이고 개선의 의지를 높이는 데 상당히 좋은 방법이다. 가르치는 일은 가르치는 사람이 중심이 아니라 배우는 사람이 중심이다. 그러므로 상사는 부하 직원이 좀 더 활용을 잘하고 개선에 자발성을 발휘하도록 환경을 만들어 주는 데 집중해야 한다. 무엇보다 개선점을 모색할 경우에도 타인에 의한 감정이 개입되지 않고 부하 직원 내부의 목소리에 집중하도록 독려하자.

티칭 & 리딩

마음으로부터 변화하라
주는 것이 최고의 소통이다
뒷담화보다는 돌직구를 날려라
한 번 말한 것은 한 번도 말하지 않은 것과 같다
결국은, 사람이다
멋진 잔소리꾼이 되어라
또 다른 무수한 당신을 만들어라
물고기를 주지 말고 잡는 법을 가르쳐라
학습하는 조직을 만들어라
호랑이는 가죽을 남기고 리더는 가르침을 남긴다
리더들이여, 울림이 있는 티칭 리더가 되라!

마음으로부터 변화하라

자신을 변화시켜라

누군가를 가르칠 정도의 전문성이 있거나 직급이 되면 빠지기 쉬운 딜레마가 있다. 그것은 바로 '내가 옳아' 딜레마이다. 물론 그 분야의 전문가이고, 옳은 선택을 해왔기 때문에 가르칠 역량이 생긴 것은 분명한 사실이다. 하지만 '나'만을 고집하다 보면, 어느새 가르치는 것은 단순히 가르치는 행위로 전락해 버리기 쉽다. 부하 직원과는 전혀 교감하지는 못하고, 그저 '잘' 가르치기만 하는 것이다. 동기부여를 주지도 못하고,

마음에 울림을 주지도 못하고, 깨달음을 주지도 못한다. 다만 자신이 '잘' 알고 있는 것을 '잘' 가르치기만 할 뿐이다. 상사가 옳다는 것을 강조하면서 말이다.

상황이 이렇게 되면, 부하 직원은 당신이 옳다는 것을 인정은 하지만 가슴으로는 수용하지 못하는 상태에 이르게 된다. 그렇게 가르침의 소통이 삐그덕거리게 되면, 결과는 기대에 미치지 못한다. 결국은 불만족스러운 결과에 대한 문제점을 상대방에게서 찾으려 든다. 왜냐하면 서로가 '나는 옳기' 때문이다. 결국은 '저 사람이 이렇게만 해 줬어도, 이렇게만 바뀌었어도…….' 하는 변명을 늘어놓기 십상이다.

그러나 결론적으로 말하자면, 잘 가르치기 위해 변해야 하는 사람은 부하 직원이 아니라, 상사인 당신이다. 사람의 행동은 평생-그 나이가 몇 살이든 상관없다- 동안 수차례의 시행착오를 겪으며 옳다고 판단된 최종 결과로 형성된다. 혹은 그동안 큰 불편 없이 살아온 반복된 행동패턴의 결과일 것이다. 그러므로 다른 누군가의 행동을 변화시킨다는 것은 안타깝게도 쉽지 않다. 더구나 동기부여가 확실하지 않으면, 변하려는 의지도 없다. 심지어 변하고자 마음을 먹었어도 작은 방해요소 하나에도 꺾이기 쉽다. 변화에 대해 한번 강조한다고 한번에 바뀌지 않는다. 관성적으로 다시 예전의 익숙함으로 돌아가려 하기 때문이다. 이렇듯 다른 사람을 바꾸는 것은 상당히 어려운 일이다. 어쩌면 불가능할지도 모르는 일이다.

필자의 아버지는 평생 걱정거리가 많으신 분이다. 모든 아버지가 그러하겠지만, 필자의 아버지도 장성한 자식이 혹시 끼니라도 거르지 않을까, 감기에는 걸리지 않을까 늘 노심초사하신다. 하루는 강의준비로 아침식사를 거르고 바쁘게 강의장으로 향하던 차였다. 때마침 핸드폰 벨이 울렸다. 아침시간은 1분 1초도 아쉬운 법이다. 그런 시간에 울리는 전화벨이 달가울 리 없다.

"여보세요." 전화를 받자 반대편의 목소리는 필자의 아버지였다. 요즘 필자의 얼굴이 안되어 보여 걱정되어 전화하셨단다. 끼니 거르지 말라고, 조심해서 운전하라고 당부하셨다. 끊으면서 생각했다. 무슨 걱정을 이리도 사서 하실까? 어련히 알아서 할까? 답답한 마음이 들었다. 하지만 꽉 막힌 도로 위에서 다시 생각해 보니, 그것이 바로 아버지께서 살아오신 방법이고 패턴임을 깨달았다. 60 평생을 그렇게 살아오신 분께 하루아침에 걱정거리를 모조리 내려놓으시라고 강요하는 것은 어찌 보면 억지일 수 있다고 생각했다. 그 걱정과 표현이 아버지 나름의 사랑 표현이고, 삶의 표현방법이기 때문이다. 오히려 그런 아버지의 걱정을 괜한 기우라고 치부하는 나의 생각을 바꿔, 그 걱정이 아버지의 사랑이라고 받아들이는 것이 옳다고 생각했다. 운전대를 잡고 이렇게 생각을 바꾸고 나니, 순간 이상한 일이 일어났다. 필자의 아버지께 걸려오는 전화가 전혀 짜증스럽게 느껴지지 않았다. 오히려 끼니 거르지 말라는 걱정이 감사와 애정으로 느껴졌다.

이렇듯 변해야 하는 대상은 다른 사람이 아닌 당신 자신이다. 누군가를 변화시키는 것에는 상당한 시간과 수고가 필요하다. 그에 반해 당신 자신이 변하는 데에는 상대적으로 적은 시간과 수고가 필요하다. 당신 스스로 변해야 한다는 당위성과 동기부여만 있다면 변할 수 있다. 심지어 지금 당장 변할 수도 있다. 그리고 놀랍게도 나 자신만 변하고도 이 세상이 다 변한 것 같이 느껴지기도 한다. 마치 필자의 아버지는 변하지 않으셨지만, 필자가 생각을 바꾸므로 아버지의 말과 태도를 다르게 느낀 것처럼 말이다.

그렇다면 상사는 가르치는 리더로서 무엇을 바꿔야 할까? 가르치는 내용의 본질은 변하지 않을지라도 그것을 전달하는 수단과 방법은 변해야 한다. 받아들이는 세대가 변하였고, 요구하는 기대가 변하였기 때문이다. 왜 내가 원하는 바대로 변하지 않았냐고 억울해해서는 안 된다. '예전에 내가 배웠을 때엔 이것이 옳았으니 나의 부하 직원에게도 이렇게 알려 줘야지!'라는 생각은 너무 구태의연한 발상이다. 가르침도 소통의 한 방법이다. 소통을 잘 해야 하는 이유는 상대방을 행복하게 만들기 위함이 아니다. 내가 나의 의중을 잘 전달하여, 내가 의도한 대로 결과치를 이끌어 내기 위해서다. 그래서 내가 좀 더 행복해지기 위함이다. 엄밀히 말해서 소통은 화자(話者)를 위함이다.

가르침 또한 마찬가지다. 상대방의 성공과 성장이 가르침의 목적임은 분명하다. 그렇지만 더 큰 목적은 부하 직원이 당신과 같은 목표를 바라보도록 성장시켜 나가기 위함이다. 그래서 함께 몸담은 조직이 공동으로 목표하는 성과를 함께 달성하기 위함이다. 그 목표달성의 최종책임은 리더인 당신에게 있다. 조직원인 부하 직원이 당신의 업무 조력자로서 각자 최고의 성과를 만들어 내도록 이끄는 것이 결국 당신을 위한 일이라는 것이다. 바로 이것이 조직에서 당신이 부하 직원을 가르치는 목적이다.

그러므로 누군가가 변해야만 목적한 바를 성취할 수 있다면, 좀 더 변화시키기 용이한 단 한 사람, 당신을 변화시키는 것이 좋다. 그런데 당신이 변화하고자 무던히 노력하는 순간, 예상치 못한 일이 일어난다. 당신 주위의 사람들이 함께 변화되는 것이다. 그들은 당신이 무엇인가 대단한 존재로 변했기 때문에 변화하는 것이 아니다. 변화하려 노력하는 당신에게 고무되고 동기부여 되기 때문이다. 당신이 노력하는 모습 자체가 강력한 동기부여제가 될 수 있다. 이런 맥락에서 부모가 자녀들에게 공부하라고 열 번 말하는 것보다, 한 번 책 보는 모습을 보여 주는 것이 더 효과적이라고 할 수 있다.

물론 당신의 부하 직원은 당신과 똑같은 모습으로 변화하지는 않을 것이다. 어쩌면 당신이 의도한 대로 변화하지 않을 수도 있다. 하지만 그들은 당신이 노력하는 모습 자체에 신뢰를 가질 수 있다. 그리고 그 모습에 감동되면, 당신에게 가지고 있던 단단한 자기방어벽이 좀 더 느슨해질 것이다. 혹시 그것이 무슨 대수냐고 생각하는가? 부하 직원이 당신이 상사라는 이유만으로 갖게 되는 방어벽을 허무는 순간, 진정성 있는 소통이 가능해진다. 당신의 메시지에 귀를 기울이므로, 업무적으로 당신에게 열린 마음을 가질 뿐 아니라 인간적 유대감까지 형성할 수 있다. 업무의 성과를 비약적으로 높일 수 있다.

그리고 무엇보다 함께 일하는 그 시간들이 행복해질 수 있다. 펀(Fun) 경영 이야기를 많이 하는데, 억지로 조성된 웃음이 아니라 진심에서 우러나오는 웃음으로 근무환경이 재창조될 수 있다. 끊임없이 노력하는 당신의 모습에서 혹자는 존경심과 경외심을 갖게 될지도 모른다. 이런 감정을 전달하는 것만으로도 당신은 리더로서 강력한 영향력을 행사할 수 있다. 이런 의도치 못한 결과까지 생각해 보자. 힘들게 누군가를 변화시킬 필요가 있을까? 당신 자신이 변화하지 않을 이유가 있을까?

스스로 인재와 스스로 조직

자제력과 자긍심은 정비례한다. 자긍심이 크면 클수록 스스로를 통제하려는 욕구나 능력도 커지게 마련이다. 한편 남을 통제하려는 욕구와 자긍심은 반비례한다. 자긍심이 적으면 적을수록 남을 통제하려는 욕구와 능력도 커지게 마련인 것이다.

– 토마스 사스

스스로의 업무 성과는 훌륭하지만, 누군가를 가르치거나 인재로 양성하는 데 있어서는 부족한 사람을 쉽게 볼 수 있다. 하지만 지금의 조직은 더욱 조직 친화적이고 인본주의적인 리더를 요구하고 있다. 혼자만의 성과보다는 함께 이루어 내는 시너지 높은 성과에 더 초점을 두고 있다. 그런 관점에서 볼 경우, 가르치는 것은 더 이상 인재개발팀의 전담 몫이 아니다. 그런데 여기서 중요한 것은 상대방을 억압하고 통제해서는 수준 높은 성과를 기대하기 어렵다는 점이다.

앞서도 이야기한 바와 같이 리더는 궁극적으로 스스로 학습하고 개발하려는 자유의지를 갖춘 '스스로 인재'를 양성해야 한다. 그러기 위해서는 자발적인 문제제기와 문제해결력을 길러 주어야 한다. 이런 '스스로 인재'가 모여 '스스로 학습하는 조직'을 만들 때, 자율성 안에서 균형을 이룬 소통과 성과를 추구할 수 있다. 그러므로 스스로에 대한 절대적인 믿음은 더없이 중요하다. 스스로를 믿는다는 것은 근거 없는 자신감에서 비롯되는 것이 아니다. 내가 추구하는 바가 옳고 그 결과가 모두를 행복하게 만든다는 근거 있는 자신감에서 비롯되어야 한다. 그런 인재를 배출하기 위해서는 논리적이고 체계적인 가르침이 전제되어야 한다. 인재 스스로가 판단해도 신뢰도가 높은 가르침을 받아야 한다는 의미이다. 가르침을 통해 스스로가 그 분야의 전문가로 성장하였다는 확신이 필요하다. 그러므로 주먹구구식의 교육보다는 체계적이고 투명한 교육을 받아야 하며, 그에 따른 검증과 확인(Follow up)이 뒤를 이어야 한다. 스스로가 그 분야의 전문가임을 확신할 수 있다면 그는 이미 '스스로 인재'로 성장했음을 의미한다. 자신에게 부족한 역량을 보완하며, 본인이 추구하는 인재상에 가까워지기 위해 필요한 분야를 스스로 찾아낼 수 있기 때문이다. 단계별로 요구되는 업무적 조언은 어떠한 상사라도 해 줄 수 있다. 그러나 가야 할 방향을 함께 모색해 주는 멘토는 누구나 될 수 있는 것은 아니다.

스스로 인재일수록 단순한 조언을 바라기보다는 큰 미래를 그려 주고 영감을 주는 멘토를 기대한다. 이것이 바로 상사로서의 임무를 물리적인 기술과 지식만을 전달하는 것에 국한시킬 수 없는 이유이다. 멘토의 역할을 하는 상사에게는 부하 직원에게 큰 방향을 보여 주고 수정 · 보완해야 할 점을 제시할 역량이 요구된다. 이러한 역량은 소위 '멘토링' 혹은 '리더십'이라는 개념과 상통한다. 멘토링을 완벽하게 수행하기 위해서는 상사 스스로가 반드시 그러한 수준에 도달해야 한다. 본인의 그릇이 넓어야 부하 직원을 담을 수 있다. 스스로 인재로 성장한 부하 직원과의 상호 학습은 서로에게 성장을 도모하는 상생의 역할을 한다. 당신으로 인해 스스로 인재로 성장한 부하 직원과의 협업은 생각만으로도 고무적이다.

여기에서 더 주목할 점은 스스로 인재로 성장한 부하 직원은 또 다른 부하 직원의 교과서가 될 것이고, 그로 인해 성장을 위한 가르침이 연쇄적으로 일어날 것이라는 점이다. 스스로 인재들로 인해 스스로 학습하는 조직이 되어 가는 것. 그 안에서 또 다시 성장할 인재들. 성장한 스스로 인재들로 인해 더욱 성장해 가는 조직. 이런 선순환을 위해서 우리는 '스스로 인재'를 육성해야 하고 '스스로 학습하는 조직'으로 만들어 가야 한다.

주는 것이 최고의 소통이다

세 사람이 길을 가면 반드시 나의 스승이 있다

논어(論語)의 술이편(術而篇)에는 "삼인행 필유아사(三人行 必有我師)"란 이야기가 나온다. '세 사람이 길을 가면 반드시 나의 스승이 있다'라는 공자의 이야기이다. 세 사람 중 선한 자를 가려서 따르고, 선하지 못한 자를 가려서 자신의 잘못을 고쳐야 한다는 뜻을 가지고 있다. 이 이야기처럼 관점에 따라 모든 것은 가르침이 될 수도, 그냥 지나쳐 버릴 에피소드가 될 수도 있다. 공자는 이미 2500년 전, 현명한 사람은 함께하는 사람이 누구든지 배울 점을 찾는다고 말한 것이다.

직장에서 상사가 되고 리더가 된다는 것은 단지 직책의 승급만을 의미하지 않는다. 올라갈수록 급여를 많이 받는 것도 단순한 승급에 대한 보상만이 아니다. 당신이 성장하고 성공한 비결을 부하 직원에게 올바르게 가르치라는 의미이다. 부하 직원이 스스로 자립할 수 있는 능력을 갖추도록 성장시키라는 의미이다. 그러므로 상사인 당신은 더 많은 것을 끊임없이 배워야만 한다. 그리고 그것을 가르치면서 나누어야만 한다. 배움이라는 것은 멘토나 코치가 있어 직접적으로 가르침을 받을 수도 있다. 그렇지만 무엇을 배우고 얻을 것인지를 명확히 인지하고 있다면, 생활 속에서, 업무 중에서, 무엇에서든, 누구에게서든 배울 수 있다.

공자가 이야기한 세 사람이란 물리적인 숫자를 뜻하는 것이 아니다. 항상 배우려고 노력하고 부족한 것을 자각하는 사람은 한 사람과 같이 길을 걸어도 배울 점을 찾아낸다. 반면 배우려는 마음의 준비가 되어 있지 않은 사람은 수십 명의 사람과 함께 해도 배울 점을 찾지 못한다. 이 말은 과거에만 국한된 이야기가 아니다.

오늘날과 같이 경쟁이 심화된 상황에서 끊임없이 발전하기 위해선 누군가의 장점을 배우는 데 게을리해서는 안 된다. 여기서 필요한 것은 누군가의 장점을 발견해 내는 능력이다. 가령 어린 아이들이라고 해서 배울 점이 없겠는가? 당신 조직의 말단직원을 생각해 보자. 그들에게서는 배울 점이 없을까? 배울 점이 없는 것이 아니라 배울 점을 찾지 못한 것이 아닐까? 먼저 우리 자신을 들여다보자. 나의 장점은 무엇일까? 부각시켜야 하는 강점은 무엇일까? 그리고 채워야 하는 것은 무엇일까?

나의 문제점을 모르는 것은 큰 문제다. 그러나 문제점을 타인에게서 찾는 것은 더 큰 문제다. 타인에게서 문제점을 찾는다면, 결코 나의 부족한 점은 찾을 수 없기 때문이다. 내가 채워야 하는 것을 다른 누군가를 통해 채우며, 채워진 그릇을 또 다른 누군가에게 나누어줄 때 진정한 가르침이 될 수 있다. 자신의 장단점을 찾는 능력과 채우려는 노력, 그리고 나누는 능력이 가르치는 리더로서 요구되는 덕목이다.

주는 것이 최고의 소통이다

몇 해 전 태국의 한 이동통신회사에서 실화를 바탕으로 제작되어 화제가 된 광고가 있다. 어린 한 소년이 약국에서 약을 훔쳐 달아나다 약사에게 붙잡혀 호되게 혼나고 있다. 그 모습을 지켜보던 옆 식당주인은 소년 대신 약값을 지불한다. 그리고 훔쳤던 약 3병과 함께 식당에서 파는 야채 스프 한 봉지를 소년에게 건넨다. 낚아채듯 달아나는 소년. 그리고 30년 뒤, 식당 주인은 여전히 어려운 사람들에게 음식을 나눠 주며 식당을 운영한다. 그러던 어느 날, 과로로 식당주인은 쓰러지게 된다. 수술을 해야 되는 급박한 상황. 식당주인 딸은 거금의 수술비를 마련할 길이 없어 식당을 급매로 내놓게 된다. 그리고 아버지의 수술을 마친 어느 날, 병간호를 하다 잠이 깬 딸은 봉투에 담긴 메시지를 보고 깜짝 놀란다. 아버지의 병원비가 모두 지불되었다는 고지서였기 때문이다. 그리고 그 옆에는 작은 메모가 적혀 있었다.

"모든 비용은 30년 전에 이미 지불되었습니다. 3통의 진통제와 야채 스프와 함께. 안부를 전합니다."

이 이야기는 미국 존스홉킨스 대학병원의 공동설립자인 하워드 캘리(Howard A. Kelly) 박사의 실화에 바탕을 둔 태국 이동통신회사 광고 이야기다. 가난한 고학생이던 하워드 캘리 박사는 방문판매를 하며 학업과 생활을 이어 간다. 그러던 중 하루는 너무 배가 고파 가정집을 방문하여 무엇인가 먹을 것을 달라고 부탁할 생각이었다. 하지만 문을 열어 주는 소녀를 보고서는 어린 마음에 차마 용기가 나지 않아 물 한 컵만을 부탁했다. 그러나 소녀는 가난한 고학생이 배가 고팠음을 알아차리고 우유 한 잔을 가득 채워 건넸다. 이 친절에 감사하며 캘리 박사는 돈을 지불할 생각이었으나 그 소녀는 "엄마는 친절을 베풀 때 돈을 받지 말라고 하셨어요."라고 말했다. 이에 큰 깨달음과 감사의 마음을 느낀 캘리 박사는 그 힘으로 더욱 학업에 매진할 수 있었으며, 성공한 의사로서 대학병원을 설립할 수 있었다.

그 후 십수 년이 흐른 어느 날, 캘리 박사는 심각한 질병의 한 여성 환자를 만나게 되었다. 그리고 그녀가 그때 친절을 베풀어 준 그 소녀임을 한눈에 알아차린다. 당시 의술로는 치료가 어려운 심각한 상태였음에도 불구하고 캘리 박사는 자신이 할 수 있는 모든 방법을 동원하여 마침내 수술을 성공시킨다. 그리고 그 여성에게 한 장의 청구서를 보낸다.

"한 잔의 우유로 모두 지불되었습니다."

베푼다는 것은 돈과 같은 유형의 재화에 한하지 않는다. 상대방에 대한 진지한 고민과 배려는 누군가의 삶 자체를 변화시킬 수 있다. 결국 베푼다는 것은 물질적인 것이든 아니면 관심이나 친절이든 상대방에 대한 진실된 배려와 선의(善意)에서 출발한다.

조직에서 보면 간혹 자신이 가지고 있는 것을 알려 주는 데 인색한 사람들이 있다. 이는 자신이 아니면 안 되는 무언가를 만들어 자신의 존재가치를 높이고자 함이다. 하지만 이는 근시안적인 행동이라고 볼 수 있다. "내가 없으면 회사가 안 돌아가."라는 이야기를 하는 사람들을 보면 '정말 저 사람이 없으며 회사가 안 돌아갈까?' 하는 의구심이 든다. 미안한 말이지만, 호랑이가 없으면 토끼가 대장 노릇 하기 마련이고, 이가 없으면 잇몸으로 씹으면 그만이다. 혹은 '저 사람이 없으니 비로소 다른 길을 찾을 수 있었어. 오히려 잘된 일이지 뭐야?' 하는 경우도 있다.

내가 중요한 정보나 노하우를 전수하지 않아도, 가르쳐 주지 않아도 다른 방법으로 조직은 굴러간다. 왜냐하면 조직은 살아 있는 생명체이기 때문이다. 그리고 한 사람이 없다고 당장 문을 닫아야 할 만큼 심각한 문제가 발생한다면, 이 조직은 위험한 경영을 하고 있다고 볼 수 있다. 결론적으로 이야기하자면, 현명한 사람은 자신이 없어도 아무 문제없이 돌아갈 수 있는 시스템을 구축하는 사람이다.

그렇다면 그 사람이 없어도 조직은 아쉬울 것이 없으니, 당장 헌신짝처럼 내팽개쳐질 것이라고 걱정되는가? 반대로 모든 것을 다 가르치고 위임하여 당장 본인이 없어도 지장이 없는 조직을 만들었다고 생각해 보자. 그리고 이런 현상이 스스로에게 유리한 점이 무엇인지를 한번 생각해 보자.

첫 번째로 앞서도 밝힌 바와 같이 시간적 · 정신적인 여유가 당신에게 주어진다. 이 말은 당신이 실무에서 벗어나 새로운 관점으로 조직의 현황과 문제점을 바라볼 수 있음을 의미한다. 즉, 다른 사람이 미처 신경 쓰지 못하는 업무를 찾을 수 있다는 말이다. 그러므로 당신의 지식과 노하우의 깊이는 이미 다른 부하 직원이 따라오지 못할 만큼의 격차를 벌려 놓고 있다. 물론 당신이 열심히 노력한다는 가정하에서다. 반면 위임을 하지 않고 부하 직원을 가르치지 않는 사람은 하루 종일 눈 코 뜰새 없이 바쁘지만, 하루가 지나고 한 달이 지나고 분기가 지나도 별다른 성과를 내지 못하는 경우가 많다. 그 이유는 자신이 아니면 안 되는 일들이 자신에게 집중되기 때문이다. 대부분 이런 일들은 촉박하게 진행되는 경우가 많으므로 언제나 우선순위에 앞서 있다. 이런 이유로 평상시 심적 · 시간적 여유가 없을 뿐 아니라 완성도도 낮다. 매번 같은 일만 반복한다. 욕심을 내서 관리나 코칭에 관심을 갖고 싶어도 지나친 업무량에 엄두도 못 낸다. 어디 그뿐인가? 부하 직원의 업무에 대하여 확인(Follow up)이나 피드백을 주지도 못한다. 내 코가 석자인데 어떻게 부하 직원을 가르치고 코칭 하겠는가?

두 번째로 부하 직원에게 당신의 모든 것을 가르치므로 그들은 당신에게 고마움을 느낀다. 당신이 가르치고 위임하는 만큼 부하 직원은 업무적으로 성장해 있을 테니 말이다. 이런 이유로 부하 직원은 당신과 일하는 것을 즐기고 고마워할 것이며, 이는 리더십의 출발점이 될 것이다. 그들이 자발적인 인재가 되면, 당신은 유능한 인재를 잘 인도하는 리더가 되는 것이다. 함께 일하면서 서로에게 긍정적인 감정이 오가는데, 일하는 것이 왜 즐겁지 않겠는가? 왜 일의 능률이 오르지 않으며, 성과가 나지 않겠는가?

세 번째로, 능력 있는 리더로 자리매김할 수 있다. 부하 직원들이 그들의 업무를 의욕적으로 수행하므로 성과가 높아진다면 당신은 리더로서의 역량을 이미 검증받은 것이다. 이렇게 당신이 신경 쓰지 않아도 그들 스스로 성과 높은 업무를 하고 있다면, 당신은 다른 영역을 학습하고 고민할 시간이 많아진다. 이는 다른 분야의 전문가로 변모할 수 있는 새로운 가능성을 의미한다. 이것만으로도 당신은 다른 사람들과는 충분한 차별성을 갖게 된다.

앞서 말한 세 가지는 당신이 더 이상 현장 실무자에만 머무르지 않고, 실무자이자 관리자가 되도록 만들어 주는 역할을 한다. 나만의 업무라고 욕심내 봤자 천년만년 그 일만을 고수하게 된다. 당신의 관리능력은 성장할 여유가 없다. 왜 당신의 능력을 평가절하하려 하는가? 당신이 관리자로 성장할 기회를 왜 거부하려 하는가?

이런 이유로 부하 직원을 가르치고 완벽하게 위임하는 것은 개인으로서도 이득이 될 수 있지만, 조직으로서도 상당한 이득이다. 한 사람에게 집중되어 있는 업무를 분산시키므로 경영의 위험부담을 해결할 수 있으며, 각 조직원들의 능력이 고르게 향상되므로 생산성이 높아지기 때문이다. 부하 직원의 입장에서는 업무 성장을 통한 커리어의 향상을 기대할 수 있으므로 이것이야말로 진정한 의미의 승-승-승의 전략이라 할 수 있다. 서로에게 승(勝)이 될 수 있는 방법을 고민하고 실천하는 사람의 곁에는 따르는 사람이 많을 수밖에 없다. 함께하면 서로에게 이득이 되므로 함께하는 것이 즐겁고 삶이 풍요로워지기 때문이다. 또한 즐거움 속에서 시너지가 발생하니, 가르치고 베푸는 것이야말로 인본주의적인 소통의 시작이라고 할 수 있다.

흥미로운 점은 그 베풂이 시간이 지날수록 닳거나 사라져버리는 소모적인 것이 아니라는 점이다. 오히려 시간과 노력이 많을수록 더욱 견고해지고 완성도가 높아지는 무형의 자산이다. 그러므로 베푸는 사람과 받는 사람 모두에게 생산적인 일이다. 가르치고 배우는 관계 속의 사람들 사이에는 성장을 위한 감정의 교류가 쉼 없이 일어난다. 이 가치는 돈으로도 환산할 수 없다. 무형의 자산은 훔쳐갈 수도 없다. 그리고 받아들이는 사람의 인성과 삶의 방식에 따라 조금씩 다르게 정착하므로 유일무이한 자산이 된다.

그러므로 쉽게 줄 수 있는 유형의 자산보다는 무한 잠재력을 갖춘 무형의 자산을 전수하는 것이 당신을 오랫동안 기억하게 만드는 비법이 될 수 있다. 그리고 많은 사람들에게 오랫동안 회자되며, 때에 따라 누군가의 삶에 반영되어 투영될 수 있는 가치 있는 활동임을 기억하자.

뒷담화보다는
돌직구를 날려라

뒷담화와 앞담화

뒷담화는 합성어로, '담화(談話)'와 우리말의 '뒤[後]'가 합쳐져 생긴 말이다. 보통 남을 헐뜯거나, 듣기 좋게 꾸며 말한 뒤, 뒤에서 하는 대화 또는 그 말을 일컫는다. 부정적인 뒷담화는 누구나가 좋지 않은 것임을 알지만 쉽게 동참하게 된다. 우리는 왜 이처럼 뒷담화의 유혹에 쉽게 빠지는 것일까?

미국 노스이스턴 대학의 리사 베넷 박사는 뒷담화를 하는 첫 번째 이유를 "두 눈 사이의 경쟁"이라고 부르는 시각현상을 이용해 설명하였다. 사람들이 사물에 집중하는 패턴을 관찰한 결과 별 소문이 없거나 좋은 소문이 있는 사람의 사진을 보는 시간은 짧았지만, 좋지 않은 '뒷담화'의 대상은 유심히 쳐다봤다. 그 이유에 대해서 미국 과학전문 주간지 사이언스(Science)는 "우리 뇌는 거짓말쟁이나 사기꾼 등 자기에게 해를 끼칠지도 모르는 사람은 유심히 보고 방어하기 위한 정보를 수집하려 한다."고 밝혔다. 이 관찰결과에 따르면 뒷담화는 나의 안녕과 안전을 위한 본능적인 방어자세라는 말이다.

조직 내에서 뒷담화를 하는 것은 그 사람이 나의 자리를 대신할지도 모른다는 불안함과 방어에서 출발한다고 볼 수 있다. 내가 그 누군가보다 열등하다는 생각에서 비롯될 확률도 높다. 열등의식과 불안심리가 뒷담화라는 형태로 표출되므로 뒷담화 하는 사람들은 전혀 상대방의 성공과 발전에는 관심이 없다. 다만 자신의 열등과 불안에 대한 감정의 찌꺼기를 해소하기 위해 뒷담화를 이용할 뿐이다. 역으로 말하자면, 스스로가 그 누군가보다 월등하고 도움을 주는 존재라고 인식한다면 뒷담화를 할 이유가 없다고 볼 수 있다.

뒷담화를 하는 또 다른 이유는 심리학에서 말하는 '삼각 구도화'에서 찾을 수 있다. 이는 뒷담화를 듣는 제3자를 일종의 대화 대리인으로 여긴다는 이론이다. 마치 "임금님 귀는 당나

귀 귀"라고 이야기하는 것과 비슷한 심리이다. 심리학에서는 당사자에게 직접 하기 어려운 말을 제3자에게 뒷담화함으로써 당사자에게 말할 때 느낄 불편한 감정을 피할 수 있기 때문이라고 설명한다.

그러나 그보다 정확히 이유를 파악해 보자면, 불편한 감정이 두려워서라기보다 당사자를 충분히 이해시키고 납득시킬 자신이 없기 때문이다. 만약 꺼내기 쉽지 않은 말이라 할지라도 근본적으로 상대방의 성장과 발전을 위해 반드시 필요한 것이라면 어떨까? 화기애애한 분위기 속에서 말하지는 못할지라도, 그 말을 하는 것이 고역스럽지는 않을 것이다. 그 대화의 본질이 상대방을 위함이 아니라 전적으로 당신 자신만을 위한 것이라면, 상대방이 충분히 수용하지 못할 수도 있다. 그런 경우라면, 당연히 그 순간을 견디기가 쉽지 않을 것이다.

개그맨 유재석은 서번트 리더십의 대표주자로 자리매김하며 본받아야 하는 리더상으로 많이 거론되고 있다. 그중 '소통법칙 10가지'라는 제목의 글이 인터넷에 올라온 적이 있었는데, 첫 번째가 바로 '앞에서 할 수 없는 말은 뒤에서도 하지 마라. 뒷말은 가장 나쁘다.'였다. 눈을 보고 당당히 할 수 없는 말은 감정에 생채기를 내는 목적을 갖고 있으므로 뒤에서 하면 해가 된다는 의미일 것이다.

눈을 보고 쓴소리를 할 수 있다는 것은 상대에게 도움이 되는 말임을 확신하기에 '그럼에도 불구하고' 용기를 내어 하는 말이다. 그러므로 후줄근한 뒷담화를 하지 말고, 당당한 앞담화를 하자. 당당하게 앞담화를 할 수 있는 것은 누군가를 무너뜨리기 위함이 아니라 오히려 성장시키기 위한 쓴소리이기 때문임을 반드시 염두에 두기 바란다.

멋진 돌직구를 던져라

우리의 선조들은 직접적으로 말하지 않고 은유적으로 표현하는 것을 미덕으로 여겼다. 특히 상처를 줄지도 모르는 말은 가급적 돌려 말하려 하였다. 하지만 요즘 젊은 세대들은 돌려 표현하는 말보다는 간결하고 직접적인 표현을 선호한다. 오히려 돌려서 얘기하면 예기치 못한 다른 오해를 만들 수도 있을 뿐만 아니라, 그 이야기를 듣는 시간도 더 고통스럽게 여긴다고 한다.

이런 세대를 반영하여 근래에는 '돌직구'라는 표현을 많이 사용한다. 근래의 TV 시사프로나 토크쇼 등 여러 분야에서 돌직구라는 말을 어렵지 않게 접할 수 있다. 대표적으로 개그맨 박명수 어록이 있다. 그가 한 말 중 "지금 공부하지 않으면 더울 때 더운 데서 일하고 추울 때 추운 데서 일한다." 는 말은 청소년들 사이에서 많은 공감을 얻었다. 그 어떤 석학들의 "열심히 공부해서 꿈을 이룹시다."라는 말보다 더 가슴에 박히는 말이 되었다. "늦었다고 생각할 때가 늦은 거다. 그러니 지금 바로 시작해라."라는 말은 오랜 세월 메이저(Major)가 아닌 마이너(Minor)로 살아온 그의 뼈아픈 경험으로, 시작을 망설이는 사람들의 마음을 움직인다. 그럴 듯한 희망을 주는 말보다는 현실을 직시하는 말은 지금이 아니면 안 될 것 같은 위기의식을 자극한다.

"내 너 그럴 줄 알았다~라고 말하지 말고 알았으면 제발 말을 해라."는 그의 말은 지금 필자가 하는 이야기와 일맥상통한다. 적시적소에 가르치고 코칭 하는 것이 상대방의 실패와 좌절을 방지하는 것이니, 상사라면 필요한 시점에 따끔한 돌직구를 날려 달라는 말이다. 앞서도 얘기했지만, 사람들이 면전에서 따끔한 돌직구를 날리지 못하는 이유는 크게 두 가지다. 하나는 그 이야기를 듣는 상대방의 태도가 부정적일 경우 그 순간을 견디기 어려운 이유이고, 두 번째로는 그 대화 이후 관계를 지속하기 어려울 것이라는 불안감 때문이다. 하지만 이 두 가지의 이유에도 불구하고 당신이 상사로서 부하 직원의 성장과 발전을 위한다면, 반드시 이 불편한 과정을 거쳐야만 한다. 마치 통과의례처럼 말이다.

이 과정에서 당신의 의도가 온전히 상대방의 진정한 성장에 있다 하더라도 상대방은 당신에게 부정적인 반응을 보일 수도 있고, 그 대화 이후 관계가 서먹해질 수도 있다. 하지만 그런 위험부담은 모두 감정을 가진 인간이기 때문에 나타나는 자연스러운 현상임을 서로가 인지하고 있다. 하지만 그 돌직구로 인해 부하 직원이 성장하고 있음을 스스로가 깨닫게 되면, 상황은 바뀌게 된다. 당신이 더욱 강력한 돌직구를 날려도, 그들은 불쾌하기는커녕 쌍수를 들고 환영할 것이다. 몸에 좋은 약이 입에 쓴 것처럼, 당신의 말이 귀와 가슴에는 쓰더라도 머리와 비전에는 좋음을 알기 때문이다.

그렇지만 이런 돌직구 대화를 하기까지는 일정기간의 숙성 시간이 필요하다. 이것은 당신이 가르치는 목적이 부하 직원의 발전과 성공에 있음을 서로가 확신할 수 있는 시간이다. 당신의 의도가 순수하고 신뢰할 만하다는 것을 그들이 확신할 수 있어야 한다. 만약 이런 신뢰가 형성되지 않은 상태에서 돌직구 대화를 한다면, 부하 직원은 당신에게 아예 마음의 문을 닫을 수도 있다. 혹시 아직도 '아쉬운 사람이 누군데?'라고 생각하는가? 부하 직원의 신뢰를 얻고 마음을 얻는다는 것은 당신이 리더로서 성공하느냐 마느냐의 첫 관문이다.

한 번 말한 것은 한 번도 말하지 않은 것과 같다

소통, 그 끊이지 않는 화두

대부분의 상사들이 부하 직원을 가르치면서 느끼는 불만 중 하나가 바로 그들의 자세이다. 받아들이는 자세가 안 되어 있다는 것이다. 그러면서 "나 같으면 저렇게 안 해.", "내가 예전에 배울 때는 저러지 않았다."라는 말들이 공식처럼 줄줄이 따라온다. 자신은 애써 열심히 가르쳤는데 도통 노트할 생각도 하지 않고 핸드폰이나 만지작거리기나 한다는 말이다. 하지만 부하 직원의 이야기를 들어 보면, 꼭 그렇지도 않다. 그들은 들은 내용을 폰에 저장하며 나름의 방식으로 집중한다고 대답한다. 우리는 여기서 '소통'이라는 말을 다시 한 번 생각해 봐야 한다.

가르치는 것은 소통과 상당히 비슷하지만, 조금은 성격이 다르다. 일반적으로 대화는 감정을 드러내지 않고 필요한 메시지만을 전달할 수도 있다. 그렇지만 가르치는 것은 다르다. 가르침을 받는 사람이 그 내용을 행동으로 표출할 수 있도록 근본적인 모든 것을 가르쳐야 한다. 그 과정 속에서 서로의 감정이 개입된다. 실제로 긍정적인 감정을 나눈 관계일수록 가르침의 효과가 높다. 그러므로 가르침은 소통의 가장 적극적인 방법이라고 말할 수 있다. 이런 이유로 가르치는 데 있어 '소통'을 이해하는 것은 상당히 중요하다.

올바른 소통을 위해서는 앞서 밝힌 바와 같이 상대방이 나와 다른 것을 틀린 것으로 생각하는 이분법적인 사고를 구겨 버려야 한다. 상대방이 나와 다른 것을 그 사람 고유의 특성으로 이해하고, 그대로를 받아들이는 것이 가장 중요한 관점이다. 이는 가르치는 사람만 노력한다고 해서 되는 것이 아니다. 받는 사람이 더 노력해야 하는 부분이다. 하지만 안타깝게도 이 소통의 주된 노력은 상사가 해야 한다. 부하 직원이 긍정적으로 마음의 문을 열도록 먼저 소통의 손잡이를 잡아 당겨야 한다. 그리고 그 시작은 편견 없이 대화를 끌어가는 데에서 출발한다.

그리고 그 다음은 '경청'의 단계이다. 〈혼창통〉이라는 책을 보면 재프 킨들러 화이자 회장의 일화가 나온다. 그는 매일 아침 집을 나설 때 1센트 동전 10개를 왼쪽 바지주머니에 넣어 둔다. 그리고 누군가의 말을 진심으로 경청했다고 느낄 때마다 동전 하나씩을 오른쪽 주머니로 옮긴다. 경청이 대화에서 얼마나 어려운지를 집약적으로 보여 주는 동시에 얼마나 중요한 덕목인지를 단적으로 보여 주는 사례이다. 이는 의도적으로 노력을 해야만 경청을 할 수 있음을 의미한다. 왜 이렇게까지 경청해야 하는지는 책에서 이렇게 밝혔다.

"경청의 의미는 중요한 정보를 캐치한다는 데 머물지 않는다. 그 밖에도 매우 중요한 의미가 있다."

화자(話者)의 이야기에 유익한 정보가 있건 없건 경청하는 행위 자체는 상대방을 인정한다는 것을 표현한다. 우리가 리더라면 적어도 경청을 통해 정보뿐 아니라 상대방의 마음까지 얻을 수 있어야 한다. 경청을 하면 상대와의 관계 속에서 '라포르(Rapport)'를 형성할 수 있다. 라포르는 관계를 유연하게 만드는 핵심요소이다. 또한 효과적인 경청을 위해선 '공감'을 표현하도록 한다. 예를 들어 고개를 끄덕인다든가, 맞장구를 친다든가, 눈을 맞춘다든가, 몸을 앞으로 숙인다든가 등의 행동이 좋은 예이다.

다음은 '말하기' 단계이다. 우리는 다름을 인정하고 경청하면서 신뢰를 확보할 수 있다. 그리고 이 신뢰를 견고히 하기 위해서는 '내가 하고 싶은 말'보다는 '상대방이 듣고 싶은 말'에 집중하길 권한다. 그러기 위해선 상대방이 이 대화에서 나에게 기대하고 있는 바가 무엇인지, 경청을 통해 분별해 낼 수 있어야 한다. 여기서 우리는 혼란을 겪을 수도 있다. '내가 가르치는 내용은 상대방이 듣기 원하는 말이 아닌데…….' 혹은 '지적을 해야 하는 상황에서 어떻게 상대방이 원하는 말을 하지?'라는 의문이 들 수 있다는 점이다. 여기에 바로 우리의 소통에 대한 오해가 있다. 바로 "사람들은 부정적인 말을 듣기 싫어할 것"이라는 착각이다.

물론 악의적인 독설을 좋아할 사람은 아무도 없다. 하지만 부정적인 말이 상대방을 살리는 '성장통'이라면 이야기는 달라진다. 욕쟁이 할머니 식당에서 할머니의 욕을 들으면서도 기분 좋게 식사할 수 있는 이유는 그 욕에 악의가 아니라 나를 아끼는 정겨움이 담겨 있다는 사실을 알기 때문이다. 이처럼 말하기 단계에서 중요한 점은 바로 '의도'이다. 긍정적인 메시지든, 부정적인 메시지든 그 의도가 배려하는 마음에서 출발한 것인지 그렇지 않은 것인지는 말 속에서 드러나기 마련이다.

부하 직원들도 상사가 항상 듣기 좋은 말만 해 주기를 바라지 않는다. 그들을 위해 지적하고 충고해 주고 격려해 주는 리더를 원한다. 이렇듯 스토리 있는 가르침을 주는데, 가르침 후 그들 사이의 소통이 원활해 지는 것은 어쩌면 당연한 것일지도 모른다. 그러므로 리더들이여, 리딩을 하려거든 티칭을 하라.

충분히, 그리고 완벽하게 소통하라

경영구루(Guru) 잭웰치는 이런 이야기를 했다. "나는 열 번을 이야기하지 않으면 한 번도 이야기하지 않은 것과 같다고 생각한다." 반복의 중요성을 강조한 이야기다. 세계의 수많은 사람들에게 영향을 끼친 그가 이렇게 말할 정도면, 누군가에게 어떤 메시지를 정확하게 전달한다는 것에 얼마나 많은 노력이 필요한지 짐작할 수 있다. 우리의 지난 시간들을 되돌아보자. 사실, 했던 말 또 하는 것만큼 짜증나는 일은 없다.

가르칠 때도 마찬가지다. "지난번에 말씀 드렸지만 한번 더 말씀 드릴게요. 잘 들으세요."라며 짜증 섞인 어투로 다시 가르쳐 준다. 하지만 세 번, 네 번 반복되면 짜증을 넘어 사태의 심각성을 고민하게 된다. '상대방의 학습력이 부족한가?' 아니면 '내 말을 경청하지 않나?'라고 생각하게 된다. 만약 전자라면 시간이 좀 걸리더라고 꾸준히 가르치면 된다. 그러나 안타깝게도 대부분의 사람들은 후자에 더 추가 기울기 마련이다. '나를 우습게 생각하나?' 아니면 '내 말이 말 같지 않나?' 혹은 '이 내용이 이해를 못할 만큼 어렵지는 않을 텐데, 이해를 못하는 것이 아니라 안 하는 거 아닌가?'라고 말이다.

하지만 실상은 그렇지 않다. 완벽하게 이해하고 소통하기 위해서는 반복적인 학습이 필요하다. 해당 분야의 경험이 부족한 신입사원일수록 사정은 더욱 그러하다. 학창시절 우등생의 비결이 예습과 복습 아니던가? 그만큼 반복학습이 중요하다.

가르치는 입장에서 더욱 절망스러운 것은 잭웰치가 이런 말도 했다는 것이다. "기업의 핵심가치는 700번 이상 반복해서 부하 직원들에게 말하라." 열 번 정도 반복하라는 권고가 아니다. 자그마치 700번이다. 그 이유는 기업의 핵심가치처럼 추상적이면서도 고차원적인 가치일수록 명확한 인지와 반복이 필요하며, 이 가치들이 기업을 관통하는 하나의 문화로 정착하기 위해서는 더욱 절실하기 때문이다. 그렇지 않을 경우, 쌍방향 소통이 아닌 일방적인 지시가 되기 쉽다. 이런 이유로 리더들은 중요한 가치들을 반복적으로 말하는 데 인색해서는 안 된다. 그 가치들이 행동으로 정착되기까지 반복하여 가르치기를 게을리해서는 안 된다.

기업강의를 하다 보면 "지난번에 들은 내용인데 또 듣나요?" 혹은 "너무 잘 아는 내용이어서 좀 지겨워요."라는 반응들이 종종 있다. 하지만 강의를 하다 보면, 한 번 들은 사람과 열 번 들은 사람의 생각의 깊이에는 엄연한 차이가 있음을 느낄 수 있다. 한두 번 반복해서 들으면 그 정보가 기억 저편에 존재하는 반면, 일명 귀에 딱지가 앉게 들은 사람들은 의식의 바로 밑에 그 정보가 존재한다. 그래서 마치 자신의 일부분이 된 듯 조금의 자극에도 배운 대로 반응할 수 있다.

NLP(NEURO LINGUISTIC PROGRAMMING; 신경언어 프로그래밍)에서는 습관처럼 행동이 프로그래밍 되는 상태를 '의식하지 못하는 능력상태'라고 표현한다. 기억되고 체득되는 단계를 이 프로그래밍에서는 4단계의 프로세스로 구분하고 있다.

그중 1단계는 가장 낮은 무의식 수준으로 '의식하지 못하는 무능력상태(Unconscious Incompetence)'라고 표현한다. 이때는 무언가를 행동으로 옮겨야 하는 필요성을 의식하지 못하며 행동으로도 연속되지 않는 상태를 의미한다.

다음의 2단계는 무언가 변화의 필요성을 의식하는 단계이다. 이 단계는 행동으로 옮겨야 하는 필요성을 자각하므로 '의식하는 무능력상태(Conscious Incompetence)'라고 표현된다. 그러나 이 단계에서는 변화의 의도는 존재하나 행동으로 전환되지는 못한 상태이다.

3단계는 '의식하는 능력상태(Conscious Competence)'로, 변화의 필요성을 인지하여 행동으로 전환하였으나 의식하지 않을 경우 원하는 결과를 얻지 못하는 단계이다. 습관으로 굳혀지지 않아 의도적으로 노력하지 않으면 행동의 연속성이 없는 상태이다.

마지막 4단계가 행동으로 프로그램 된 상태로, '의식하지 못하는 능력상태(Unconscious competence)'라고 표현된다. 습관이라고 표현되기도 하는 이 단계는 의도한 일을 행하는 데 있어 특별한 노력이나 힘을 들이지 않고도 원하는 결과를 도출하는 상태이다. 생활의 한 부분으로 자리잡아 다른 일을 병행할 수 있을 정도로 여유가 생기는 단계이다.

운전을 예로 들어 보자. 운전을 대신 해 주는 기사가 있는 사람이 있다고 가정해 보자. 그는 면허증이 있어야 할 필요를 전혀 느끼지 못한다. 이 단계가 '의식하지 못하는 무능력상태'이다. 하지만 기사를 고용할 경제적 능력이 상실된다면, 당장 운전을 해야 할 필요성을 느끼게 된다. 그러나 여전히 면허증이 없으므로 운전은 하지 못한다. 이때를 '의식하는 무능력상태'라고 표현할 수 있다. 당장 운전을 해야 하는 필요성 때문에 운전면허 학원에 등록하여 면허증을 취득하고 운전을 시작한다. 하지만 운전 중에는 다른 사람과 대화도, 다른 생각도 할 수가 없다. 차에 타자마자 안전벨트를 하고 브레이크를 밟고 시동을 걸고 사이드 미러를 펴는 이 순서를 머릿속으로 차근차근 되짚어야 하기 때문이다. 이 단계를 '의식하는 능력상태'로 볼 수 있다. 그로부터 2년 정도 시간이 지나 무사고 경력을 가진 그는 차에 타면서 자연스럽게 안전벨트를 하고 발은 의식하지도 못하는 사이에 브레이크를 밟고 손은 시동을 켜고 있다. 사이드 미러를 펴면서 동시에 라디오를 켜며 노래를 들으며 달리기 시작한다. 그리고 좋아하는 노래가 나오자, 볼륨을 높여 노래를 따라 부르면서 창 밖의 한강을 바라본다. 그러면서 앞차와의 차간거리를 유지하며 엑셀과 브레이크를 자유롭게 오가고 있다. 이렇게 자연스럽게 몸이 기억하고 행동하는 상태를 '의식하지 못하는 능력상태'라고 볼 수 있다.

이렇게 되기까지는 자의든 타의든 의도적인 반복학습이 필요하다. 습관으로 프로그래밍하는 가장 좋은 방법은 '반복'이다. 학습의 의지가 강한 자아는 외부의 강제성이 없어도 반복학습이 가능하지만, 그렇지 않을 경우에는 필요에 따라 타의에 의한 반복학습이 필요하다. 리더로서 공유하고 싶은 가치가 있다면, 모든 구성원이 완벽히 이해하고 습관처럼 프로그래밍되도록 의도적인 반복노출이 필요하다는 의미이다. 그러므로 반복해서 가르치고 반복해서 확인하는 것은 원활한 소통을 위해 당연히 필요한 과정이라고 할 수 있다.

리더들이여, 기업의 중요한 핵심가치일수록, 리더로서 반드시 전파해야 하는 정보일수록 반복하는 데 주저하지 않길 바란다. 비록 잔소리처럼 여겨질지라도 말이다. 우리의 핵심가치는 그럴 만한 충분한 가치가 있다.

결국은, 사람이다

인정의 욕구

"식욕이나 수면욕처럼 인정의 욕구 역시 계속해서 채워 줘야 하는 속성을 가지고 있다."

성공학의 대가 브라이언 트레이시의 말이다. 널리 알려진 매슬로우(Maslow)의 욕구 5단계설을 살펴보면, 이 주장을 이해하기 쉽다. 욕구 5단계설에 의하면 기본적인 생리적 욕구와 안전의 욕구가 충족되면 사회적인 욕구를 기대하게 된다. 이 욕구는 사회의 구성원으로서 인정받고자 하는 욕구이다. 앞선

2단계의 욕구는 스스로 해결할 수 있는 욕구들이라면, 사회적 욕구는 그렇지 않다. 철저히 나와 관계를 맺고 있는 타인과의 상호작용을 통해 충족되기 때문이다. 간혹 타인과의 교류 속에서 본인이 의도하지 않은 방향으로 관계가 흘러갈 수도 있다. 그러므로 인정에 대한 욕구는 내가 그 조직 내에서 얼마나 비중 있는 존재인지를 검증받고 싶은 욕구라고 바꾸어 표현할 수 있다. 이런 맥락에서 볼 때, 조직 내에서 스스로가 어떻게 평가받고 있는지 궁금해하는 것은 당연한 기본 욕구라는 것이다. 그러므로 인정은 지속적으로 표현되어야 한다.

스펜서 존스의 〈1분 경영(1 Minute manager)〉이라는 책에는 '1분 매니저'라 자칭하는 유능한 매니저가 등장한다. 이 매니저는 많은 업무를 성공적으로 수행함은 물론, 관련된 모든 사람들을 독려하는 인물이다. 그래서 많은 사람들이 그를 배우고 싶어 하고, 따르고 싶어 한다. 이 책의 주인공 역시 이 1분 매니저에게 관리 능력을 배우며 1분 매니저로 거듭나는 과정을 담고 있다. 주인공이 배운 관리방법은 네 가지이다. 첫째, 1분 목표 설정. 둘째, 1분 칭찬. 셋째, 1분 질책. 넷째, 배운 것의 전수.

1분 매니저가 전수한 그 비법을 잘 살펴보면 모두 "사람"에 집중되어 있음을 알 수 있다. 목표설정을 돕고 그 행동에 대하여 우선적으로 칭찬을 하며, 고쳐야 할 점을 질책하고, 학습한 것을 다른 사람에게 다시 전수하여 또 다른 인재를 양성하라고 충고한다. 질책보다 칭찬이 앞서 있는 것은 사람과의 따뜻한 관계에 집중되어 있음을 눈치챌 수 있다. 상대방을 인정하는 것으로부터 관계를 시작하는 것이다. 단순히 한번 칭찬하고 한번 질책하고 끝나는 것이 아니다. 지속적으로 돕기 위해 정기적으로 1분을 그 사람에게 투자한다. 칭찬으로 인정하고, 질책으로 객관성을 전달하는 것이 유능한 매니지먼트의 비법이라고 밝힌다. 사실 많은 사람들은 인정과 칭찬을 쑥스럽게 생각한다. 그래서 본의 아니게 인색하기 쉽다. 어쩌다 칭찬을 한다고 하더라도, 한 번으로도 충분할 것이라고 생각한다. '여러 번 칭찬하면 리더로서 내가 가벼워 보이지는 않을까?', '했던 얘기를 또 하는 것이 우스워 보이지는 않을까?', '쑥스럽게 말하지 않아도 알지 않을까?' 등의 걱정으로 칭찬과 인정에 인색하기 쉽다.

하지만 결론부터 말하자면, 인정과 칭찬에 인색해서는 안 된다. 브라이언 트레이시의 말처럼 인정에 대한 욕구는 식욕이나 수면욕과 같은 생리적인 욕구처럼 지속적으로 충족이 되어야만 건강한 삶이 가능하기 때문이다. 우리가 성장시켜야 하는 대상은 지속적으로 인정받아야만 만족하는 사회적인 존재이다. 따라서 1분 매니저처럼 짧지만 강력한 칭찬과 인정을 자주, 지속적으로 전달하는 것이 효과적이다. 하지만 이때도 주의할 점이 있다. 당신의 진정성과 긍정의 의도가 전달되어야 한다는 점이다. 의무적이고 형식적인 인정의 행위는 오히려 당신을 가식적으로 보이게 할 것이다.

진심으로 부하 직원의 장점과 칭찬거리를 찾는 데 집중해 보자. 부하 직원의 동기부여는 물론이거니와 리더에게는 팀원을 진심으로 인정하는 능력이 형성될 것임에 분명하다. 애써 노력하지 않아도 '무의식의 능력상태'로 팀원을 사랑하게 될 것이다.

인간중심경영, 사람에게 투자하라

"성공하는 기업의 필수 요건은 재능 있는 사람들이며, 이러한 지식 노동자들에게 자율권을 주어 그들이 가지고 있는 능력을 최대한 발휘할 수 있는 여건을 마련해 주어야 한다."

피터 드러커의 말이다. 기업의 성공 열쇠는 헌신적인 팀원들이라는 말이다. 현대의 기업은 지식노동의 부가가치가 높은 경영을 추구하고 있다. 과거의 노동집약적 분야에서는 기계가 인간의 노동력을 쉽게 대신한다. 오히려 환경과 감정에 영향을 받는 인간보다 외부 환경에 영향을 받지 않는 기계가 생산성과 효율성에서 우세하다. 이에 반해 지식산업은 그 성격이 판이하게 다르다. 프로그램 된 대로 대처할 수 없는 경우가 다반사다. 관계와 환경의 변화 속에서 상황은 예측하지 못한 방향으로 흘러가기도 한다. 사람이라는 업무 주체는 감정과 경험을 통해 같은 상황에서도 각기 다른 반응을 보인다. 그러므로 현명하게 순간적인 판단을 집행할 수 있는 직관을 가진 사람이 지식산업에 적합하다. 이 분야는 기계와 컴퓨터가 대체할 수 없기 때문이다. 그러므로 이런 직관을 갖춘 인재에 대한 중요성은 그 어떤 시대보다 강조된다.

조직 구성원들의 비전과 목표가 기업의 성공여부를 가늠하는 중요한 척도가 된 지 오래다. 그렇기 때문에 그들을 개발하고 능력을 충분히 발휘할 수 있는 환경을 조성하는 것이 조직과 리더가 감당해야 할 중요한 몫이다.

그렇다면 인재들의 특징을 한번 살펴보자. 일단 그들은 스스로에 대한 자부심이 강하다. 자존감뿐 아니라 자기신뢰도도 상대적으로 높은 편이다. 또한 두뇌노동자로 인정을 받고 싶어 하는 욕구가 강하다. 그래서 자기개발과 관리에 대한 욕구가 상대적으로 높다. 이런 이유로 조직은 그들에게 분명한 목표에 대한 자율권을 부여할 수 있어야 한다. 끊임없는 혁신과 학습이 가능한 환경을 조성해 주어야 한다. 정기적인 교육의 기회와 상사의 지속적이고도 일관된 코칭 및 팔로우업이 이런 혁신환경에 속한다고 볼 수 있다.

인간중심경영은 부하 직원의 성장에 집중되어 있다. 상사의 인간적인 관심과 가르침이 중요한 이유는 인간중심경영을 가능하게 하는 핵심 요소이기 때문이다. 사람에게 투자한다는 의미는 그들과의 감성 소통도 함께 포함된다. 그리고 그 매개체 역시 사람이다. 가르치는 사람은 가르치는 주체이자 도구(Tool)이다. 부하 직원은 가르치는 상사의 열정과 의도에 고무된다. 그리고 상사의 인간적인 노력에 존경의 감정을 느낀다. 이런 환경에서 성장한 인재는 또 다른 인재를 양성하면서 상사의 가르침을 이어 간다. 이런 선순환의 모습이 바로 학습하고 혁신하는 조직 문화를 형성하는 기본 토대이다.

애써 가르치지 않아도 가르치는 문화 속에서 성장한 인재들은 시대가 원하는 인재상으로 스스로 진화해 갈 수 있다. 동시에 조직은 원하는 인재를 끊임없이 양성해 낼 수 있다. 개인뿐 아니라 조직 자체가 인재를 만들어 내는 '무의식의 능력상태'로 전환된다. 서로를 신뢰하고 스스로를 인정하는 조직문화 속에서는 자존감 높은 인재들이 지속적으로 양성된다. 인간중심경영은 사람에게 투자하는 경영방식이지만, 결국은 조직 자체가 성장하는 결과를 가져온다. 조직을 이루고 있는 존재가 바로 사람이기 때문이다. 무한한 잠재력을 가진 존재가 바로 사람이며, 상호작용을 통하여 예상치 못한 결과를 가져올 수 있는 존재도 사람이기 때문이다. 인정받고 인정하는 문화 속에서 건강하게 성장할 인재를 위해 사람에 집중하는 것이 가장 중요한 노력임을 잊지 말도록 하자.

멋진 잔소리꾼이 되어라

잠자리 눈

얼마 전 TV에서 한화 이글스의 김성근 감독의 다큐 프로그램을 본 적이 있다. 그는 인터뷰에서 가장 맘에 드는 별명이 '잠자리 눈'이라고 언급하였다. 그의 훈련방식은 많은 사람들에게 회자되었다. 그는 선수의 잠재력을 개발하기 위해 벼랑 끝까지 몰고 가기도 한다. 가히 지옥을 방불케 하는 그의 훈련은 이미 너무나 유명하다. 정규 훈련도 힘들 텐데 선수들은 그것으로도 모자라 휴식시간과 잠자는 시간을 쪼개어 개인 연습에 매달린다. 무엇이 선수들을 이다지도 미치게 하는 것일까?

여기서 김성근 감독의 '잠자리 눈'이 힘을 발휘한다. 그는 모든 선수들에게 같은 훈련방식을 요구하지 않는다. 선수마다 각기 다르게 훈련하고, 극한의 경험을 하도록 몰아세운다. 그 이유는 단순하다. 사람마다 장점과 단점이 다르고 습관과 경험이 다르기 때문이다. 소위 '맞춤형 트레이닝'이다. 한 운동장에서 여러 명의 선수들이 각기 다르게 주문받은 훈련을 하고 있다. 그는 한쪽에서 이 선수들을 살핀다. 한 선수를 예의 주시하나 싶으면, 어느샌가 뒤쪽에서 훈련하던 선수에게 자세가 바르지 않다고 코치한다. 그리고 왼쪽편의 선수에게 좀 더 성실히 훈련에 임할 것을 요구한다. 한번에 한 사람만을 집중해서 살피는 것도 어려울 텐데, 그는 동시에 운동장 구석에 있는 선수 한 명까지도 놓치지 않고 참견한다. 심지어 그들이 하고 있는 훈련이 모두 다른데도 말이다. 그래서 사람들은 그에게 '잠자리 눈'을 가졌다고 말한다. 잠자리의 눈은 겹눈 2개, 홑눈 3개로 이루어져 있는데, 재미있는 것은 겹눈은 1만 개에서 2만 8천 개의 낱눈으로 이루어져 있다는 점이다. 그래서 잠자리는 사방을 주시하며 대상물의 작은 움직임까지도 감지할 수 있다. 김성근 감독이 잠자리 눈이란 별명을 가진 것도 이러한 맥락에서다.

하지만 진짜 잠자리도 아닌 그가 사방에 있는 각각의 선수들의 행동을 어떻게 다 감지할 수 있을까? 일단 선수 개개인들의 특징과 습관, 장점과 단점을 속속들이 알고 있는 것이 이를 가능하게 만드는 가장 큰 이유다. 가장 많은 실수를 하고 있는 부분이 어느 부분인지 미리 알고 있고, 무엇을 개선해야 하는지 분명히 알고 있다. 그러므로 잠깐을 보더라도 선수의 현재 상태를 충분히 파악할 수 있다. 두 번째로는 그는 '야구의 신'이라고 불릴 정도의 전문가이기 때문이다. 이는 사족에 불과할 이야기일지 모르지만, 김성근 감독은 선수로서, 코치로서, 감독으로서 야구를 다각면에서 완벽하게 이해하고 있다. 그러므로 각 선수들의 비전을 명확히 인지하고 있다. 여기에 각 선수들의 장점과 단점, 특징 등을 알고 있으므로 각 선수 별로 트레이닝 하는 방법과 동기부여 하는 방법이 자유롭게 달라질 수 있다. 그리고 선수들은 감독이 자신들의 모든 것에 관심을 갖고 개별적으로 관리해 주는 것을 누구보다 잘 알고 있다. 그렇기 때문에 그의 트레이닝 방법이 힘들고 고되다는 것을 알면서도 그와 함께하기를 자처한다. 그와 함께하면 실력이 향상된다는 것을 이미 선배의 경험을 통해 확신하기 때문이다.

이런 이야기는 비단 스포츠 계에만 국한되지 않는다. 당신이 능력 있는 상사로 인정받고 싶다면 김성근 감독처럼 나와 함께하는 부하 직원들에게 명확한 방향성을 보여 줄 수 있어야 한다. 그리고 각 팀원들의 특성과 습관, 장점과 단점을 충분히 파악하여 각 팀원에 맞게 가르치고 코칭 할 수 있어야 한다. 그리고 매 순간 업무를 하는 시점에서 잠자리의 눈을 가지고 그들을 관리할 수 있어야 한다. 그들이 어려워하는 점이 무엇인지, 어떤 점을 놓치고 있는지를 파악하는 노력은 코칭 리더에게 상당히 중요한 자질이다. 부하 직원들은 당신과 함께 일하는 것이 고되고 힘들지는 몰라도, 본인들의 성장을 확신한다면 당신을 역량 있는 리더라고 인정한다. 그러므로 자연스럽게 당신 주위에 많은 사람들이 모이게 될 것이다. 그리고 당신과 함께하기를 기대하며, 당신과의 만남에 가치를 둘 것이다. 조직에서 당신의 존재감은 당신을 통해 성장한 후배들로 인해 뒷받침될 것이다.

가르치는 것은 단지 '가르치는 행위'에 머물러서는 안 된다. 실제로 현업에 적용되어야 하고, 훗날 다른 누군가를 가르칠 수 있는 능력까지 확대되어야 한다. 당신의 직급이 높아지고 근속 연수가 많아질수록 당신이 관리해야 할 사람과 업무는 늘어난다. 그럴수록 사람에게 가치를 두는 것이 현명하다. 어차피 하루 동안 당신에게 주어진 시간은 동일하며, 물리적으로 처리할 수 있는 양은 정해져 있다. 그럴수록 적임자에게 위임하는 능력, 과정을 관리하고 부족한 점은 보완해 주는 능력이 절실히 요구된다. 그러므로 위임할 사람의 능력을 당신만큼, 아니 당신보다 더 월등히 성장시키자. 지속적으로 목표를 분명히 상기시키고, 더 가르쳐야 하는 부분은 적시에 가르치자. 결국 '리더십'과 '가르침'은 같은 이름이기 때문이다.

매의 눈, 적시적소의 일침

어린 시절, 엄마의 잔소리는 지긋지긋할 정도였다. 공부하려고 했는데 엄마가 "공부해라!" 하면 갑자기 하기가 싫어졌고, 방바닥에 떨어진 과자 부스러기를 '조금 있다가 치워야지!' 하는데 치우라고 하고 하면 치우기가 싫었다. '엄마는 왜 이렇게 자꾸 채근할까? 이건 별로 중요하지도 않은 일 같은데, 꼭 지금 하지 않아도 되는데 왜 이렇게 잔소리를 하시는 거지?' 하는 생각을 숱하게 했다.

하지만 어느덧 나이가 들어 신경 써야 하는 일이 많아지다 보니, 어느샌가 잔소리를 늘어놓고 있는 나 자신을 발견하곤 한다. 그럴 때면 잔소리를 늘어놓던 엄마를 조금이나마 이해하게 된 건 사실이다. 그런데 문제는 엄마의 잔소리가 중요하고 급박한 일에서부터 사소하고 급하지 않은 일까지, 매일 습관적으로 반복되다 보니 나중에는 엄마가 하시는 모든 말씀이 '잔소리화' 되어 버렸다는 사실이다. 정말 진심으로 받아들여야 하는 문제조차도 엄마의 입에서 나오면 일단 귀찮은 잔소리로 치부되어 버리기 일쑤였다. 정작 같은 말을 선생님이나 친구들이 했을 때에는 '정말 그런가?' 하고 한 번쯤 더 생각해 보면서 말이다. 일차적인 이유는 잔소리의 원인을 제공한 필자에게 있었겠지만, 엄마의 부족한 잔소리 기술도 한몫했음을 간과할 수는 없다.

우선 경중을 가리지 않고 언제나 같은 수준의 잔소리를 하셨다는 점이다. 경중이 다른 문제들은 다른 수준으로 전달해야 청자의 입장에서도 구별하기 쉽다. 돈을 훔치는 것과 밥을 잘 먹지 않는 것은 다른 경중의 문제다. 그런데 이 두 가지 문제를 같은 어조와 같은 정도로 이야기할 경우, 듣는 사람은 이 두 문제들의 차이점과 심각성을 구분하지 못한다. 결국 같은 이야기로 들릴 수밖에 없다.

두 번째로는 같은 잔소리를 반복하셨다는 점이다. 듣기 좋은 소리도 한두 번이라고, 여러 번 들으면 매너리즘에 빠지기 쉽다. 같은 문제가 반복된다는 것은 근본적인 문제가 해결되지 않았음을 의미한다. 이는 분명한 개선이 필요하다. 반복되는 정도에 따라 다르게 반응해야 한다. 그리고 같은 문제라도 해결이 되지 않고 반복될 경우에는 발생한 원인이 달라지고 있다는 의미이다. 예를 들어, 처음에는 청소하는 법을 몰라서 하지 않았다고 가정해 보자. 하지만 시간이 지나면서 하지 않아도 된다는 안일한 마음이 생기기 시작했다. 그러면서 아이는 알면서도 청소를 하지 않는다. 귀찮아서 하지 않게 되고, 청소할 필요성을 느끼지 못해 하지 않게 된다. 아이가 청소를 하지 않는다는 사실은 변함없지만, 그 이유는 변했다. 이렇듯 같은 일이 반복되면 동일한 결과이지만, 그에 대한 원인은 달라질 가능성이 높다. 리더는 이 점에 집중해야 한다. 원인이 달라졌으므로 개선방법을 달리 찾아야 한다. 잔소리가 달라져야 한다는 얘기다. 잔소리가 많다고 개선이 되거나 효율적이라고 말할 수는 없다. 적시적소의 일침이 필요하다.

앞서 김성근 감독의 잠자리 눈에 대한 이야기를 했다. 잠자리 눈이 동시다발적으로 여러 상황을 관리 · 감독하는 능력을 의미한다면, 구체적으로 무엇을 관리 · 감독해야 하는가에 대한 능력은 '매의 눈'이라고 설명할 수 있다. 매는 먹잇감을 발견하면 다른 것에 신경 쓰지 않고 오로지 먹잇감에만 집중한다. 공중에서 선회하다 어느 한 시점에서 빠르고 강하게 먹잇감을 낚아챈다. 날카롭고 분석적인 눈을 '매의 눈'이라고 표현하는 이유가 바로 여기에 있다. 우리 부하 직원들의 문제점과 개선점을 찾기 위해서는 매의 눈으로 관찰하는 연습이 필요하다. '매의 눈'으로 부하 직원을 관찰하는 이유는 문제점과 개선점을 정확하게 판단하기 위함이다. 정확한 관찰을 통해 문제점의 본질을 찾아낸다면, 군더더기 없는 잔소리가 가능하다. 심지어 그런 잔소리는 상대의 가슴에 울림을 줄 수도 있다. '나도 뻔히 아는 진부한 이야기'가 아닌 '나만이 가지고 있는 문제점을 당신이기 때문에 해 줄 수 있는 유일무이한 잔소리'가 되기 때문이다.

상대방을 잘 파악하고 있는 것, 상대방의 이야기를 잘 듣고 있는 것, 상대방이 원하는 것을 잘 알고 있는 것. 이것이 가르침을 통한 소통의 출발점임을 재차 강조하고 싶다. 누구나 할 수 있는 잔소리를 버리고 당신만이 할 수 있는 차별화된 잔소리를 하라. 아무 때나 아무거나 잔소리하지 말고, 적시적소에 날 선 잔소리를 하라. 매의 눈으로 사람을 살피고 상황을 꿰뚫어 보는 것에 게으르지 말기를 당부한다.

스토리가 있는 잔소리

잔소리가 잔소리의 족쇄에서 벗어나지 못하는 또 다른 이유는 '해결안이 없는 질책'이기 때문이다. 쉽게 말해서, 현재의 잘못된 현상에 대한 질책과 추궁에서 끝나는 경우가 많기 때문이다. 결국 잔소리하는 사람과 잔소리 듣는 사람은 감정의 상처를 사이에 두고 적잖은 신경전을 펼친다. 엄마가 소리친다.

"이거 누가 여기에다 흘려놨어? 지저분하게 치우지도 않고!"

그 이야기를 듣고 있던 아들은 슬그머니 시선을 피한다. 그 행동을 보며 엄마가 또다시 소리친다.

"아들! 네가 그랬지? 흘렸으면 치워야지!"

그러자 아들은 대꾸한다.

"내가 안 그랬어요. 원래 그렇게 돼 있었어요."

여기에 질세라 엄마는 다시 힘주어 말한다.

"거짓말까지 해? 여기에 너랑 나, 둘밖에 더 있니? 네가 그랬으면 빨리 치워야지. 빨리 치워!"

이 대화에서 보면 잔소리는 질책을 동반한다. 말투와 억양은 물론 보디랭귀지에서 부정적인 시그널을 질펀하게 뿌리면서 완벽하게 일방적인 소통이 이어진다. 그리고 마무리는 질책과 함께 임시적인 해결안인 "빨리 치워"만 제시되고 있다. 다음에 비슷한 상황이 또 발생되었을 때, 아이에게서 어떤 결과를 기대할 수 있을까? 아마 현재의 상황과 크게 다르지 않을 것이다. 잔소리가 가치 있어지려면 현재의 상황을 비난하는 질책의 수준에서 벗어나 재발하지 않을 건설적인 해결안이 제시되어야 한다. 혹은 스스로 해결안을 찾을 수 있도록 동기부여 하는 것이 바람직하다.

그래서 대화의 형태도 직설적인 명령어를 사용하기보다는 간접적인 권유나 청유형을 사용하는 것이 좋다. 질책을 피하고자 하는 닫힌 질문보다는 자신의 감정과 상황을 설명할 기회를 제공하는 열린 질문이 좋다. 이렇게 대화의 형태만 바꾸어도 단순한 잔소리가 아닌 문제해결을 위한 토론이나 논의로 진화할 수 있다. 간혹 질문을 하는 이유가 일정한 답을 유도하는 경우라면, 마치 스무고개처럼 계속적인 추가질문을 통해 당신이 원하는 답으로 유도하는 것도 좋은 방법이다. 이때 가능한 구체적이고 세부적인 질문을 통해 명확한 피드백을 주는 것이 학습효과를 높이는 좋은 방법이다. 모든 문제의 답을 잔소리하는 사람이 내려 줄 필요는 없다. 부하 직원이 스스로 도달할 수 있도록 여지를 주는 것이 적극적인 성장을 위해 효과적인 방법이 될 수 있기 때문이다.

잔소리가 서로에게 도움이 되는 수단으로 작용하기 위해서는 나름의 기술이 필요하다. 당신이 과거 비슷한 경험을 하였을 때의 낙담했던 스토리, 그리고 해결안을 찾기 위해 고군분투했던 스토리는 부하 직원의 감성을 자극한다. 그리고 그들도 할 수 있다는 자신감을 심어준다. 그리고 또 다른 문제를 해결해 낼 수 있는 모티브를 제공하기도 한다. 이처럼 당신의 경험이 묻은 이야기를 함께 전해 준다면, 그 잔소리는 더 이상 잔소리가 아니라 상사의 따뜻한 배려의 말이며, 부하 직원의 성공을 기원하는 도움이 말이 될 것이다. 잔소리꾼이 되되, 멋지고 배려 있는 멋진 잔소리꾼이 되어 보자.

또 다른 무수한 당신을 만들어라

같은 가치관과 목표를 공유한 인재를 만들어라

휴렛팩커드의 존 영(John Young) 전 회장은 "성공하는 회사는 최고경영진에서부터 말단 직원에 이르기까지 총체적인 목적에 대해 하나의 공감대를 이루고 있다. 아무리 현명한 경영 전략도 직원과의 공감대가 없으면 실패하고 만다."고 하였다. 이는 동일한 가치관과 목표를 모든 조직원들이 공유하는 것이 기업의 성패를 좌우할 만큼 중요한 일임을 강조하는 말이다.

신입사원이 입사를 하면, '입문교육'이라는 이름으로 며칠간의 교육이 선행된다. 필요하다면 숙박도 함께 동반된다. 필자의 경우, 교육업무를 담당하였기에 신입사원이 입사하면 회사의 목표와 비전, 그리고 업무를 이해할 수 있는 실무과목을 입문과정 내에서 가르친다. 하지만 그것보다 더욱 중요한 비중의 과목이 소위 '정신교육'이다. 정신교육이란, 팀 빌딩과 극한 상황에서 협력을 요하는 산행과 같은 외부활동을 통해 동기애 형성을 목적으로 하는 교육이다. 교육기간 중 게임이나 팀워크 활동들을 통해 자연스럽게 회사의 목표와 핵심가치를 습득하므로 가치관에 부합하는 인재로의 성장을 기대할 수 있다. 모든 교육활동이 그러하겠지만, 특히 정신교육은 일정 기간이 지나면 흐릿해지고 마는 한계가 있다. 그래서 상기시킬 수 있는 재교육을 반복한다.

그러나 가장 효과가 좋은 교육은 앞서도 언급한 바와 같이 현업에서 상사나 선배로부터 업무와 함께 지속적인 코칭을 통해 배우는 것이다. 함께 일하는 팀원이 인재로 성장하길 희망한다면, 우선 조직이 꿈꾸는 바를 먼저 가르치고 같은 꿈을 꿀 수 있도록 만들어야 한다. 같은 꿈을 꾸며, 같은 곳을 바라보는 인재는 최종 목적에 도달하는 방법은 각각 다를지라도 지향점을 잊지 않기 때문에 자발적으로 궁극의 목표를 성취해 나간다. 이러한 자발성을 갖춘 인재가 많아야 그 조직은 성장할 수 있다. 그리고 각 팀이나 부서 또한 성장할 수 있다. 이러한 성장은 결국 그 인재의 개인적인 성장을 의미하므로 개인, 팀 그리고 조직의 동반 성장을 모두 기대할 수 있다.

팀 내 어떠한 문제가 발생했다고 가정해 보자. 일단 그 문제를 가장 먼저 발견한 팀원이 일차적으로 그 문제를 해결하려 할 것이다. 팀의 리더로서 당신은 그 부하 직원의 해결안을 믿을 수 있는가? 이 물음에 대답을 머뭇거린다면 당신은 부하 직원들에게 업무를 위임하고 가르치는 데 소홀했다고 볼 수 있다. 효율적인 업무 위임과 가르침을 통해 당신 주위에 무수한 당신을 만들어 두었다면 위기의 순간에도 리더인 당신은 마음껏 다른 일에 집중할 수 있다. 다시 말해, 평소 부하 직원들을 일관된 가치로 가르쳤다면 그들의 해결안이 당신이 내놓은 해결안과 다르지 않다는 것을 확신할 수 있다는 말이다. 일관되게 지속적으로 가르친다는 것은 쉬운 일이 아니지만, 그 효익은 생각보다 크다.

이는 단지 당신과 똑같은 획일화된 인재를 양성하라는 것이 아님을 명심해야 한다. 부하 직원들의 다양성을 인정하고 그들의 무한한 가능성을 존중해야 한다. 그들은 당신이 경험해 보지 못한 차별화된 문화적 가치가 있다. 과거 그들이 경험하고 고민한 스토리들이 생각지 못한 큰 힘을 만들어 낼 수도 있다.

그러므로 당신 주위에 무수한 당신을 만들어 두라는 것은 획일화된 생각을 하는 정형화된 사람을 만들라는 의미가 아니다. 조직의 핵심가치를 충분히 이해하고 그 기준으로 해결안을 모색해 나가는 창의적인 인재를 양성하라는 의미이다. 가치에 부응하는 인재를 양성해 나가고, 양질의 인재들을 유지해 나가는 것이 리더의 가장 큰 업무 중 하나임을 잊어서는 안 된다.

신뢰할 수 있는 "스스로 인재"를 만들어라

리더로서 인재를 개발하는 것 이상으로 심혈을 기울여야 하는 부분이 바로 조직과 팀의 비전과 목표를 추구해 나가는 것이다. 주어진 업무만을 처리하는 사람을 '인재'라고 인정하지 않는다. 과거 주어진 업무를 빠르고 정확하게 처리하는 능력을 요구하던 시대에서 창의력을 요구하는 시대로 변하였기 때문이다. 많은 정보와 선택의 순간 속에서 스스로 오너(Owner)가 되어 올바른 판단을 하며, 그 판단이 궁극으로 추구하는 가치에 부합하도록 운영해 나가는 능력이 요구되고 있다. 우리가 창의력과 상상력을 인재상의 중요한 능력으로 생각하는 이유가 바로 여기에 있다. 이러한 가치판단력과 행동력은 유년시절의 학습을 통해 형성되기보다는 조직 내에서 조직문화와 상사를 통해 학습되는 것이 일반적이다. 신속한 업무처리능력보다 조직의 문화를 온전히 이해하고 매 판단의 순간, 가치에 맞는 선택을 하고 실행하는 능력이 새로운 인재상이라고 할 수 있다.

무엇을 가르치는지, 어떻게 가르치는지, 가르치는 비전이 무엇인지에 따라 배우는 사람이 인재로 성장할 수 있을지 여부가 결정된다. 하나의 문제에 접근하는 태도와 시각, 방법을 가르치면, 부하 직원은 유사한 상황에서 학습된 방법으로 해결하려고 한다. 만일 예기치 못한 상황에 도움이 필요할 경우에도 상사의 조언과 해결방법을 통해 업무 과정을 배우고 익히게 된다. 이는 향후 그들의 도움이 없을 경우에도 문제상황을 통제할 수 있는 능력으로 자리 잡는다. 그리고 그 능력은 자신의 노하우와 스토리가 결합되면서 한 단계 더 진보한 프로세스로 성장된다. 이는 향후 다른 부하 직원을 가르치는 데 밑거름이 된다.

이렇게 상사로부터 배운 내용을 자신만의 방법으로 습득하고 진화시켜 문제 상황을 자발적으로 해결하는 인재를 이 책에서는 '스스로 인재'라고 표현한다. 부하 직원이 스스로 인재로서 육성되면, 상사는 자신의 부재 시에도 조직의 원만한 관리를 의심하지 않는다. 간혹 휴가일 경우, 업무관련 전화 때문에 온전히 개인적인 시간을 보장받지 못하는 상사들이 있다. 이는 자신의 능력이 뛰어나서가 아니다. 부하 직원을 '스스로 인재'로 육성하지 못했기 때문이다. '무조건 내가 직접 해야 직성이 풀린다'는 사람들은 부하 직원을 '스스로 인재'로 자립할 수 있는 가르침을 준 적이 있는지, 다시 한 번 생각해 보자. 상사인 당신의 고충을 떠나 부하 직원의 업무 역량만을 볼 경우, 이는 심각한 상사의 업무 유기로 간주할 수 있다. 상사가 된 이상, 부하 직원을 인재로 성장시키는 것은 당연한 의무다. 현 시대가 원하는 능동적이고 독립적인 '스스로 인재'로 성장시키는 것은 당신의 당연한 의무이다.

조직의 비전에 부합하는 '스스로 인재'가 많아질수록 조직은 하나의 방향으로 움직일 수밖에 없다. 즉, 일방향된 리딩을 실현할 수 있다. 최고경영자부터 말단직원까지 하나의 조직가치를 나누고 그 정신(Spirit)이 조직문화에 고스란히 녹아 있다면, 그 조직은 거대한 '하나의 팀'이 될 수 있다. 그러한 역할은 다시 한 번 강조하지만, 어느 하나의 특정 팀만이 할 수 있는 것이 아니다.

필자는 지금까지도 영어를 원어민처럼 잘하고 싶은 꿈이 있다. 중고등학교 시절부터 시작해서 현재까지 끊임없이 영어에 대한 필요성으로 학원도 다니고 영어방송도 들어 보지만, 쉽게 다다를 수 없는 현실이 자못 슬프다. 언젠가 영어를 잘하는 지인에게 그 비법을 물어봤다. 그는 이렇게 답했다.

"영어는 언어야. 언어는 문화이고. 단어 하나 외우는 것도 중요하지만, 그 문화를 이해하고 일상에서 영어를 활용하고 끊임없이 반복해야 돼. 물론 고치기 힘든 부분은 누군가의 도움을 받아야 하지. 그래서 무조건 학원에만 의존해서는 절대 영어가 늘지 않아. 학원은 영어 능력을 높일 수 있는 하나의 수단에 불과해."

영어공부에 대해 충고하던 지인의 이야기는 조직에서의 인재개발과 크게 다르지 않다. 가장 핵심이 되는 사항은 영어단어를 외우듯이 의도적으로 학습되어야 하지만, 인재로서의 역량을 높이기 위해서는 업무전반에서 일상처럼 끊임없이 반복해야 한다는 점이다. 그리고 스스로 고치기 어려운 부분은 상사를 통해 개선해 나가야 한다. 스스로 인재가 많아질수록 조직의 일방향 조직문화는 자연스럽게 구축될 것이다. 조직원들은 스스로의 능력이 나날이 향상되므로 더욱 발전된 업무 성과를 만들어 낼 것이다. 이를 기반으로 상사들은 더 큰 비전을 그려 나갈 것이며, 그들의 더 많은 시간은 부하 직원의 성장을 위해 할애될 것이다. 기존의 시간이 없어서 쫓기듯 마무리된 업무의 완성도가 높아질 것이며, 인재들의 만족도는 높아져 이직률은 현저히 낮아질 것이다.

자, 이제 우리의 목표는 하나다. 조직에 합당한 '스스로 인재'를 만들어 내고, 우리 자신도 '스스로 인재'가 되는 것이다.

물고기를 주지 말고 잡는 법을 가르쳐라

물고기 잡는 법을 가르쳐라

지혜를 최고의 가치로 여기는 유태인들은 눈앞의 이득만을 취하는 행위를 꺼린다. 그보다는 좀 더 내구적이고 지속 가능한 지혜를 전달하고자 노력한다. 그들의 격언 중에 이런 말이 있다. "물고기 한 마리를 잡아 주면 하루를 살 수 있지만, 물고기 잡는 법을 가르쳐 주면 일생 동안 먹고 살 수 있다." 이 격언은 지금의 우리에게도 울림을 준다.

조직에서 우리는 부하 직원들에게 그들이 원하는 답을 즉각적으로 주는 경우가 많다. 그 이유는 첫 번째가 부하 직원이 힘들어하는 것이 싫기 때문이다. 그들이 해답에 이르기까지 얼마나 힘들고 고될지 먼저 겪은 선배로서 지켜보기가 쉽지 않다. 이것이 그들이 수고하는 대신 리더가 한 마리의 물고기를 잡아 앞에 내어놓고 그들이 맛있게 먹어 주길 기대하는 이유다.

두 번째 이유는 스스로가 물고기를 잡지 않으면 불안한 '완벽주의'에 사로잡혀 있기 때문이다. 즉, 부하 직원이 잘 해낼 것이라고 믿지 못하지 때문이다. 그들은 위임하는 것에 상당한 두려움과 부담감을 갖고 있다. 이는 리더가 직접 물고기를 잡지 않으면 견디지 못하는 강박증에서 비롯된다.

하지만 가장 큰 이유는 다음의 이유이다. 부하 직원을 가르치는 과정 자체가 고되고 어렵기 때문이다. 누군가를 가르치는 것은 상당히 어려울뿐더러 잔손이 많이 가는 힘든 작업이다. 오히려 지금 물고기 한 마리를 잡아 주는 시간이 물고기 잡는 법을 가르치는 시간보다 훨씬 적게 걸린다. 가르치는 것은 한 번의 수고로 끝나지 않는다. 사람들은 한번 들은 것을 여러 번 반복하면서 완벽하게 숙지해 나간다. 다시 말하면, 여러 번 반복하기 전까지는 실수를 할 수 있다는 말이다. 그래서 가르치고 나서 상대방이 잘하는지, 만약 그렇지 않다면 문제는 언제, 어떠한 때에 나타나는지를 면밀히 관찰하고 분석하여 적절한 시점에 코칭 하는 것이 가르침의 중요한 단계이다. 올바른 물고기를 재대로 된 방법으로 잘 잡고 있는지 지속적으로 확인하고 관리해 주는 관심과 열정, 끈기와 시간이 필요하다. 물고기 잡는 법을 가르치지 않는 이유는 이런 열정과 노력이 부족하기 때문이라고 볼 수 있다. 물고기 잡는 법을 가르치는 것은 물리적인 행위에 앞서 상대방에 대한 애정과 관심이 수반되어야 가능한 행위이므로, 무엇보다 정신적인 헌신이 필요한 작업이기 때문이다.

가르침 속에 '정신', 다른 말로 표현하면 '가치'가 공유될 때 진정으로 가르친다고 할 수 있다. 궁극으로 가야 하는 곳이 어디인지 알고 가는 사람과 가야 할 곳을 그때그때 즉흥적으로 결정하는 사람과는 삶을 대하는 자세가 확연히 다르다. 스스로의 삶에 임하는 자세와 태도, 그리고 결과가 다르다. 여기서 말하는 가치는 조직의 핵심가치일 수도 있고, 조직 내 궁극의 목표한 바일 수도 있다. 물고기 잡는 방법을 가르치기 이전에 물고기를 잡아야 하는 이유와 목표를 공유하라. 이를 통해 물고기를 잡을 때 윤리적으로 허용되는 범위를 함께 공유하므로 실수를 미연에 방지할 수 있다. 완벽하게 이해하고 공감한 사람들은 극도의 몰입이 가능하다. 이런 개념을 익힌 사람들은 그렇지 않은 사람들보다 더욱 창의적이고 활동적이며 상상력이 풍부해진다. 그리고 자신만의 색깔 안에서 목표를 달성해 나간다.

아동학자들은 "아이들이 잘못된 행동을 한다면 개선점과 새로운 역할을 가르치기 전에 아이가 달성해야 하는 목표를 부모와 함께 정하라."고 충고한다. 그래야 아이가 목표를 능동적으로 달성하기 위해 노력한다고 말이다. 그리고 그 과정에서 크고 작은 성취감을 맛봄으로써 자존감이 높은 아이로 성장한다고 덧붙인다. 이 이론은 조직에도 고스란히 적용된다. 업무에 있어 미숙한 어린아이와 같은 부하 직원에게 조직의 가치와 목표를 공유하고, 스스로가 달성해야 하는 목표를 함께 설정하는 것은 가르침의 시발점이 된다. 함께 목표를 설정하므로 부하 직원의 공감과 당위성을 선점할 수 있다. 각 구성원들의 성과조합으로 성장하는 조직의 생리를 생각할 때, 개인의 목표는 조직의 성패를 좌우하는 중요한 축으로 작용한다. 업무에 있어 자존감이 높고 성취감이 높은 인재들은 조직 내 활력을 불어넣어 주며, 성과를 높여 주는 주체들이다. 이런 인재들로 가득한 조직이 성공하는 것은 당연한 결과이다.

큰 그림을 그릴 수 있도록 가르쳐라

처음 운전을 배울 때의 일이다. 필자에게 있어서 운전이 어렵고 두려웠던 이유는 운전 자체가 어려워서가 아니었다. 과거 시트콤에서 보았던 것처럼 끼어들기를 못해서도, 우회전을 못해 부산까지 갈까 봐 두려운 것도 아니었다. 도착지까지 가는 길을 모르는 것이 가장 두려웠다. 만약 가는 곳의 길을 미리 알고 있다면, 초보인 만큼 미리미리 차선도 바꾸어 좌회전 할 준비를 했을 것이다. 그리고 우회전을 해야 할 때에는 끝 차선을 유지하며 갈 수도 있었을 것이다. 그런데 운전을 하다 보니, 버스를 타고 보던 길이 전혀 다른 길로 보였다. 버스를 타고 다닐 때에는 수동적으로 보이는 대로 보았지만, 핸들을 잡고 운전하면서 보는 길은 직접 찾아가야 하는 길이기 때문에 그전에는 미처 보이지 않던 것들까지 눈에 들어오기 시작했다. 골목 하나하나가 도전해서 알아 가야 할 대상이 되었다. 그렇기 때문에 버스를 타고 다니던 때처럼 음악을 들으며, 다른 생각에 잠겨 갈 수 있는 길이 아니었다. 모르는 길은 혹시 잘못 들지는 않았을지, 아는 길은 내가 모르는 변수는 없을지 걱정이 이만저만이 아니었다. 그래서 의지하게 된 것이 내비게이션이다. 운전을 배울 때 가급적이면 내비게이션에 의지하지 말고 어렵더라도 지도와 이정표를 보고 찾아가라던 충고가 기억 난다. 지금 생각해 보면, 도로 사정을 적극적으로 익히라는 의미였으리라.

최종 종착지가 '서울역'인 것을 알고 가는 사람과 내비게이션의 도움으로 바로 앞의 신호만 보고 가는 사람은 운전에 임하는 자세부터 다르다. 전자의 경우는 스스로 환경을 통제하며 운전하는 입장이다. 그러므로 본인의 상황과 시간적인 여건에 맞추어 다른 업무를 고려하여 운전하는 것이 가능하다. 그리고 지도를 통해 서울역으로 가는 길의 전체적인 그림을 그릴 수 있어, 현재 자신의 위치와 상황을 인지하며 갈 수 있다. 이는 후에 내비게이션이 없어도 다시 서울역을 찾아갈 수 있는 능력이 배양되었음을 의미한다. 하지만 후자의 경우는 수동적이고 소극적인 운전자세를 벗어날 수 없다. 물론 도착지에 무난히 도착하리라는 확신은 있다. 그리고 내비게이션에 표시되는 시간 안에 도착할 것이라는 안정감은 있다. 하지만 후에 내비게이션 없이 혼자서 다시 서울역을 찾아갈 수는 없다. 왜냐하면 스스로 전체의 지도를 보고 찾아가는 방법을 익히지 못했기 때문이다.

당장 눈에 보이지 않는 것을 그리는 것은 개념화하는 작업이고 명료화시키는 작업이다. 운전에서 길을 찾는 작업은 삶 속에서 밑그림을 그리는 작업과도 같다. 중요한 것과 조금 덜 중요한 것을 구분하며, 시급한 것과 덜 시급한 것을 구별하여 명료하게 개념화하는 작업이다. 밑그림 속에는 궁극적으로 도달해야 할 최종 종착지가 표시되어 있어야 하며, 그곳에 도착하기 위해 필요한 더 자세한 지도도 준비되어야 한다. 그러기 위해선 그 밑그림의 축이 되는 가치가 무엇인지 명확하게 인지할 필요가 있다.

창의적인 인재라면, 남들은 보지 못하는 것을 나만의 언어로 다시 그리는 능력을 꼭 갖춰야 한다. 선택의 기로에서 주저없이 가치 있는 것을 선택할 수 있는 판단은 이 밑그림에서 출발한다. 양 갈래 길이 나왔을 때 어디로 가야 할지 방향을 정해 주는 것 역시 이 밑그림이 담당하는 역할이다. 이러한 능력을 갖춘 인재는 훗날 상사로 성장했을 때 자신의 팀에게 분명한 비전을 그려 줄 수 있다. 그리고 팀을 시시각각 우선순위에 맞게 이끌어 갈 수 있다. 그에겐 확고한 밑그림, 즉 비전 맵(Vision map)이 있기에 가능하다.

"나무를 보지 말고 숲을 보라"는 말이 있다. 필자는 이렇게 말하고 싶다.

"나무도 볼 수 있게 숲을 보는 방법을 가르쳐라."

학습하는 조직을 만들어라

학습 조직화를 꿈꾸는 기업

매번 반복되는 일에 매번 같은 작업을 하는 것은 소모적인 일이다. 매번 반복되는 일이라고 별다른 열정과 관심을 갖지 않는다는 것이 아니다. 열정을 좀 더 건설적인 분야에 집중하라는 의미이다. 신입사원을 육성하는 데에는 기본 교육과정이 필요하다. 그 과정에서 입사하는 사람의 연령과 성비가 매년 같을 수는 없다. 그렇다고 매번 과정을 완전히 다시 만들 필요는 없다. 기본교육과정에서 반드시 가르쳐야 하는 과목에는 큰 변화가 없기 때문이다. 오히려 정규화된 커리큘럼을 수정하는 것보다 입사하는 사람들의 특성에 맞게 가르치는 방법에 변화를 주는 것이 더욱 효과적이다. 그들의 눈높이에 맞는 사례를 선택하여 설명하거나 참여 활동 등에 변화를 주는 방법이 있다. 혹은 동일한 커리큘럼이라 하더라도 과목의 순서를 바꾼다거나 일정 과목의 시간을 확대하는 등의 세부적인 변화를 주는 것도 좋은 방법이다.

이렇게 변화를 주는 이유는 단 하나, 교육생이 다르기 때문이다. 커리큘럼을 기획하는 사람이 열정과 관심을 기울여야 하는 사항은 바로 '지금 이 교육생들에게 적합한 교육인가?' 하는 질문이다. 그렇다면 가르치는 사람은 어떨까? 여러 가지 이유로 매번 동일한 강사가 강의할 수는 없다. 어쩔 수 없이 가르치는 사람은 변한다. 만약 변화하지 않는 환경이더라도 가르치는 기술은 위임되어야 한다. 배우는 사람의 가치도 중요하지만, 그에 못지않게 중요한 것은 가르치는 사람의 가치라는 점을 기억해야 한다. 비단 누군가의 앞에서 강의를 하지는 않더라도, 인재 육성에 대한 요구는 직급이 높아질수록 강해진다. 조직 내에서는 누군가가 입사하고 그들을 가르치는 일련의 행위가 지속적으로 반복된다. 그러므로 가르치는 품질의 성장을 위한 노력도 수반되는 것이 당연하다. '시스템화' 될 필요가 있다는 얘기다. 누군가가 일일이 가르치는 것을 지시하지 않아도, 조직원들이 시스템에 맞추어 효율적인 가르침을 실현해 가는 형태를 말한다.

이렇듯 시스템적으로 조직원들이 항상 학습하고, 학습된 것을 다시 부하 직원에게 가르치는 조직을 필자는 '학습 조직'이라고 칭한다. 조직의 구성원들과 조직도(組織圖)는 언제든지 변할 수 있다. 그 말은 조직의 변화에 따라 요구되는 우선순위의 역량이 변화될 수 있음을 의미한다. 하지만 학습하고 가르치는 것이 시스템적으로 자리잡은 조직은 안정적으로 운영된다. 학습 조직화의 시스템 내에는 조직원들이 근무하면서 축적한 노하우와 우수한 역량들이 보석처럼 빼곡히 들어차 있기 때문이다. 그리고 이제 일상이 된 가르침의 문화 속에서 가르치는 것에 대한 두려움과 망설임은 자연스럽게 사라지고 만다. 현재까지 확보된 다양한 노하우에 집중하므로 매일매일 보완된 내용이 전수될 수도 있다. 조직도가 변하고 구성원이 변하더라도 기업의 가치와 문화, 그리고 실무 경쟁력은 나날이 보완되어 계승될 수 있다. 조직의 가장 아래에 위치한 주춧돌부터 최상위에 위치한 첨탑에 이르기까지 학습 조직화를 실현한 기업들의 이야기를 들여다보자.

도요타, 우리는 차를 만드는 것이 아니라 인재를 만들고 있다

제프리 라이커와 데이비드 마이어가 저술한 <도요타 인재경영>을 보면, 도요타에서는 "우리는 단순히 차를 만드는 것이 아니라 인재를 만들고 있다."라는 말을 쉽게 들을 수 있다고 한다. 그들에게 신제품의 개발과 품질의 검사, 관리 등의 활동은 모두 자동차를 만들기 위한 단계가 아니라 인재를 만들어 내는 기회들이다. 도요타자동차 북미 공장의 전 사장인 니이미 아쓰시는 북미 시장에서 가장 힘들었던 것은 도요타의 '문화적 가치'를 알리고 전파하는 것이었다고 한다. 그가 북미 시장을 개척할 당시, 미국인들이 원한 것은 관리자이지 스승이 아니었기 때문이다. 하지만 도요타에서는 모든 관리자가 스승의 역할을 해야 하며, 이것이 도요타의 문화이자 정착시켜야 할 최우선 과제였다.

도요타의 근본적인 교육과 기업의 가치는 다음의 설명으로 나타낼 수 있다. 많은 기업에서 그러하겠지만, 일단 교육시간이 부족하면 교육을 효과적으로 진행할 수 없다. 부족한 교육은 비효율적인 운영과 더불어 가지각색의 예측하지 못한 나쁜 결과를 가져온다. 그 후의 결과가 더욱 골치 아프다. 나타난 문제들을 뒷수습해야 하기 때문이다. 이는 시간적인 낭비를 가져오며, 결국 다른 직원의 또 다른 교육시간을 갉아먹는 결과를 초래한다. 골치 아픈 문제의 발생과 그에 따른 뒷수습은 뫼비우스의 띠처럼 연결되어 악순환 된다.

이러한 관점에서 도요타는 우선적으로 교육에 많은 시간을 투자한다. 업무를 완벽하게 완수하므로 누릴 수 있는 시간적 여유는 결국 완벽한 교육을 통해 만들어 낼 수 있다는 것을 잘 알고 있기 때문이다. 어느 정도 시간이 걸리더라도 문제에 대한 근본적인 원인을 해결하기 위한 그들만의 방침이다. 문제의 발단이자 해결책이 될 '사람'에게 집중 투자하므로 반복적인 악순환의 고리를 끊고 선순환을 만들어 내겠다는 결연한 의지이기도 하다. 사실 조직 내에서 이러한 결단과 행위는 말처럼 쉽지 않다. 교육은 사람에게 투자하는 것이고 생각보다 많은 시간과 노력이 필요하기 때문이다. 때에 따라서는 시스템의 보완과 투자도 함께 요구된다. 하지만 무엇보다 참기 힘든 것은 가시적인 효과가 즉각적으로 나타나지 않는다는 데 있다. 이런 이유로 많은 조직들이 교육의 필요성을 알고는 있지만, 쉽게 시간과 비용을 투자하지 못하고 있다.

반면 도요타는 교육에 투자하며, 직원들의 미래에 투자한다. 도요타는 우수한 인재 선발보다 더 중요한 것은 직원들의 잠재력을 개발하는 것이라고 힘주어 말한다. 그리고 인재는 선발하는 것이 아니라 만들어 내는 것이라고 주저 없이 말한다. 이는 누구든 인재로 성장할 수 있음을 의미한다. 이러한 인재에 대한 기본 이념은 그들의 세 가지 교육 과정에 잘 반영되어 있다.

1) '핵심지식'을 규정하라

특정 업무를 처리하는 방법과 방식이 작업장과 사람마다 조금씩 상이한 것을 발견하고 '핵심'이 되는 지식은 매뉴얼화 하였다. 이는 통일된 방법으로 처리할 수 있도록 명료하게 가이드를 제시하므로 다른 해석과 행동을 미연에 방지한다.

2) '핵심지식'을 전수하라

업무가 구체적으로 규정되어 있다고 하더라도 '핵심'지식의 전수는 '운'에 따르기 쉽다. 예를 들어, 노련한 상사로부터 교육받은 직원은 그렇지 않은 상사로부터 교육받은 직원보다 효율적인 교육을 받을 것이다. 그뿐만 아니라 교육을 받는 직원이 그 분야에 관심이 많은 우수한 직원이라면, 그렇지 않은 직원에 비하여 습득하는 속도도 빠를 것이다. 그를 가르치는 상사는 다른 직원을 가르치는 상사에 비해 상대적으로 수월하며 쉽게 성과를 낼 수 있다. 우리의 조직을 보면, 상사와 부하 직원의 능력은 모두 다 다르다. 그렇지만 매일매일 가르치고 가르침을 받아야 하는 환경 속에 놓여 있다. 단순히 '운'에 맡겨서는 안 되는 현실이다. 그러므로 가르치는 사람에게 '핵심지식'을 전수하는 것 또한 중요한 업무라는 인식이 필요하다.

3) 사후를 관리하라

열심히 가르쳤다 하더라도 현장에서 그대로 실천하지 않는다면, 그 가르침은 무용지물이다. 따라서 가르친 후 결과가 어떠한지, 효과는 어떠한지 현장 적용도를 확인하는 것은 필요한 업무이다. 객관적인 측정방법으로 사후관리를 하는 것을 중요한 업무로 취급하며, 신뢰할 수 있는 자료로서 축적을 병행하는 것은 향후 기업의 운영에도 현실적인 도움이 될 수 있다.

도요타 방식의 14가지 비즈니스 원칙들

도요타를 성공으로 이끈 핵심 축이 되는 14가지 비즈니스 원칙들을 살펴보면, 도요타의 기업가치와 의지를 엿볼 수 있다. 주목할 점은 14가지의 원칙 중 인재육성의 철학을 반영하고 있는 원칙이 무려 6가지나 된다는 점이다. 14가지 원칙 중 '인재육성'에 관련된 원칙만 부연설명 하도록 하겠다.

원칙 1. 단기적인 재무 목표를 희생해서라도, 장기적인 철학에 기초하여 경영 의사결정을 하라.

도요타에서 가장 중요하게 생각하는 투자는 바로 사람에 대한 투자이다. 인재로 육성하기 위하여 많은 시간과 노력을 경주하면, 인재들로 인해 생산성은 높아진다. 이런 인재로의 투자는 인재들의 충성심을 유발하게 되고, 이는 장기근속으로 다시 되돌아온다. 그러므로 효율성과 생산성이 지속적으로 향상되는 선순환이 가능해진다.

원칙 2. 문제를 표면에 드러내기 위해 지속적인 프로세스 흐름을 만들어라.

원칙 3. 과잉 생산을 피하기 위해 풀 시스템을 사용하라.

원칙 4. 작업 부담을 평준화하라.

원칙 5. 문제 해결과 품질 최우선을 위해 스톱 문화를 구축하라.

원칙 6. 표준화된 업무는 지속적인 개선과 종업원에게 권한을 위임하는 토대이다.

지속적인 개선을 위해서는 표준화된 교육 시스템이 함께 요구된다. 업무와 교육에 대한 지속적인 위임으로 결국 업무 전반에서 교육이 자연스럽게 반복되는 결과를 얻게 된다. 이는 '모든 업무의 실현이 바로 교육이고 위임'이라는 도요타의 이념과 일치한다.

원칙 7. 어떤 문제도 숨겨지지 않도록 시각적 관리 기법을 사용하라.

원칙 8. 종업원들과 프로세스에 도움이 되는 신뢰할 수 있고 철저히 검증된 기술만을 사용하라.

원칙 9. 작업을 철저히 이해하고, 철학을 가지고 살며, 다른 직원에게 그것을 가르치는 리더를 육성하라.

누군가를 가르치는 것은 해당 업무를 완벽하게 이해할 때 가능하다. 그러나 잘 알고 있는 것이 잘 가르칠 수 있는 것을 의미하지는 않는다. 그러므로 가르치는 능력을 탁월한 리더의 판단기준으로 삼을 수 있다. 앞서 니이미 아쓰시 전 북미 사장이 관리자가 아닌 스승의 역할을 리더들에게 요구한 이유가 바로 이 핵심 원칙에서 비롯되었다고 할 수 있다.

원칙 10. 회사의 철학을 이행하는 뛰어난 인재와 팀을 개발하라.

흔히 우수한 인재는 선발되는 것이라고 생각하지만, 실상은 선발보다는 육성의 과정에서 나타난다. 회사의 철학을 바탕으로 지속적인 육성과정을 통해 인재로 거듭난다고 표현할 수 있다. 하나의 철학을 기반으로 육성된 인재들은 탁월한 팀을 형성하는 초석이 된다. 하나의 철학으로 형성된 팀은 회사의 비전을 빠르게 달성할 수 있다. 회사는 인재를 시장에서 값비싸게 흡수하는 것보다 많은 시간과 노력을 투자해야 하지만,

회사의 철학에 입각한 인재로 성장시켜 나가는 것이 미래를 위해 고려할 만하다. 하나의 비전을 바탕으로 성장한 인재들은 성공적인 팀과 성공적인 회사의 기반이 된다.

원칙 11. 도전하게 하고 개선을 지원함으로써 파트너와 부품업체로 하여금 그들과의 확장된 네트워크를 존중하라.

WIN-WIN 원칙은 상대의 성공과 성장을 진심으로 바라지 않고는 실현하기 쉽지 않은 개념이다. 함께 성장하는 것을 공동의 목표로 공유하므로 서로의 성장을 독려한다는 것이 도요타의 기본철학이다. 이는 함께하는 사람들의 신뢰를 형성하고 건강한 관계를 가능하게 한다. 따라서 지속적인 협력체계를 통해 생산성을 높일 수 있다. 함께하는 내부 직원들은 물론, 협력업체를 지원하고 도우려는 마인드를 통해 유기적인 네트워크를 형성해 간다. 이는 상생을 도모하는 기본원리가 된다.

원칙 12. 상황을 철저하게 이해하기 위해 자신이 직접 가서 보라.

원칙 13. 모든 대안을 철저히 고려하여 합의가 될 때까지 천천히 결정하라. 그러나 실행은 신속히 하라.

원칙 14. 냉정한 반성과 지속적인 개선을 통해 학습 조직이 되라.

학습 조직은 조직원 스스로가 자발적이고 주체적인 존재로서 학습한다는 것을 의미한다. 하지만 스스로의 학습에만 머무르지 않는다. 모든 업무와 상호 관계 속에서 조직원들이 서로 가르치고 배우는 건설적인 관계에까지 그 의미가 확장된다. 그러나 이러한 자발적 학습과 가르침의 문화는 시스템적으로 조성되지 않으면 잘 형성되지 못한다는 단점이 있다. 이 원칙에서 말하듯 조직원 스스로의 냉정한 자기반성과 성찰은 조직을 살아서 숨쉬게 만드는 원동력이 된다. 지속적인 개선의 노력은 더 나은 내일을 약속한다. 학습 조직은 하루아침에 이루어지지 않는다. 그리고 단 한 사람만의 노력만으로도 형성되지 않고, 많은 사람들의 지속적인 관심과 오랜 시간의 노력에 의해 만들어진다. 그러나 그 효과는 놀라울 정도다. 그러므로 원칙 14는 가장 중요한 궁극의 원칙이라고 단언할 수 있다.

14가지 원칙 중 '인재육성'에 관련된 6가지에 대해서만 부연설명을 하였지만 나머지 8가지도 인재육성과 밀접하게 연관되어 있음을 눈치챌 수 있다. 회사가 인재육성의 장으로 설수 있도록 기반이 되는 원칙들이기 때문이다. 도요타의 14가지 원칙을 눈여겨보면, 첫 번째 원칙과 마지막 14번째 원칙이 '인재육성'에 맞춰져 있음을 알 수 있다. 도요타라는 회사가 얼마나 많은 가치를 인재에 두고 있는지 짐작할 수 있다.

도요타는 자동차를 만들기 때문에 기계가 사람의 많은 자리를 대체할 수 있을 것이라 생각할 수 있다. 하지만 그 기계를 운용하고 관리하며 로스율을 분석하는 주체는 결국 사람이다. 도요타가 사람을 최고의 가치로 생각하고 투자하는 이유가 바로 여기에 있다. 또한 다시 누군가를 가르치는 것이 중요하다고 인식하는 이유도 바로 이것이다. 관리자보다는 스승을 만들어 내는 도요타는 학습 조직의 대표적인 기업이라 말할 수 있다.

P&G

P&G는 Procter & Gamble 社의 앞 글자를 딴, 미국 신시내티에 본사를 둔 다국적 기업이다. 식품, 제약, 화학, 생활용품 등 다양한 소비재를 제조 판매하는 회사이다. 1837년 설립된 후 오랜 기간 동안 많은 나라에서 지속적인 성장이 가능했던 원동력은 P&G의 기업가치에 있다. 그중 인재에 대한 남다른 애정과 육성과정은 주목할 만하다. 1998년 일본인으로는 처음으로 P&G사의 부사장을 역임한 와다 히로코에 따르면 P&G의 강점은 인재 양성에 있다. 그녀는 P&G는 뛰어난 마케터를 양성할 수 있었기 때문에 강력한 브랜드를 낳고 키울 수 있었다고 말한다. P&G가 '세계의 인재은행'이라는 말을 듣는 이유는 마케팅 부서뿐만 아니라 전체 부서에서 능력이 탁

월한 직원들을 잇달아 배출해 내고 있으며, GE 같은 세계적인 기업의 경영자 가운데 P&G 출신자도 숱하게 있기 때문이다. 그녀는 브랜드를 번영케 하는 건 사람이며, 뛰어난 인재를 길러 내기 위해서는 전략적인 인재양성이 필수적이라고 말한다.

이와 같이 P&G는 인재를 모셔 오는 것이 아닌 다른 회사에서도 탐내는 인재로 키워 내는 것을 최우선 순위에 둔다. 그 생각의 중심에는 브랜드를 지탱시키고 성장시키는 것은 '사람'이라는 핵심축이 존재한다. 최고의 자산이 사람이므로 사람에 투자하고 가치 있는 인재로 길러 내고자 노력한다. 그렇다면 P&G는 어떻게 인재를 양성하는지 그 방법을 알아보도록 하자.

가르치면서 성장하라

P&G의 가장 주요한 과제는 인재 양성이라고 단언할 수 있다. 실제로 P&G에서는 매니저급 이상 직원들의 업무 능력을 평가할 때에는 비즈니스 성과만을 측정하지 않는다. 비즈니스 성과만큼 중요하게 여기는 것이 바로 부하 직원의 능력 개발과 성장이기 때문이다. 다시 말해서, 개인의 업무 성과가 탁월하더라도 부하 직원의 능력이 개발되지 못했다면, 최종 평

가에서 절반밖에 달성하지 못한 셈이 된다. 하지만 사실상 매니저 개인의 업무 성과와 인재 양성은 필연적으로 연동되어 있다. 업무 성과가 좋은 부서는 부하 직원의 능력개발도 동시에 이루어지는 경우가 많다. 서로 성장하고 있는 고무된 환경에서 소속 팀원들은 더욱 창의적인 성과를 내기 때문에 개인의 성장과 부서의 성장은 동반되어 나타난다. P&G에서는 이런 눈에 보이지 않는 연관성을 성과 평가에 적극적으로 반영하여 성장동력으로 활용하고 있는 점이 주목할 만 하다.

이들의 인사 시스템도 눈여겨볼 만한데, 가장 큰 특징은 인사가 대부분 내부 승진으로 이루어져 있다는 점이다. 내부승진제도는 조직원들의 선의의 경쟁을 통해 건강한 성장을 도모한다. 또한 직원들의 사기진작에 큰 영향을 미친다. 회사의 사정을 누구보다 잘 아는 사람들이 리더가 되는 것은 회사로서도 상당한 이점이 있다. 회사의 가치와 문화를 누구보다 잘 실천하기 때문이다. 무엇보다 부하 직원들은 본인과 가까운 사람들의 성공 스토리를 직접 경험하기 때문에 자신들을 배신하지 않는 회사에 충성심을 갖게 된다. 이런 충성심은 장기근속을 가능하게 한다. 장기근속의 장점은 앞서도 충분히 설명한 바 있다.

이런 P&G의 특장점은 타기업에 비해 기업의 가치와 경쟁력을 견고히 하는 결과를 가져왔다. 하지만 노력 없는 장기근속만으로 기업의 성공을 기대할 수는 없다. P&G에서는 부하직원의 성장을 의무로 생각하는 만큼 상사 스스로의 성장에도 관심을 늦추지 않는다. 부하 직원을 잘 가르치기 위해서는 스스로도 성장하지 않으면 안 되는 시스템이 이를 뒷받침 해준다. 내부 인재들은 상사로부터도 많이 배워야겠지만, 스스로의 가치를 높이기 위해서도 꾸준히 노력해야 한다. 그래서 P&G에서는 신입사원에서부터 CEO까지 전 직원이 빠짐없이 자가 성장을 요구 받는다. 일 잘하는 몇몇의 직원에 의해 회사가 움직여서는 안 된다는 생각이 강하기 때문이다. 회사 경영자 입장에서 이런 생각은 몇몇의 특정 직원에 집중된 중요도를 모든 직원에게 분산시키므로 안정적인 운영을 가능하게 한다. 즉, 전 직원이 서로 가르치고 배우는 데 주저할 수 없는 기업문화가 구축될 수밖에 없다. 회사의 성장을 위해서는 견고한 교육체계와 자발적인 배움의 문화가 가장 중요한 요소임을 잘 알고 있는 것이다.

대부분의 회사는 신입직원의 훈련은 입사 2~3년차의 직속선배가 맡아서 하는 것이 일반적이다. 심지어 교육팀의 집체교육에만 의존한 채 신입사원 스스로 성장하기를 기대하는 이들도 적지 않다. 이에 반해 P&G는 인재 양성을 가장 중요하게 여기는 만큼 신입사원의 트레이닝은 매니저 이상의 선배직원이 직접 실시하도록 규정하고 있다. 첫 입문교육 기간 동안 신입직원들의 비전과 실무력이 대부분 형성되기 때문에 첫 입문교육은 상당히 중요한 시점이다. 그리고 이 기간 동안 어떠한 사람에 의해, 어떻게 교육받느냐에 따라 그들의 능력과 잠재력 실현에 많은 차이를 보인다. 이런 이유로 상사는 반드시 트레이너가 되어야 한다고 여긴다.

그래서 P&G에서는 좋은 트레이너로 성장시키기 위해 모든 상사들에게 특정한 교육을 실시한다. 이는 주니어 시절에 익혀 둬야 할 기술, 조직에 대한 이해 그리고 목표달성에 대한 구체적인 내용까지 대부분을 아우르고 있다. P&G는 예측하지 못한 상황에서 기존 업무 기술과 함께 본인만의 대응능력이 향상되어야만 진정 성장했다고 평가한다. 상사의 기술을 모방하는 것에서 벗어나 자신만의 해결안으로 대처하는 주도적 인재로의 성장을 우선시하는 문화이기 때문이다. 이런 능력을 갖춘 인재는 같은 내용을 가르쳐도 사람과 상황에 따라 다르게 응용하고 활용할 수 있다.

양치를 예로 생각해 보자. 우리는 매일 양치의 당위성과 과정을 생각하지 않고 습관적으로 양치를 한다. 하지만 당신의 자녀가 스스로 양치할 때가 되었다고 가정해 보자. 왜 양치를 해야 하는지, 하지 않으면 어떠한 문제점이 있는지를 설명해야 한다. 그리고 어떻게 양치 하는 것이 효과적인지, 잘 닦이지 않는 부위는 어디인지도 꼼꼼히 알려 줘야 한다. 말로 설명하는 것으로 충분하지 않다고 생각되면, 실제로 닦는 모습을 보여 줄 수도 있다. 특히 닦기 쉽지 않은 부위와 그 부분을 양치하는 팁까지 당신의 경험을 빌어 설명한다. 그러나 여기서 끝이 아니다. 실제로 아이가 양치를 잘하는지, 혹은 어디를 잘 닦지 못하는지를 살펴보아야 한다. 그리고 문제점을 찾아야 한다.

이렇듯 누군가를 가르친다는 것은 생각보다 힘들고 고된 작업이다. 단순히 매일 반복되는 일상에 대한 예를 보아도 쉽지 않음을 알 수 있는데, 조직 내 특화된 업무라면 더더욱 그러하다. 그것도 사전에 경험이 없거나 부족한 사람에게는 더욱 힘들 수밖에 없다. 이런 이유로 상사로서 가르치기 위해서는 본인 스스로 업무를 완벽하게 소화하고 있어야 한다. 이것이 P&G에서 "가르치는 것이 사람을 성장시키는 가장 좋은 방법"이라고 확신하는 본질이다.

업무의 기술적인 측면에서도 그렇지만, 회사의 철학과 비전을 완벽하게 이해해야만 정서적인 측면에서의 가르침도 병행될 수 있다. 회사 입장에서는 그야말로 도랑치고 가재 잡는 격이다. 아직 중간관리자로서 완벽하게 실무를 수행할 수 없는 입장이라고 해서 실망할 필요가 없다. 업무를 완벽하게 숙지하고 있다고 해서 누구나 잘 가르치는 것은 아니다. 마치 축구를 잘하는 선수가 잘 가르치는 감독이라고 단언할 수 없는 것과 같은 이치다. 그러므로 잘 가르치는 방법을 알면 된다.

잘 가르친다는 것은 부하 직원과의 소통이 탁월하다는 것을 의미하기도 한다. 또한 부하 직원을 잘 분석하고 있다는 증거이며, 방법적으로 체계적인 가르침을 실천하고 있음을 의미한다. 부하 직원을 잘 육성하는 상사는 상기의 두 가지, 즉 스스로가 업무에 정통하며, 체계적으로 가르치는 방법을 잘 실천하고 있음을 방증한다. 이런 측면에서 인사 평가 시 상사의 부하육성 정도를 반영하는 것은 소위 일타이피(一打二皮)의 전략이라고 볼 수 있다. 인재 육성과 평가에 있어 상당히 영리한 방법이 아닐 수 없다.

훈련 프로그램, 5E 리더십 모델

리더로 성장함에 따라 요구되는 역량은 조직마다 조금씩 차이를 보인다. 그것이 그 조직만의 문화일 수 있다. P&G에서는 리더십 교육으로 다음의 '5E 리더십 모델'이 있다.

- ···› Envision (비전으로 조직을 이끈다)
- ···› Engage (팀과 관계를 형성한다)
- ···› Energize (동기를 부여한다)
- ···› Enable (인재 양성, 조직 개발을 한다)
- ···› Execute (실행하고 확인하라)

각 주제는 세부적인 소주제로 나뉘어져 있으며, 워크숍의 형태로 교육이 진행된다. 여기서 눈여겨볼 것은 '사람'에 모든 포커스가 맞춰져 있다는 점이다. 'Enable(인재 양성)'에 많은 내용이 할애되었다는 점이 이를 뒷받침한다. 이런 훈련 프로그램은 P&G의 기업가치를 그대로 반영한다고 볼 수 있다.

이 5E 리더십을 정리해 보면, 가르치는 것과 이를 통한 인재 양성의 능력이 바로 리더십이라고 인정된다는 점이다. 가르치는 것이 리더십의 다른 이름임을 강조한다. 비전과 목표를 분명히 하고, 이를 명확하게 소통하며 조직의 가치를 전달하는 능력은 바로 리더십의 기본 능력이다. 개인의 성장과 이에 따른 조직의 성장을 실현하고 '동반성장'이라는 강력한 동기를 부여하는 것은 리더십의 실천적 항목이다. 이런 과정을 통해 육성된 인재는 조직을 건강하게 성장시키고 궁극의 비전을 달성하는 견인차 역할을 한다. 이런 이유들이 바로 리더십이 존재해야 할 이유들이다. 결국 리더는 인재를 키우고, 인재를 통해 다시 조직의 목표를 달성하도록 성장시키는 중추적인 존재이다. 다국적기업인 P&G가 성공한 가장 큰 힘이 바로 사람에 집중한 가치관에 있음을 여실히 보여 주는 면모라고 할 수 있다.

호랑이는 가죽을 남기고 리더는 가르침을 남긴다

거스 히딩크(Guus Hiddink)

창의적인 멀티프레이어로 팀을 만들어라

대한민국 국민을 열광시킨 지난 2002년을 기억하는가? 그 중심에는 히딩크 감독이 있다. 그가 우리에게 보여 준 것을 사람들은 '기적'이라고 부르지만, 기적의 결과에는 가르치는 자의 노력이 또렷이 새겨져 있다. 그가 어떠한 감독이었으며, 어떠한 가르침을 팀에게 주었는지 함께 알아보자.

첫 번째로, 히딩크는 누가 뭐래도 창의적인 인재였다. 그는 유럽축구에 대한 이야기를 많이 했지만 정작 유럽축구 스타일을 한국팀에게 요구하지 않았다. 오히려 한국 선수들의 특징과 장단점을 충분히 연구하여 한국팀만을 위한 창의적인 방법을 찾아냈다. 한국팀이 지구력과 집중력이 부족함을 인지하고, 기초훈련에 집중한 트레이닝 방법을 선택한 것이 좋은 예이다. 그의 전력을 비추어 보면 네덜란드나 유럽형의 트레이닝 방법으로 승리를 경험하였기에 예전의 방법을 고수할 만도 했다. 그렇지만 히딩크는 자신에게 익숙한 방법을 선택하지 않고 한국팀을 위한 창의적인 트레이닝 방법을 찾았다. 맞춤형 교육을 통해 선수들을 성장시킨 것이다.

두 번째로, 지식정보를 활용한 과학적인 축구를 구사하였다. 감각에 의존한 트레이닝 방법에서 벗어나 객관적인 데이터를 분석하여 전략을 구사했다. 이는 한국형 트레이닝 매뉴얼을 만들었다고 다시 표현할 수 있다. 그리고 이 매뉴얼로 감독의 개인적인 감정이나 컨디션에 의해 좌지우지되지 않는 기준이 생긴 셈 이었다. 사람들과 조직은 정확하고 측정 가능한 근거에 기반한 소통을 신뢰하고 선호한다. 히딩크 감독은 이러한 시대적 흐름에 정확하게 부합하는 전략을 구사하였다. 막연히 "할 수 있다."는 말보다는 "할 수 있는 실제적인 근거"를 통해 선수들로부터 신뢰를 확보할 수 있었던 것이다.

세 번째로는 멀티플레이어의 생산이다. 이는 필자가 개인적으로 가장 획기적이며 탁월한 능력이라 생각하는 부분이다. 물론 축구는 엄연히 포지션이 정해져 있는 경기이다. 대부분의 선수들은 그 룰에서 크게 벗어나지 않는다. 아니, 자신의 포지션을 벗어나는 것은 상당히 위험하다. 그래서 멀티플레이어로 성장시키는 시간과 노력을 담당 포지션의 기술에 좀 더 집중하는 것이 더 효율적이지 않느냐고 반문할 수도 있다. 당신의 생각은 어떤가? 결론부터 말하자면, 멀티플레이어가 훨씬 효과적이다. 실제로 박지성은 그가 육성한 가장 성공적인 멀티플레이어다.

그렇다면 멀티플레이어의 장점을 한번 생각해 보자. 가장 먼저 떠오르는 장점은 어디에나 활용 가능하다는 '활용상의 이점'이다. 그렇다고 경기 중 다른 포지션으로 마구 옮기며 플레이하라는 의미가 아니다. 아니, 그래서도 안 된다. 그러나 멀티플레이어가 되면 함께 뛰고 있는 다른 포지션의 선수를 완전히 이해할 수 있게 된다. 다른 선수의 플레이를 예측할 수 있고, 그래서 효율적으로 서포트 할 수 있다. 이런 견고한 팀플레이를 통해 진정한 팀워크가 형성된다. 함께 술을 마시고 이야기를 많이 나눈다고 해서 팀워크가 형성되는 것이 아님을, 당신은 이제 알 것이다. 이런 인간적인 유대가 어느 정도 영향을 미칠 수는 있다. 하지만 진정한 팀워크는 함께 플레이를 하며 어려운 문제를 같이 해결해 나가는 과정에서 형성된다.

인간적으로는 좋은 사람이지만 함께 플레이를 할 때에는 전혀 소통이 안 되고 도움이 안 된다면, 그것은 팀워크 형성을 저해하는 큰 원인이 된다. 술을 마시면서 쌓은 유대관계마저 퇴색시킨다. 그 이유는 팀의 목표 달성에 걸림돌이 되기 때문이다. 반면 팀이 모두 멀티플레이어가 되면, 함께뛰는 동료의 행동을 이해하고 따라서 다음의 행동을 예측할 수 있다. 팀원들은 '손발이 잘 맞는다', '마음이 통한다'는 끈끈한 느낌을 받게 된다. 이런 팀워크는 한 사람만으로는 결코 이루어 낼 수 없는 결과를 창조해 낸다. 어떤 사람들은 이런 결과를 '기적'이라 부르기도 한다. 결국 멀티플레이는 상대방을 이해하고 소통하기 위한 적극적인 행동이고 방법이라고 힘주어 말하고 싶다.

마지막으로 그는 팀워크를 강조했다. "혼자서는 할 수 없지만 팀으로는 할 수 있다."는 사실을 항상 강조하였다. 원팀(One team) 아래에서만 개개인의 선수도 존재할 수 있다고 끊임없이 강조했다. 운동경기뿐 아니라 조직 내 모든 업무가 혼자서는 성공하기 힘든 구조를 가지고 있다. 따라서 다양한 양질의 네트워크를 통해 조력자를 많이 확보하여야만 성공의 길로 들어설 수 있다. 히딩크 감독이 말한 팀워크는 지금 우리에게도 통용된다. 우리는 '옆의 동료를 경쟁자로 생각해야 한다. 좋은 정보는 스스로 개발하고 아무에게도 공유하지 않아야 한다.'는 것이 얼마나 진부하고 불필요한 발상인지 깨달을 필요가 있다. 진정으로 성공하고 진정으로 원하는 것을 성취하고 싶다면 옆의 동료를 조력자로 만들어야 한다. 내가 똑똑해지는 만큼 팀이 똑똑해지도록 노력해야 한다. 팀이 성장해야 개인의 성장도 있음을 깨달아야 한다.

시대의 변화를 정확히 파악하고 이를 축구에 대입시키므로 히딩크는 선수들을 성공적으로 성장시킬 수 있었다. 그리고 2002년, 4강 진출이라는 한국의 신화를 창조하면서 대한민국 전체를 뜨겁게 달구었다. 그는 팀을 성장시켰고 그 속에서 선수들을 성장시킨 진정한 교육자였다. 리더십은 올바른 것을 올바르게 지속적으로 가르치는 데에서 비롯된다. 히딩크는 이런 리더십을 여실히 보여 준 좋은 사례라고 할 수 있다.

잭웰치(Jack Welch)

"조직에서 가장 중요한 것은 인재이며, 전략이나 그 외에 것들은 그다음이다."

1981년 GE(General Electric Company)의 최연소 회장으로 취임해 2001년 퇴임할 때까지 1,700여 건의 합병을 성사시키면서 회사의 자산가치를 40배나 늘리며 4,500억 달러로 성장시킨 장본인이 바로 잭 웰치이다. 그는 독특한 경영방식으로 10만 명 이상의 직원을 해고하면서까지 회사를 성장시키는 데 적극적으로 임하였다. 6시그마, e비즈니스 등의 혁신적인 전략을 구사하면서 2001년 영국의 〈파이낸셜 타임즈〉가 선정한 '세계에서 가장 존경받는 경영인'에 선정되기도 하였으며, GE 역시 2000년에 이어 '세계에서 가장 존경받는 기업'으로 선정된 바 있다. 그가 이렇게 GE를 위대한 기업으로 성장시킬 수 있었던 가장 큰 이유는 바로 '인재'에 대한 철학 때문이다. 그는 해마다 성과평가에서 하위 10%의 직원을 해고하여 '중성자탄 잭(Neutron Jack)'이라고 불리기도 했다. 하지만 그가 무작정 해고만을 통해 수익을 높인 것은 아니었다. 상위의 20% 직원들에게는 많은 혜택과 지원을 아끼지 않았다.

"나는 직원들 중에서 하위 10%에 속하는 사람들을 지속적으로 조직에서 제거하는 것이 중요하다고 생각한다. 단, 그들이 살아갈 수 있는 생계대책은 세워 주어야 한다."는 그의 이야기에서 사람에 대한 철학을 읽을 수 있다. 이렇게 무서우리만큼 철저한 인재방침이 지속 가능했던 이유는 그의 남다른 인재에 대한 철학 때문이었다. 회사가 계속 성장하기 위해서는 훌륭한 인재들을 지속적으로 키우는 것이 필수적이라고 생각했다. 그의 책 〈잭웰치 끝없는 도전과 용기〉에는 이런 말이 있다.

“품질 프로그램과 관련해 저지르기 쉬운 실수 가운데 하나는 그것을 오직 기술적인 영역들만 관련이 있는 것으로 생각하는 것이다. 품질은 모든 영역과 관련이 있다. 최고의 품질은 모든 영역에 있는 각각의 인재들을 통해서만 달성될 수 있다.”

그의 이런 생각은 회사의 여러 분야를 고르게 성장시키고 개발시키는 시발점이 되었다. 실제로 많은 사람들은 각각의 팀들이 그들 고유의 특정 업무만을 수행한다고 생각한다. 그러나 모든 팀과 부서는 유기적으로 연결되어 있으며, 최고의 업무성과가 산출되는지의 여부는 철저히 사람, 즉 인재에 의해 좌우된다. 그러나 실제로 부서와 인재들의 연관성을 이해하고 업무에서 충분히 반영하는 조직은 많지 않다. 각 팀에서 인재들의 열정과 성장에 대한 노력은 조직을 살아 움직이게 만드는 원동력이라고 할 수 있다. 이에 대해 잭 웰치는 “A등급의 사람들과 B등급의 사람들을 구별하는 가장 큰 차이가 바로 열정이다.”라고 말할 정도였다.

그의 인재에 대한 확고한 신념은 여러 부분에서 나타나는데 “성공하기 위해서 갖추어져야 할 필수적인 조건은 최고의 인재이다.”라고 강조하는 점이 흥미롭다. 그는 GE를 ‘인재개발

공장'이라 자처하면서 인재를 개발하고 육성하는 데 주력하였다. 그의 인재에 대한 확신은 "열정적이고 활력이 넘치는 인재들은 적절한 자리를 찾아 앉자마자 마치 봇물을 쏟아 내듯 아이디어들을 쏟아 냈고, 그 아이디어들은 회사의 다른 부분에까지 흘러들어 갔다."라는 고백에서 명확히 나타난다.

하지만 무엇보다 직원들을 열정적으로 만드는 것은 바로 그의 리더십이었다. 이런 움직임을 위해 잭 웰치는 "CEO가 갖춰야 하는 자질들은 직원들의 마음속에 무엇이 있는지 아는 것 그리고 그것을 외면하지 않는 것이다. 그리고 그것이 우리가 거둔 성공의 열쇠였다."라고 그의 책에 기록한 바 있다. 리더십에 대한 그의 철학도 다음과 같이 나타내었다.

"리더십이란 내가 교제해 온 사람들이 항상 주도적이지는 않더라도 좀 더 열심히 일하고 더욱 일을 즐기며 마침내는 그들이 기대 이상의 성취를 이룸으로써, 자신에 대한 더 많은 존경심과 자신감을 얻게 하는 것이다."라는 그의 말을 우리는 눈여겨보아야 한다. 리더가 많이 알고 있고, 잘 해내는 것에 그치지 않고 누군가의 마음을 움직이도록 만드는 것이 리더십의 역량이다. 그리고 그 결과, 타인으로부터의 존경심과 자기 자신으로부터의 신뢰를 갖추도록 만드는 것이 진정한 리더십임을 강조한다. 그의 성과 가운데 돋보인 것은 논리적이고 혁신적인 경영전략이다. 그러나 항상 인재를 발굴하고 개발하여 조직에 긍정적인 시너지를 만들어 내는 것에 더욱 주력했음을 기억하자. 그랬기에 하위의 10% 인력을 해고하는 무시무시한 전략에도 불구하고, 직원들의 존경을 한 몸에 받을 수 있었음을 상기하도록 하자.

데이비드 패커드
직원의 교육을 회사의 미래로 여겨라

1937년 빌 휴렛(Bill Hewlett)과 함께 휴렛 패커드를 설립한 데이비드 패커드는 팔로앨토에서 임대한 차고에서 단돈 538달러로 사업을 시작했다. '실리콘밸리(Silicon valley)'라는 단어가 만들어진 계기이기도 하다. 데이비드 패커드는 HP의 성공 이유 중 하나를 '인재'라고 말한다. 그중 우리는 그들의 교육철학에 집중할 필요가 있다. 휴렛 팩커드에 입사한 직원은 네 가지 자아 성장의 단계로 순차적인 교육받는다. 이는 "자아성장 프로그램"이라는 이름으로 불린다. 그 내용을 단계별를 살펴보도록 하자.

1단계는 '자아 구속의 단계'로, 해서는 안 될 일을 하지 않는 것으로 직업적 도덕성을 강화하는 단계이다. 업무 능력과 효율성을 말하기 전에 기업의 가치관과 직업적 윤리를 강조하는 단계로, 휴렛 팩커드의 기업문화인 "HP Way"를 잘 보여 주는 첫 교육단계라고 할 수 있다. 이 단계를 통해 HP인으로서의 가치관을 확립해야만 다음의 단계로 진입할 수 있다.

2단계는 '자아 관리의 단계'로, 자신의 업을 제대로 수행하기 위한 전문성과 기술을 강화하는 단계이다. 대부분의 회사에서 조직원들에게 요구하는 사항이 바로 이 단계의 내용일 것이다. 전문가로서의 역량을 높이고 담당 분야의 해박한 지식과 정보를 통해 업무의 효율성을 높이는 데 목적이 있다. HP에서는 실무 능력뿐 아니라 시장 조사 등을 통해 좀 더 객관적이고 실제적인 교육을 받을 수 있다.

3단계는 '자아 격려의 단계'이다. 2단계까지는 '주어진 일을 잘 해내는 인재'를 양성하는 단계였다면, 3단계부터는 '자발적인 인재'를 양성하는 단계라고 구분 지을 수 있다. 이 단계부터는 리더로서의 요구 역량이라고 표현할 수도 있다. 조직에 공헌할 수 있는 방법을 찾는 능력을 높이는 데 목적이 있기 때문이다. 이 단계부터 생각의 범위가 자기 자신에서 전체 조직으로 옮겨진다. 조직의 비전을 통해 자신과 팀이 나아가야 할 방향을 모색하게 된다. 그러므로 조직의 성장에 장애가 되는 요소를 찾아 개선하거나 제거하는 능력이 개발된다. 물론 자발적으로 공헌방법을 모색하므로 HP의 리더로서 성장한다고 할 수 있다.

마지막 4단계는 '자아 학습의 단계'로, 자신과 팀, 그리고 회사를 위해 끊임없이 배우는 능력을 배양하는 단계이다. 이 단계는 스스로 배우려는 의지만을 높이는 데 목적을 두지 않는다. 업무를 대하는 매 순간에서 학습의 기회요소를 찾아내는 능력까지를 일컫는다. 시간과 장소, 그리고 대상에 구애받지 않고 언제든지 배우는 자세로 업무에 임하도록 가르치는 것이 마지막 4단계의 목적이다.

데이비드 팩커드는 직원의 교육을 회사의 미래라고 여길 만큼 인재에 대한 투자와 열정이 남다른 CEO이다. 그의 경영철학은 앞서 4단계 자아성장 프로그램에서도 볼 수 있듯이, 단순한 업무 기술과 지식만을 요하지 않았다. '業(업)'으로 대하는 자세와 열정에 대한 가르침이라고 볼 수 있다. 생계를 위한 '職(직)'이 아닌, 사명감과 열정을 갖는 '業(업)'으로 대하는 자세는 진정성 있는 성과와 창의적인 몰입을 가능하게 한다. 직장인으로서 일을 하면서 자아를 실현할 수도 있다면, 그것만큼 행복하고 보람찬 일이 또 있을까? HP는 직원들에게 단순히 직장인으로서의 삶을 요구하지 않는다. '業(업)'으로 받아들이는 인재의 삶을 요구한다. 이런 인재에 대한 차별적인 관심이 HP를 성장시키고 지탱시키는 힘이라고 요약할 수 있다.

리더들이여, 울림이 있는 티칭 리더가 되라!

다이돌핀(Didorphin)

몇 년 전, 한 유명인사는 긍정의 힘을 설파하며, '엔돌핀'이라는 생소한 단어를 가지고 나왔다. 엔돌핀(Endorphin)은 뇌의 신경전달물질로 진통작용이 있으며 기분을 좋게 만들어 주는 물질이다. 내인성 모르핀이라는 의미를 가지고 있을 정도로 통증완화 작용으로 삶을 건강하게 만들어 주는 역할을 한다. 주로 매운 음식을 먹거나 운동을 할 때, 사랑을 느낄 때, 흥분할 때 등 행복감을 느낄 때 분비되며, 무통증의 증상이 동반된다. 다시 말해서, 생체에서 만들어지는 천연마약이라고도 볼 수 있다. 십 여 년 전에는 엔돌핀이 암 치료에 효과적이라는 사실도 밝혀졌다.

그런데 이 엔돌핀보다 더 강력한 호르몬이 발견되었는데, 바로 다이돌핀이다. 다이돌핀(Didorphin)은 엔돌핀의 4천 배 이상의 의학적 효과를 가진 감성호르몬이다. 다이돌핀은 생성되면서 이전에는 전혀 반응이 없던 유익한 호르몬 유전자를 활성화시키는데, 엔돌핀 · 도파민 · 세로토닌 등이 여기에 해당된다. 다이돌핀은 우리 몸의 면역체계에 강력한 긍정적 작용을 일으켜 암을 공격하여 없애거나 몸 밖으로 배출시키기도 한다. 우리의 몸을 기적적으로 치유하는 이 호르몬은 인간이 감동을 받을 때 생성된다. 예를 들어, 사랑에 빠졌을 때나 대자연과 마주하고 있을 때에 분비된다. 혹은 가슴 뭉클한 글을 읽었다거나, 마음을 움직이는 좋은 음악을 들었다거나, 자신이 원하는 목표를 성취했다거나, 아름다운 풍경을 경험을 했다거나, 나 자신의 영혼과 마주하게 되었다거나 하는 등 큰 감동을 느끼는 순간에 생성된다. 이 점을 기억하자.

만약 우리가 직장에서 단지 직능적인 부분만을 가르치지 않고, 상대방을 깨닫게 하고 감동하게 한다면, 이는 분명 누군가의 삶을 건강하게 치유해 주는 역할을 한다고 볼 수 있다.

그뿐인가? 가르치는 자신조차 어떠한 경지에 도달하는 만족감에 행복해질 수 있다. 그리고 이 과정에서 다이돌핀이 생성되므로 서로를 건강하게 만들어 준다.

가르친다는 것은 스스로의 자아에 한걸음 다가가는 분명한 계기가 된다. 더불어 상대방을 자아에 마주하게 만드는 계기 또한 제공한다. 업무상의 지식을 전달하지만, 그 과정과 동기에서 상대방의 가슴을 울리는 가르침이 되도록 노력해 보자. 가르치는 것은 서로의 삶을 치유하는 위대한 작업으로 거듭날 수 있다.

이 세상은 나 혼자가 아니다

2010년 4월, 서울 서초동 법원청사 소년법정에서 친구들과 함께 오토바이를 훔쳐 달아나다 구속된 한 소녀가 재판을 기다리고 있었다. 방청석에서는 소녀를 애타는 심정으로 바라보는 사람이 있었다. 다름 아닌 소녀의 어머니이다. 그때 조용한 법정 안에 중년의 여성 부장판사가 들어온다. 보호처분을 예상하고 있는 겁먹은 소녀에게 판사는 뜻밖의 이야기를 꺼낸다.

"앉은 자리에서 일어나 나를 따라 힘차게 외쳐 보렴."

의아하게 쳐다보는 소녀에게 판사는 이렇게 요구한다.

"나는 이 세상에서 가장 멋있게 생겼다."

예상치 못한 판사의 요구에 잠시 머뭇거리던 소녀는 작은 목소리로 따라 한다.

"나는 세상에서 가장 멋있게 생겼다."

그러자 이번에는 더 큰소리로 또다시 따라 외치라고 요구한다.

"나는 무엇이든지 할 수 있다."

"나는 무엇이든지 할 수 있다."

"나는 이 세상에서 두려울 게 없다."

"나는 이 세상에서 두려울 게 없다."

"이 세상은 나 혼자가 아니다."

"이 세상은 나 혼자가……."

큰소리로 따라 하던 소녀는 "이 세상은 나 혼자가 아니다."라는 문장을 끝까지 다 외치지도 못하고 와락 눈물을 터뜨리고 말았다. 소녀는 지난 가을부터 14건의 절도와 폭행 등으로 소년법정에 여러 번 섰던 경험이 있다. 그리고 이번 법정에도 동일한 이유로 무거운 형이 예상되었다. 그러나 판사는 소녀를 '일어나 따라서 외치기'라는 의외의 판결을 내렸다. 판사가 이러한 결정을 내린 데에는 이 소녀의 지난 이야기가 뒤에 있었다.

소녀는 지난해 초까지 어려운 가정환경임에도 불구하고 상위권 성적을 유지하며 간호사를 꿈꾸던 평범하고 밝은 학생이었다. 하지만 그 무렵, 남학생 여러 명에게 집단 성폭행을 당하면서 삶이 완전히 바뀌어 버렸다. 소녀의 꿈과 평범한 일상은 뿌리째 흔들렸고, 소녀는 당시 후유증으로 병원의 치료를 받아야만 했다. 소녀만을 바라보고 살던 홀어머니는 심한 충격으로 신체 일부에 마비 증세가 오면서 더 이상 정상적인 가정생활이 어려워졌다. 그 사건 이후로 소녀는 비행 청소년들과 어울려 다니며 나쁜 짓을 일삼아 왔다. 판사는 그 법정에서 지켜보던 참관인들에게 이렇게 말을 이었다.

"이 소녀는 가해자로 재판에 왔습니다. 그러나 이렇게 삶이 망가진 원인을 보면, 과연 누가 가해자라고 말할 수 있겠습니까? 이 아이의 잘못에 대한 책임은 바로 여기에 앉아 있는 여러분과 우리 자신입니다. 이 소녀가 이 세상에서 다시 살아갈 수 있는 유일한 방법은 잃어버린 자존감을 우리가 되찾아주는 것입니다."

판사의 말에 참관인들은 물론, 방청석에 앉아 있던 사람들은 모두 고개를 떨구고 말았다. 홀어머니와 소녀는 소리 없이 눈물만 흘리고 있었다. 눈시울이 붉어진 판사는 눈물 범벅이 된 소녀를 앞으로 불러 세워 이렇게 말을 이었다.

"이 세상에서 누가 제일 중요할까? 그건 바로 너야! 이 사실을 잊지 말아라."

그리고 두 손을 쭉 뻗어 소녀의 손을 따뜻하게 잡으면서 말을 이었다.

"마음 같아선 꼭 안아 주고 싶지만 너와 나 사이에는 법대가 가로막혀 있어 이 정도밖에 할 수 없어 미안하구나."

사람들은 소녀가 저지른 허물만을 비판했지, 소녀가 왜 그랬는지에 대해서는 아무도 관심 갖지 않았다. 그렇지만 법정에서 소녀는 처음으로 자신을 인간으로 바라봐 주는 누군가를 통해 비로소 내면의 상처를 끌어안을 수 있었다. 그리고 자신을 소중히 여길 수 있는 용기를 얻었다. 이 과정에서 소녀는 물론, 이를 지켜보던 사람들은 가슴을 울리는 교훈을 배운다. 바로 자신을 사랑하라는 가르침이다. 이번 법정에서 판사는 사건의 객관적인 시비를 가리기에 앞서 근본적인 원인에 관심을 갖고, 한 인간의 상처에 다가서는 용기를 보여 줬다.

울림이 있는 가르침은 그 어떤 메시지보다도 강력하다. 또한 울림이 있는 가르침은 누군가의 삶에 지대한 영향을 미친다. 이 영향은 당사자뿐만 아니라 그 가르침을 바라보는 또 다른 누군가에게도 강력한 영향을 미친다. 사람의 마음을 움직여 변화를 유발하는 힘, 이것이 바로 진정한 울림이 있는 가르침의 힘이다.

· Epilogue ·

"존경받는 리더들은 무엇이 다를까?"

리더들이여, 롤 모델(Role model)이 되어라

"지행용훈평(知行庸訓評)"이라는 말이 있다. 삼성그룹에서 경영 마인드 중 지행 33훈의 기본으로, CEO를 임명할 때 평가하던 기준을 말한다. 즉, 경영자는 '知(지)', 즉 알아야 하고, '行(행)', 즉 행동해야 하며, '庸(용)', 즉 인재를 쓸 줄 알고, '訓(훈)', 즉 가르칠 줄 알며, '評(평)', 즉 평가할 줄 알아야 한다는 것이다. 이 말은 삼성 경영자들이 갖춰야 할 덕목을 일목요연하게 이야기하고 있다. 각 항목별로 조금만 더 들여다보자.

첫 번째로 누군가의 리더라면 知(지), 남보다 먼저 알고 또한 알기 위해서 항상 배우고 몰입해야 한다. 남보다 먼저 안다는 것은 시대의 흐름을 재빨리 선점할 수 있음을 의미하며, 더불어 배우는 것에 게으르지 않다는 것을 의미한다. 흔히 말하는 셀프 리더십(Self leadership)을 요구하는 항목이라고 볼 수 있다.

두 번째로 行(행)은 말 그대로 '행동'이다. 알고 있는 것과 행동하는 것 사이에는 큰 차이가 있다. 만 가지를 알고 있어도 실수투성이인 한 가지 행동을 뛰어넘을 수 없다. 행동에는 실패와 좌절에 대한 두려움을 극복하는 용기가 포함되어 있기 때문이다. 그리고 이겨 내려는 의지가 뒷받침되어 있기 때문이다. "표현하지 않는 사랑은 사랑이 아니다."라는 과거의 광고 카피처럼, 실행하지 않는 앎은 앎이 아니다. 두려움에도 '불구하고' 행동으로 옮기는 자가 리더로서의 자격을 갖춘 사람이다.

세 번째 庸(용)은 올바르게 인재를 활용하는 능력이다. 용병술은 범인(凡人)을 인재(人材)로 변화시키는 기술이다. 사람은 언제, 어디에 있느냐에 따라 필요한 사람이 될 수도 있고, 존재감을 주지 못하는 주변인이 될 수도 있다. 그러므로 사람을 잘 활용하는 능력은 리더가 되면서 반드시 요구되는 능력이다.

네 번째 덕목 訓(훈)은 리더가 곧 가르치는 사람이 되어야 한다는 것을 명확하게 설명한다. 따라서 리더는 자신의 지식과 경험을 알려 주는 것에 인색해서는 안 된다. 가끔은 올바른 자리에 적격인 사람이 없을 수도 있다. 혹은 부하 직원의 역량을 높여 주기 위해서라도 가르치고 완전하게 위임할 필요도 있다. 이때 업무력을 가르치는 것은 지식과 경험에 머물지 않는다. 기본소양도 함께 가르쳐서 조직 문화에 적합한 인재로 육성시켜 나가야 한다. 무엇보다 스스로 자립할 수 있는 인재로 거듭나도록 방향을 설정해 주고, 방법을 가르쳐 줘야 한다. 그것이 진정 훈의 덕목을 완수하는 자질이다.

마지막으로 評(평)은 모든 과정에서 가장 중요한 덕목이라고 할 수 있다. 評(평)하는 리더는 반드시 개인적인 감정이나 사리사욕에 좌지우지 되어서는 안 된다. 냉철한 통찰력과 판단력으로 객관적인 평가를 할 수 있어야 한다. 평가 대상은 비단 사람뿐이 아니다. 조직의 현재와 비전 등 조직 전체를 아우르는 것이 될 수도 있다. 올바른 평가는 문제에 대한 직시와 그에 따른 올바른 개선방안을 기반으로 하기에, 조직의 미래를 조명하는 척도로서의 역할을 한다. 그러므로 리더의 평가는 조직의 현재와 미래를 바꿀 수 있는 상당히 중요한 기준이다. 평이 왜 중요한지 다시금 생각하게 해 주는 대목이다.

'지행용훈평'은 필자가 생각하는 가르치는 리더상과 맥락을 같이한다. 리더의 자기개발과 실천을 기반으로 한 리더십, 그리고 부하 직원을 끊임없이 육성하고 올바르게 활용하며, 모든 결과를 평가하여 또 다른 비전을 만들어 가는 상사. 이러한 리더의 모습은 오늘날 우리가 원하는 올바른 리더상이라고 할 수 있다. 지행용훈평을 관통하는 중요한 메시지는 무엇이라고 생각하는가? 그것은 바로 '행동'이다. 우리는 알고 있는 바를 올바르게 행하는 사람을 신뢰한다. 그리고 그러한 신뢰가 두터워지면 닮아 가고 싶어진다. 그런 존재를 우리는 '롤 모델'이라고 부르며 모방하고자 한다. 조직의 리더인 당신이 부하 직원의 롤 모델이 되었다는 것은 이미 확실한 리더십을 실천하고 있다는 반증이다. 닮고 싶게 만드는 것만큼 강력한 리더십의 결과는 없다.

리더들이여, 우리가 롤 모델이 되어야 하는 이유가 바로 여기에 있다. 진정한 신뢰를 바탕으로 형성된 리더십은 우리의 조직과 구성원들을 변화시킬 것이다. 이런 변화는 건강한 바람을 일으킬 것이고, 부메랑처럼 되돌아와 다시 당신을 건강하게 변화시킬 것이다. 당신의 말 한마디 한마디에 울림을 주자. 당신의 모든 행동에 가치를 더하자. 당신의 모든 것을 배우고 싶어 하게 만들자. 그렇게 당신의 존재감을 넓혀 가면, 이미 당신은 조직에 없어서는 안 될 중요한 존재가 되어 있을 것이다. 누군가의 삶에 없어서는 안 될 중요한 존재가 되어 있을 것이다. 그리고 무엇보다 당신은 행복한 스스로의 삶에 더욱 몰입하게 될 것이다.

자, 이제는 당신의 이야기를 전개해 나갈 시간이다. 책을 덮고 당신의 성공 스토리를 맘껏 펼쳐 보자.